プリント形式のリアル過去問で本番の臨場感！

和歌山県

近畿大学附属和歌山中学校

2025年春受験用

解答集

本書は，実物をなるべくそのままに，プリント形式で年度ごとに収録しています。
問題用紙を教科別に分けて使うことができるので，本番さながらの演習ができます。

■ 収録内容

・解答集(この冊子です)

書籍ＩＤ番号，この問題集の使い方，最新年度実物データ，リアル過去問の活用，
解答例と解説，ご使用にあたってのお願い・ご注意，お問い合わせ

・2024(令和６)年度 ～ 2020(令和２)年度　学力検査問題

JN132487

○は収録あり	年度	'24	'23	'22	'21	'20	
■ 問題(午前)		○	○	○	○	○	
■ 解答用紙		○	○	○	○	○	
■ 配点							

算数に解説
があります

☆問題文等の非掲載はありません

教英出版

■　書籍ＩＤ番号

入試に役立つダウンロード付録や学校情報などを随時更新して掲載しています。
教英出版ウェブサイトの「ご購入者様のページ」画面で，書籍ＩＤ番号を入力してご利用ください。

書籍ＩＤ番号　103127

（有効期限：2025年9月30日まで）

【入試に役立つダウンロード付録】
「要点のまとめ（国語／算数）」
「課題作文演習」ほか

■　この問題集の使い方

年度ごとにプリント形式で収録しています。針を外して教科ごとに分けて使用します。①片側，②中央のどちらかでとじてありますので，下図を参考に，問題用紙と解答用紙に分けて準備をしましょう（解答用紙がない場合もあります）。

針を外すときは，けがをしないように十分注意してください。また，針を外すと紛失しやすくなりますので気をつけましょう。

① 片側でとじてあるもの

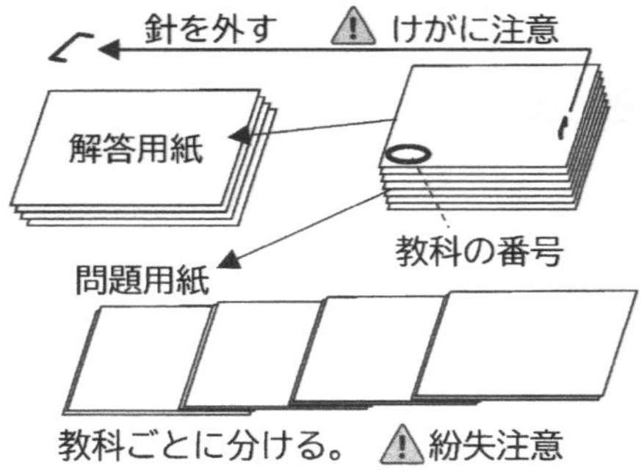

② 中央でとじてあるもの

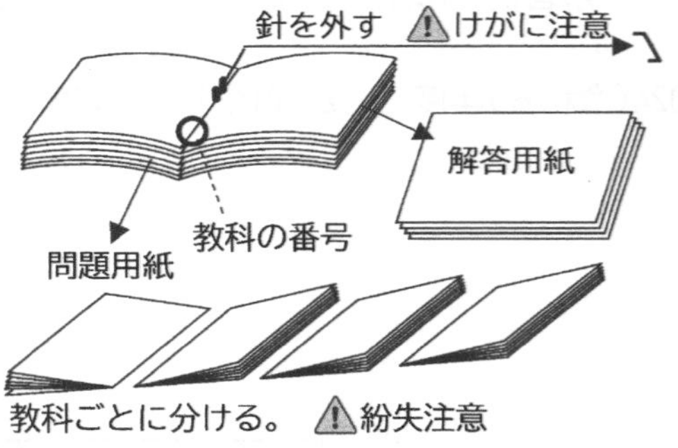

※教科数が上図と異なる場合があります。
解答用紙がない場合や，問題と一体になっている場合があります。
教科の番号は，教科ごとに分けるときの参考にしてください。

■　最新年度　実物データ

実物をなるべくそのままに編集していますが，収録の都合上，実際の試験問題とは異なる場合があります。実物のサイズ，様式は右表で確認してください。

問題用紙	Ａ４冊子（二つ折り）
解答用紙	Ａ３片面プリント

リアル過去問の活用

～リアル過去問なら入試本番で力を発揮することができる～

本番を体験しよう！

問題用紙の形式（縦向き／横向き），問題の配置や余白など，実物に近い紙面構成なので本番の臨場感が味わえます。まずはパラパラとめくって眺めてみてください。「これが志望校の入試問題なんだ！」と思えば入試に向けて気持ちが高まることでしょう。

入試を知ろう！

同じ教科の過去数年分の問題紙面を並べて，見比べてみましょう。

① 問題の量

毎年同じ大問数か，年によって違うのか，また全体の問題量はどのくらいか知っておきましょう。どのくらいのスピードで解けば時間内に終わるのか，大問ひとつにかけられる時間を計算してみましょう。

② 出題分野

よく出題されている分野とそうでない分野を見つけましょう。同じような問題が過去にも出題されていることに気がつくはずです。

③ 出題順序

得意な分野が毎年同じ大問番号で出題されていると分かれば，本番で取りこぼさないように先回りして解答することができるでしょう。

④ 解答方法

記述式か選択式か（マークシートか），見ておきましょう。記述式なら，単位まで書く必要があるかどうか，文字数はどのくらいかなど，細かいところまでチェックしておきましょう。計算過程を書く必要があるかどうかも重要です。

⑤ 問題の難易度

必ず正解したい基本問題，条件や指示の読み間違いといったケアレスミスに気をつけたい問題，後回しにしたほうがいい問題などをチェックしておきましょう。

問題を解こう！

志望校の入試傾向をつかんだら，問題を何度も解いていきましょう。ほかにも問題文の独特な言いまわしや，その学校独自の答え方を発見できることもあるでしょう。オリンピックや環境問題など，話題になった出来事を毎年出題する学校だと分かれば，日頃のニュースの見かたも変わってきます。

こうして志望校の入試傾向を知り対策を立てることこそが，過去問を解く最大の理由なのです。

実力を知ろう！

過去問を解くにあたって，得点はそれほど重要ではありません。大切なのは，志望校の過去問演習を通して，苦手な教科，苦手な分野を知ることです。苦手な教科，分野が分かったら，教科書や参考書に戻って重点的に学習する時間をつくりましょう。今の自分の実力を知れば，入試本番までの勉強の道すじが見えてきます。

試験に慣れよう！

入試では時間配分も重要です。本番で時間が足りなくなってあわてないように，リアル過去問で実戦演習をして，時間配分や出題パターンに慣れておきましょう。教科ごとに気持ちを切り替える練習もしておきましょう。

心を整えよう！

入試は誰でも緊張するものです。入試前日になったら，演習をやり尽くしたリアル過去問の表紙を眺めてみましょう。問題の内容を見る必要はもうありません。どんな形式だったかな？受験番号や氏名はどこに書くのかな？…ほんの少し見ておくだけでも，志望校の入試に向けて心の準備が整うことでしょう。

そして入試本番では，見慣れた問題紙面が緊張した心を落ち着かせてくれるはずです。

※まれに入試形式を変更する学校もありますが，条件はほかの受験生も同じです。心を整えてあせらずに問題に取りかかりましょう。

近畿大学附属和歌山中学校

《国　語》

一　〔問一〕[(1)／(2)]［男性のことば／性別が問題にならない］［女性のことば／性別が問題になる］　〔問二〕イ
〔問三〕E．方言　F．共通語　〔問四〕②ア，ウ　③イ，エ　〔問五〕ⓐエ　ⓑイ　ⓒア
〔問六〕革新的　〔問七〕決められた部分からはみだそうとする力　〔問八〕(1)ア．「中心」の部分　イ．沈滞してくる　ウ．「中心」でない部分　(2)エ．広がってくる　オ．とって代わられる　カ．絶えまなく
〔問九〕子どものことばが大人のことばの中に入りこみ、言語を変える。　〔問十〕ウ，オ

二　〔問一〕病気のわたし　〔問二〕イ　〔問三〕A．外国　B．動物　〔問四〕ア　〔問五〕お説教
〔問六〕運動会　〔問七〕ウ　〔問八〕(ｉ)病気でつらい思いをしている　(ⅱ)わたしを元気に産めなかったことで自分を責めている　〔問九〕エ

三　〔問一〕1．オ　2．イ　3．エ　4．ア　5．ウ　〔問二〕1．イ　2．エ　3．ア　4．ウ　5．オ
〔問三〕1．イ　2．ウ　3．エ　4．エ　5．ア　〔問四〕①屋敷　②重臣〔別解〕従臣　③要点
④灯台　⑤口外　⑥素顔　⑦源流　⑧布地　⑨語気　⑩白昼　⑪耕作　⑫官庁　⑬似　⑭退　⑮刷

《算　数》

1　(1)$\frac{5}{12}$　(2)7　(3)98　(4)$54\frac{6}{11}$　(5)6　(6)160　(7)②　(8)75　(9)24　(10)15

2　(1)①6　②3　(2)①6.28　②9.42　(3)①ア．16　イ．6　②20

3　(1)1.5　(2)9　(3)1290

4　(1)4，8，2，6，0，4，8，2，6，0　(2)7，9　(3)506

5　(1)20　(2)89　(3)198

《理　科》

1　問1．イ　問2．B．羊水　C．たいばん　D．呼吸　問3．なかま…ほ乳　例…エ
問4．精子…エ　卵…ウ　問5．エ　問6．ア，ウ　問7．③　問8．295.2

2　問1．①，③，⑥　問2．水素　問3．カ　問4．ア，ウ　問5．イ，オ　問6．2.6
問7．(1)ア　(2)55.5　問8．26.4　問9．(1)イ　(2)27.2

3　問1．天の川(銀河)　問2．星座早見(盤)　問3．東　問4．エ　問5．ウ　問6．北極星
問7．A．カ　B．ク　C．オ　D．キ　E．ウ　F．エ　G．ア
問8．星座B…アルタイル〔別解〕彦星　星座C…ベガ〔別解〕織姫星　星座D…デネブ

4　問1．30　問2．3　問3．ウ　問4．6　問5．C，F，G　問6．B　問7．E　問8．D
問9．イ

1 (1) 与式$=\dfrac{12-6+8-9}{12}=\mathbf{\dfrac{5}{12}}$

(2) 与式より，８×□−53＝120×0.025　　８×□＝３＋53　　□＝56÷８＝**7**

(3) **【解き方】４−２＝２，５−３＝２だから，４で割ると２余り，５で割ると３余る数は，４と５の公倍数より２小さい数である。**

４と５の公倍数は最小公倍数である20の倍数である。したがって，４で割ると２余り，５で割ると３余る数のうち100に最も近い数は，20×５−２＝**98**

(4) **【解き方】短針は１時間で360°÷12＝30°進むから，１分間で30°÷60＝$\mathbf{\frac{1}{2}}$°進む。長針は１分間に360°÷60＝６°進む。したがって，短針と長針が進む角度の差は１分あたり６°−$\mathbf{\frac{1}{2}}$°＝$\mathbf{\frac{11}{2}}$°である。**

10時の時点で，長針は短針より360°×$\frac{2}{12}$＝60°先にいるから，短針が長針の360°−60°＝300°先にいると考える。よって，長針が短針に追いつくのは，300°÷$\frac{11}{2}$°＝$\frac{600}{11}$＝$54\frac{6}{11}$(分後)だから，求める時刻は10時$\mathbf{54\frac{6}{11}}$分である。

(5) **【解き方】仕事全体の量を10と15の最小公倍数の30とする。**

１日に行う仕事量は，Ａさんが30÷10＝３，Ｂさんが30÷15＝２だから，２人だと３＋２＝５になる。

よって，２人で行うと30÷５＝**6**(日)で終わる。

(6) **【解き方】２人の所持金の差は変わっていないことに注目する。**

100円を使う前後の比について，２人の比の数の差をそろえると，４：３＝８：６と３：１になる。

したがって，この比の数の８−３＝５が100円にあたるので，兄の元の所持金は，100×$\frac{8}{5}$＝**160**(円)

(7) 各展開図で向かい合う面を点線で結ぶと，右図のようになる。

①，③，④は向かい合う面の数字の和が７になるが，②はならない。

よって，他と異なるさいころの展開図は**②**である。

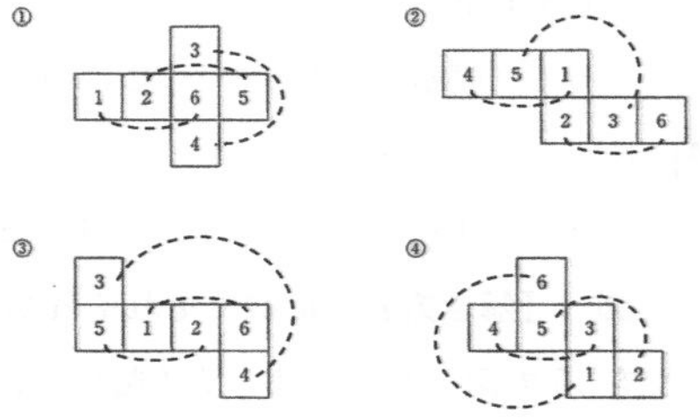

(8) 三角形ＡＤＣの内角の和より，

角ＡＣＤ＝180°−60°−45°＝75°

平行線の錯角は等しく，ＡＢとＤＣが平行だから，

角ア＝角ＡＣＤ＝**75°**

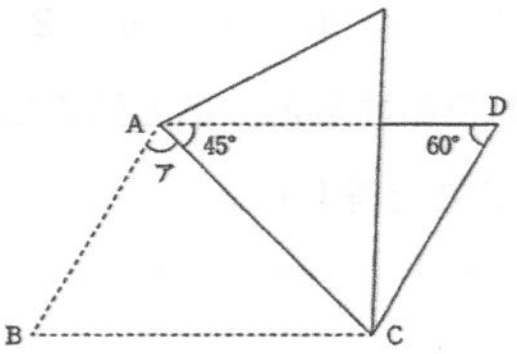

(9) 大きい位から数を決めるとすると，百の位の選び方は４通り，十の位は残りが３枚だから３通り，一の位は残りが２枚だから２通りある。よって，全部で，４×３×２＝**24**(個)できる。

(10) **【解き方】いくつかの例で和を調べてみて，どうすれば和が小さくなるか考える。**

120＝１×１×120とすると和は122になり，120＝２×２×30とすると和は34に，120＝３×４×10とすると和は17になる。したがって，３つの整数が小さい方が和が小さくなるとわかるので，３つの整数をなるべく近い数にする。120を素数の積で表すと，120＝２×２×２×３×５となる。５に２や３をかけると数が大きくなりすぎるので，５はそのままにしていくつかためすと，120＝(２×２×２)×３×５＝８×３×５ならば和が16になり，120＝(２×２)×(２×３)×５＝４×６×５ならば和が15になる。この**15**が求める値である。

2 (1) **【解き方】(１分間に入場する人数)＝(１分間に減る列の人数)＋(１分間に増える列の人数)である。**

① 列の人数は１分間に120÷60＝２(人)の割合で減ったのだから，１分間に入場した人数は，２＋４＝**6**(人)

② 列の人数は１分間に120÷30＝４(人)の割合で減ったのだから，１分間に入場した人数は，４＋４＝８(人)

よって，入場ゲートAから１分間に入場した人数は，$8\times\frac{3}{3+5}=$**3**(人)

(2)① Aが動いたあとは右図(A′，C′はそれぞれA，Cが動いた後の点)のおうぎ形の曲線部分である。AB＝3㎝，角ABA′＝180°－60°＝120°だから，求める長さは，$3\times2\times3.14\times\frac{120°}{360°}=2\times3.14=$**6.28**(㎝)

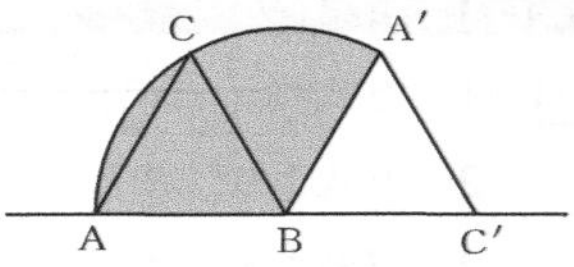

② 図の色がついた部分の面積を求めればよいので，

$3\times3\times3.14\times\frac{120°}{360°}=3\times3.14=$**9.42**(㎠)

(3)① ア＋イ＝40－2－3－11－2＝22だから，ア＝$22\times\frac{8}{8+3}=$**16**，イ＝22－16＝**6**

② 161㎝以上の人は6＋2＝8(人)だから，全体の，$\frac{8}{40}\times100=$**20**(%)

3 (1) 使用電力のグラフを見ると，16時30分から17時30分の1時間で1kW増えているから，30分だと1÷2＝0.5(kW)増える。よって，17時の使用電力は，1＋0.5＝**1.5**(kW)

(2) 発電する電力が使用電力より多い時間を求めるので，8時から17時までの，17－8＝**9**(時間)

(3) **【解き方】売ることができる電力量は，右図でA→B→C→D→E→F→G→Aと順に直線で結んでできる図形の面積として求めることができる。**

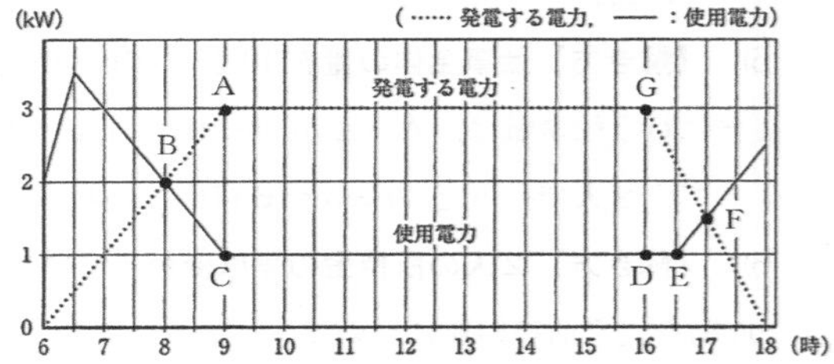

三角形ABCの面積は，(3－1)×(9－8)÷2＝1

長方形ACDGの面積は，(3－1)×(16－9)＝14

四角形DEFGは三角形GDFと三角形DEFに分ける。三角形GDFの面積は，(3－1)×1÷2＝1

三角形DEFの面積は，$(16.5-16)\times0.5\div2=\frac{1}{8}$

よって，売ることができる電力量の合計は，$1+14+1+\frac{1}{8}=\frac{129}{8}$(kWh)だから，求める金額は，$80\times\frac{129}{8}=$**1290**(円)

4 (1) ①の数にそれぞれ4をかけると，4，8，12，16，20，24，28，32，36，0となる。

これらを10で割った余りは，**4**，**8**，**2**，**6**，**0**，**4**，**8**，**2**，**6**，**0**となる。

(2) **【解き方】①の数にそれぞれある数をかけると，ある数の倍数が連続して9個並び，最後が0になる。それを10で割った余りは，その数の一の位の数と等しい。**

ある数が偶数だと，10で割った余りに奇数がふくまれないので，偶数である4，6，8は条件に合わない。ある数が5だと，10で割った余りが5か0だけになるので，条件に合わない。残りの7と9は，実際にためしてみる。

ある数が7だと，10で割った余りは，7，4，1，8，5，2，9，6，3，0となり，条件に合う。

ある数が9だと，10で割った余りは，9，8，7，6，5，4，3，2，1，0となり，条件に合う。

よって，求める数は**7**，**9**である。なお，条件に合う数は10との公約数が1以外にない数であり，10＝2×5だから2の倍数でも5の倍数でもない数である。

(3) **【解き方】1から順番に並ぶ整数にそれぞれ4をかけて10で割った余りには，(1)より，4，8，2，6，0という5個の数がくり返し現れる。**

並ぶ数の和は5個ごとに4＋8＋2＋6＋0＝20になる。2024÷20＝101余り4より，101回目のくり返しまでを足すと20×101＝2020になる。次は4が並ぶから，それを加えると2024になる。最後に足した4は，最初から数えて5×101＋1＝506(番目)の数だから，求める数は**506**である。

5 (1) くりぬいた立体は，底面積が4㎠で高さが5㎝の四角柱だから，体積は，4×5＝**20**(㎤)

(2) **【解き方】「くりぬいた立体」の体積について，図2と比べて増えた分を考える。**

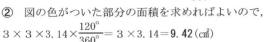

正面の色をつけた４㎠の面を，奥に２㎝動かしたところから４㎝動かしたところまでのくりぬく部分は，右図の色をつけた立体である。この後に，右の面の色をつけた４㎠の面を左に２㎝動かしたところから４㎝動かしたところまでのくりぬく部分は，図の斜線部分である。斜線部分の体積は２×２×１＝４(㎤)である。この部分以外に，右の面の色をつけた面を動かすことによって，底面積が４㎠で高さが２㎝の四角柱と１㎝の四角柱がくりぬかれる。この部分の体積の和は，４×(２＋１)＝12(㎤)である。したがって，「くりぬいた立体」の体積の合計は，20＋４＋12＝36(㎤)

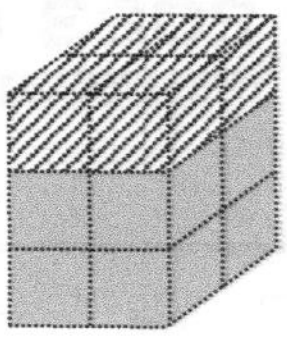

１辺５㎝の立方体の体積は，５×５×５＝125(㎤)だから，「残った立体」の体積は，125－36＝**89**(㎤)

⑶　**【解き方】１辺５㎝の立方体の表面だった部分の表面積と，内部だった部分の表面積に分けて考える。**

１辺５㎝の立方体の表面積は，５×５×６＝150(㎠)だから，このうち残った部分の面積は，150－４×４＝134(㎠)

⑵の図と同じ部分において「残った立体」の表面は，右図の色をつけた部分だから，その面積の和は，４×２＋２×４＝16(㎠)

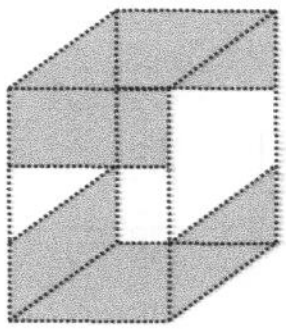

柱体の側面積が(底面の周の長さ)×(高さ)で求められることを利用すると，右図以外の内部における「残った立体」の表面積は，底面が１辺２㎝の正方形である四角柱の高さ２＋１＋２＋１＝６(㎝)分の側面積だから，(２×４)×６＝48(㎠)

よって，「残った立体」の表面積は，134＋16＋48＝**198**(㎠)

2023 解答例　令和５年度　近畿大学附属和歌山中学校

《国　語》

一　〔問一〕X．結果　Y．複雑　〔問二〕a．イ　b．ウ　c．エ　〔問三〕エ　〔問四〕1．農山村には人が少なく　2．近づきたくない場所　3．山の果実が不作だった　4．人を恐れないクマ　〔問五〕事実の確認／広い視野に立って長い時間でものごとをとらえること　〔問六〕クマが減少しており、保護が必要な動物とされている状況。　〔問七〕(1)登山者は訓練をし、長い道のりを歩いて山に入ること。　(2)山菜をとるときは一部をとって地下部を残すようにすること。　〔問八〕X．イ　Y．ア　Z．ウ　〔問九〕オ

二　〔問一〕a．ウ　b．ア　c．エ　〔問二〕顔　〔問三〕ア　〔問四〕ママはひとに頼りたくなかった　〔問五〕ママに自分を追いつめないでほしい　〔問六〕声を裏返ら　〔問七〕家族三人にこやかに笑う生命保険のコマーシャルの世界　〔問八〕エ　〔問九〕ア

三　〔問一〕1．イ　2．ク　3．キ　〔問二〕Ⅰ．記号…イ／いただいた　Ⅱ．記号…ウ／調べられたのですが　〔問三〕[言葉／意味]　①[エ／B]　②[ア／C]　③[イ／E]　④[オ／A]　⑤[ウ／D]
〔問四〕①建設　②製品　③綿毛　④演技　⑤豊富　⑥燃料　⑦暗証　⑧対象　⑨縦断　⑩校旗　⑪浴　⑫帯　⑬包　⑭構　⑮済

《算　数》

1　(1)$\frac{8}{255}$　(2)25　(3)75　(4)100　(5)270　(6)3750　(7)673　(8)42　(9)102　(10)6.28

2　(1)0.2　(2)2　(3)6　(4)5　(5)(ア)4　(イ)14

3　(1)80　(2)13　(3)25

4　(1)5　(2)98　(3)402

5　(1)235　(2)1175　(3)8，24，56

《理　科》

1　問1．①種子　②ら子　③ひ子　④り弁花　問2．A．エ　B．ウ　問3．C．子ぼうがなく，はいしゅがむき出しになっている。　D．はいしゅが子ぼうにつつまれている。
問4．E．カ　F．オ　問5．(1)単子葉類…ひげ根　双子葉類…主根と側根　(2)イ，ウ
問6．(1)右図　(2)道管　問7．(1)酸素　(2)二酸化炭素

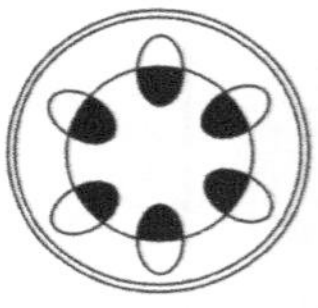

1問6(1)の図

2　問1．①水　②二酸化炭素　問2．ア　問3．ウ，オ　問4．80
問5．35　問6．88　問7．156　問8．13
問9．炭素(黒鉛)…2.1　プロパン…4　問10．プロパン

3　問1．A．西　B．東　問2．東…イ　南…ウ　問3．90
問4．(1)12　(2)55　問5．100
問6．(1)a．北　b．北　c．南　d．南　(2)Y　(3)Y
問7．夏至…右図　冬至…右図

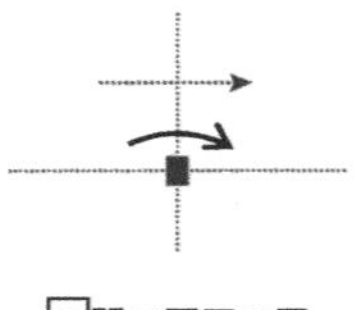

3問7夏至の図

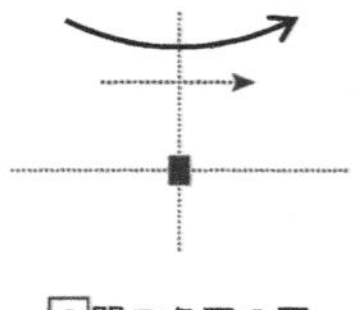

3問7冬至の図

4　問1．60　問2．エ　問3．200　問4．オ　問5．48　問6．誤差を少なくするため。　問7．3
問8．オ　問9．12　問10．32

1 (1) 与式$=\frac{255}{255}-\frac{85}{255}-\frac{102}{255}-\frac{60}{255}=\mathbf{\frac{8}{255}}$

(2) 与式＝（２×２×２×３）×（３×13）＋（２×３×３×３）×（２×19）－36×58＝

36×２×13＋36×３×19－36×58＝36×（26＋57－58）＝36×**25**

(3) 国語の得点の１×３＋0.8＝3.8（倍）が 278＋10－３＝285（点）だから，国語の得点は，285÷3.8＝**75**（点）

(4) **【解き方】（道のり）＝（速さ）×（時間），（速さ）＝（道のり）÷（時間），で求められる。**

道のりは$4.5\times\frac{20}{60}=4.5\times\frac{1}{3}=1.5$（km）であり，この道のりを 15 分で歩く速さは，分速（1.5×1000÷15）＝分速 **100**m

(5) **【解き方】１人６個ずつ配ったあと，もう１個ずつ配るときに必要なみかんの個数を考える。**

配るみかんを１個増やすと，必要なみかんが 36＋３＝39（個）増える。これより，生徒の人数は 39÷１＝39（人）とわかる。よって，みかんは全部で７×39－３＝**270**（個）ある。

(6) **【解き方】使用する牛肉の量と人数は比例する。**

４人分で 300ｇだから，50 人分だと，$300\times\frac{50}{4}=$**3750**（ｇ）

(7) 最も小さい整数の３倍は 2022－１－２＝2019 だから，最も小さい整数は，2019÷３＝**673**

(8) **【解き方】最初の 10 cmから紙テープを１枚つなげるごとに，全体の長さが 10－２＝８（cm）長くなる。（右図参照）**

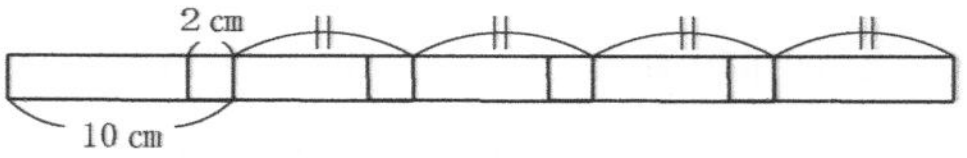

10＋８×（５－１）＝**42**（cm）

(9) **【解き方】８でわると６あまる整数は，８の倍数より６大きい。**

100÷８＝12 あまり４より，100 の前後で条件に合う整数は８×11＋６＝94 と８×12＋６＝102 である。**102** の方が 100 に近い。

(10) **【解き方】斜線部分を一部，面積を変えないように右図のように移動させると，半円になる。**

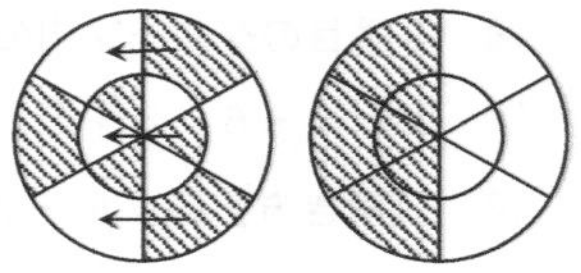

２×２×3.14÷２＝**6.28**（cm²）

2 (1) **【解き方】高さの等しい三角形の面積比は，底辺の長さの比と等しくなる。**
長方形ＡＢＣＤの面積を１として，三角形ＢＥＰの面積がいくつになるかを考える。

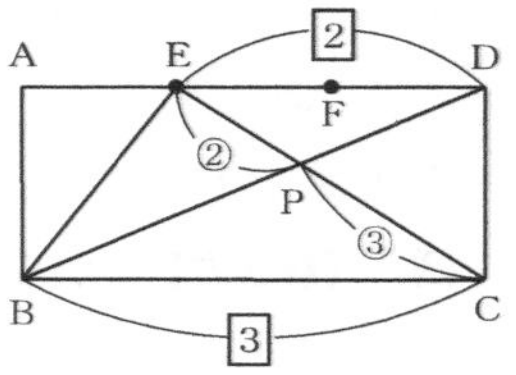

三角形ＢＣＥの面積は，長方形ＡＢＣＤの半分だから，１÷２＝0.5 となる。

ＡＤとＢＣは平行だから，三角形ＤＥＰと三角形ＢＣＰは同じ形の三角形で，辺の長さの比がＤＥ：ＢＣ＝２：３なので，ＥＰ：ＣＰ＝２：３となる。したがって，三角形ＢＥＰと三角形ＢＣＥの面積比はＥＰ：ＥＣ＝２：（２＋３）＝２：５となるので，三角形ＢＥＰの面積は$0.5\times\frac{2}{5}=0.2$となる。よって，三角形ＢＥＰの面積は長方形ＡＢＣＤの面積の **0.2** 倍である。

(2) $A-B\times\frac{1}{2}=(B-A\times\frac{1}{4})\times3$が成り立つ。$A-B\times\frac{1}{2}=B\times3-A\times\frac{3}{4}$　　$A+A\times\frac{3}{4}=B\times3+B\times\frac{1}{2}$

$A\times\frac{7}{4}=B\times\frac{7}{2}$　　$A=B\times\frac{7}{2}\times\frac{4}{7}$　　$A=B\times2$　　よって，ＡはＢの **2** 倍である。

(3) **【解き方】３人の子供をＡ，Ｂ，Ｃとし，２個ずつ配って８－２×３＝２（個）あまったあと，この２個をどのように分けるかを場合分けして考える。**

１人に２個を渡す方法は，Ａに２個，Ｂに２個，Ｃに２個の３通りある。また，２人に１個ずつ渡す方法は，渡さない１人を決める方法と同じだから，この分け方もＡ，Ｂ，Ｃの３通りある。よって，３＋３＝**6**（通り）ある。

(4) $(3\bigstar 9)=(3+9)\div(3\div 9)=12\div\frac{1}{3}=12\times 3=36$　　$(5\bigstar 4)=(5+4)\div(5\div 4)=9\div\frac{5}{4}=9\times\frac{4}{5}=\frac{36}{5}$　　$(3\bigstar 9)\div(5\bigstar 4)=36\div\frac{36}{5}=$ **5**

(5)(ア)　１辺が２cmである正方形のうちの１つは右の色をつけた部分の正方形である。

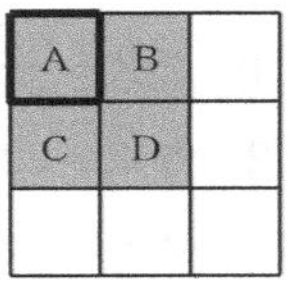

１辺が２cmである正方形を縦と横に引いた線を利用してとるとき，１辺が１cmの４つの正方形のうち左上にある正方形(色をつけた正方形の場合は太線で囲んだ正方形)にあたる部分がくることのできる位置は，A，B，C，Dの４通りある。よって，１辺が２cmである正方形は全部で**４個**ある。

(イ)　１辺が１cmの正方形が９個，１辺が２cmの正方形が４個，１辺が３cmの正方形が１個あるから，全部で $9+4+1=$ **14**(個)ある。

3 (1) 10分間で2400－1600＝800(m)歩いたから，求める速さは，分速(800÷10)m＝分速**80m**

(2) けんた君の速さは分速(80×1.25)m＝分速100mである。たろう君が休む時間は１回あたり10分で休んだ合計時間は10×２＝20(分)だから，けんた君が休む時間は20×0.65＝13(分間)である。したがって，けんた君がB地点から出発してA地点に着くのにかかった時間の合計は，2400÷100＋13＝37(分)である。よって，けんた君が出発した時間はたろう君が出発してから50－37＝**13**(分後)である。

(3) たろう君が１回目の休みを終えてB地点から1600mの地点から出発するとき，けんた君はB地点から100×(20－13)＝700(m)の地点にいる。このときの２人の間の距離は1600－700＝900(m)である。この時点から２人の間の距離は，毎分(80＋100)m＝毎分180mの割合で短くなる。よって，求める時間は，たろう君がA地点を出発してから，20＋900÷180＝**25**(分後)である。

4 **【解き方】1，2，2，1｜1，2，3，3，2，1｜1，2，3，4，4，3，2，1｜1，…のようにグループ分けをすると，各グループ内の数字は，同じ数字が２個あり，１個ずつ小さい数から大きい数に順に並んだあと，大きい数から小さい数に順に並んでいる。１番目のグループ内の数字は４個，２番目のグループ内の数字は６個，３番目のグループ内の数字は８個，…のように，４個から２個ずつ増える。**

(1) 23＝４＋６＋８＋５より，23番目の数は，４番目のグループの５個目の数だから，**５**である。

(2) **【解き方】各グループ内で最も大きい数字は，グループ内にある数字の個数を２でわった数字である。**

10という数字が初めて現れるのは，数字が10×２＝20(個)あるグループに初めて現れる。数字が20個あるグループは，(20－４)÷２＝８より，１＋８＝９(番目)のグループである。10が初めて現れるのは９番目のグループ内の10番目の数字だから，最初から数えて４＋６＋８＋10＋12＋14＋16＋18＋10＝**98**(番目)である。

(3) **【解き方】1からnまでの連続する整数の和は，$\frac{(n+1)\times n}{2}$で求められることを利用する。**

(2)をふまえる。最初から100番目の数字は，９番目のグループ内の10＋２＝12(番目)の数字の９である。

１番目のグループ内は１から２までの数字が２個ずつ，２番目のグループ内は１から３までの数字が２個ずつ，…，８番目のグループ内は１から９までの数字が２個ずつ，９番目のグループ内の12番目までは１から10までの数字が１個ずつに，10と９があと１個ずつ加わる。

例えば，１から10までの連続する整数の列を２つ使って右のような筆算が書けるから，

$$\begin{array}{r} 1+2+3+\cdots\cdots+10 \\ +)\ 10+9+8+\cdots\cdots+1 \\ \hline 11+11+11+\cdots\cdots+11 \end{array}$$

１から10までの連続する整数の和は，$\frac{11\times 10}{2}=55$ と求めることができる。

よって，求める数の和は，$\frac{(1+2)\times 2}{2}\times 2+\frac{(1+3)\times 3}{2}\times 2+\frac{(1+4)\times 4}{2}\times 2+\frac{(1+5)\times 5}{2}\times 2+\frac{(1+6)\times 6}{2}\times 2+\frac{(1+7)\times 7}{2}\times 2+\frac{(1+8)\times 8}{2}\times 2+\frac{(1+9)\times 9}{2}\times 2+\frac{(1+10)\times 10}{2}+10+9=$

６＋12＋20＋30＋42＋56＋72＋90＋55＋10＋９＝**402**

５ ⑴　午後８時から８時10分までの10分間，つまり10×60＝600(秒間)のうち，Ａで600÷10＝60(発)，Ｂで600÷８＝75(発)，Ｃで600÷６＝100(発)の花火が打ち上げられたから，合計で60＋75＋100＝**235**(発)が打ち上げられた。

⑵　午後８時から８時30分までの30分間，つまり30×60＝1800(秒間)のうち，Ａで1800÷10＝180(発)，Ｂで1800÷８＝225(発)，Ｃで1800÷６＝300(発)が打ち上げられた。８時30分から８時40分までの10分間，つまり600秒間のうち，Ｄで600÷５＝120(発)，Ｅで600÷４＝150(発)，Ｆで600÷３＝200(発)が打ち上げられた。
よって，午後８時から８時 40 分までに，合計 180＋225＋300＋120＋150＋200＝**1175**(発)の花火が打ち上げられた。

⑶　⑴をふまえる。午後８時から８時10分までの10分間は，Ａ，Ｂ，Ｃで合計235発が打ち上げられた。８時10分から８時12分までの２分間，つまり２×60＝120(秒間)のうち，Ａで120÷10＝12(発)，Ｂで120÷８＝15(発)が打ち上げられたので，合わせて12＋15＝27(発)が打ち上げられた。したがって，午後８時から８時12分までは235＋27＝262(発)が打ち上げられたことになるので，残り500－262＝238(発)が打ち上げられるのにかかる時間について考える。
打ち上げるかんかくは，Ａが10秒，Ｂが８秒，Ｇが12秒であり，10と８と12の最小公倍数を求めると120になるので，120秒を区切りとして，Ａ，Ｂ，Ｇで何発打ち上げられるかを調べる。120秒間に，Ａで120÷10＝12(発)，Ｂで120÷８＝15(発)，Ｇで120÷12＝10(発)であり，合わせて12＋15＋10＝37(発)が打ち上げられる。
238÷37＝６あまり16より，８時12分から120×６＝720(秒後)，つまり８時12分＋(720÷60)分＝８時24分の時点で，500発まで残り16発となる。
８時24分以降について，打ち上げられる花火が合わせて16発になるまで何秒かかるかを調べていくと，下表のように，56秒かかるとわかる。

時間(秒)	8	10	12	16	20	24	30	32	36	40	48	50	56
打ち上げる装置	Ｂ	Ａ	Ｇ	Ｂ	Ａ	Ｂ，Ｇ	Ａ	Ｂ	Ｇ	Ａ，Ｂ	Ｂ，Ｇ	Ａ	Ｂ

よって，求める時間は，**８時24分56秒**である。

2022 解答例 令和4年度 近畿大学附属和歌山中学校

《国　語》

一　〔問一〕エ　〔問二〕相手を傷つけたり、それから先のつきあいがとだえてしまったりする
〔問三〕(1)Ⓘけんじょう語　Ⓘ尊敬語　(2)尊敬語…相手側のものごとや行動をすばらしいと持ちあげて言う表現　けんじょう語…自分側のものごとや行動をぜんぜんダメだとけんそんして言う表現　〔問四〕イ　〔問五〕エ
〔問六〕ウ，オ　〔問七〕ア　〔問八〕相手のために心をこめて働いたということをことばで表す、思いやりの気持ちの表し方。　〔問九〕ⅰ．上　ⅱ．下

二　〔問一〕ア　〔問二〕ウ　〔問三〕あんなこといったら、今までうまくやってきた努力が、水の泡だ。
〔問四〕イ　〔問五〕あざ笑っていた　〔問六〕コーチに選ばれた、大きな可能性を秘めたプレイヤー
〔問七〕ウ　〔問八〕X．ア　Y．エ　〔問九〕イ　〔問十〕エ

三　〔問一〕1．器用　2．宣伝　3．気配　4．補給　5．辞退　6．操作　7．改装　8．縮　9．復興　10．勤　11．精算　12．往来　13．つら　14．あ　15．ただ
〔問二〕［誤／正］　1．［破／敗］　2．［解／回］　3．［収／納］　4．［統／当］　5．［争／走］
〔問三〕1．オ　2．エ　3．ウ　4．イ　5．ア　〔問四〕1．胸　2．鼻　3．口　4．腹　5．手〔別解〕腕

《算　数》

1　(1)$2\frac{19}{30}$　(2)$13\frac{2}{5}$　(3)5　(4)7　(5)190　(6)12500　(7)25　(8)88　(9)14.25

2　(1)(ア)125　(イ)12　(2)①20　②12　(3)①40　②2：1　(4)3：25　(5)①$\frac{9}{14}$　②65

3　(1)8　(2)40　(3)4

4　(1)1700　(2)260，280　(3)160分をこえて165分までの間，200分をこえて210分までの間

5　(1)24　(2)①90　②(ア)27　(イ)30

《理　科》

1　問1．A．(ア)　B．(ウ)　C．(オ)　D．(エ)　E．(イ)　問2．(1)せきつい動物　(2)右図
問3．(1)こう温動物　(2)ア．体積　イ．表面積　問4．(1)550　(2)(ウ)　問5．記号…E
理由…親が子の世話をするため，産む卵の数が少なくても子孫を残していけるから。

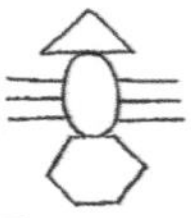
1問2(2)の図

2　問1．二酸化炭素　問2．(ア)，(ウ)　問3．(イ)，(ク)　問4．試験管の中にもともと入っていた空気が出てくるため。　問5．できた水が加熱部分に逆流して試験管が割れるのを防ぐため。　問6．(1)(オ)　(2)(エ)　問7．(1)106　(2)32　問8．(1)159　(2)48

3　問1．(1)(ウ)　(2)(ア)，(イ)　問2．(1)(イ)　(2)右図　問3．①せん状地　②(ア)　③(ア)　④三角州　⑤(イ)　問4．(1)三日月湖　(2)■．(ウ)　★．(ア)
(3)洪水が起こったから。(下線部は川のはんらんでもよい)
問5．大雨が降り，川上の大きな石が流されてきたから。

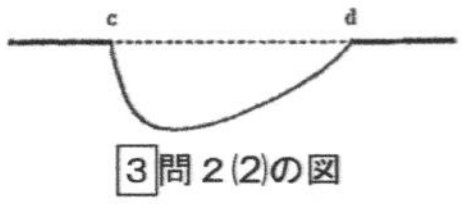

3問2(2)の図

4　問1．(イ)　問2．(イ)　問3．右図　問4．A，B，C　問5．C
問6．左向き　問7．40　問8．1200　問9．45　問10．35

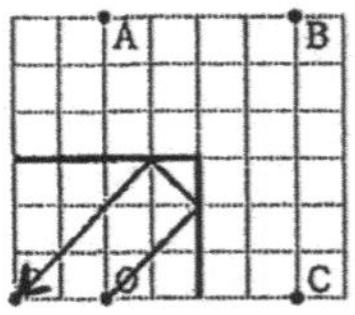

4問3の図

1 (1) 与式$=\frac{1}{2}\times\frac{14}{3}+\frac{4}{25}\times(2\frac{1}{8}-\frac{1}{4})=\frac{7}{3}+\frac{4}{25}\times1\frac{7}{8}=\frac{7}{3}+\frac{4}{25}\times\frac{15}{8}=\frac{7}{3}+\frac{3}{10}=\frac{70}{30}+\frac{9}{30}=\frac{79}{30}=2\frac{19}{30}$

(2) 与式より，$(\frac{3}{4}-\frac{1}{8})\times(□-\frac{8}{25}\div\frac{1}{40})=\frac{3}{8}$　$\frac{5}{8}\times(□-\frac{64}{5})=\frac{3}{8}$　$□-\frac{64}{5}=\frac{3}{8}\times\frac{8}{5}$　$□-\frac{64}{5}=\frac{3}{5}$

$□=\frac{3}{5}+\frac{64}{5}=\frac{67}{5}=13\frac{2}{5}$

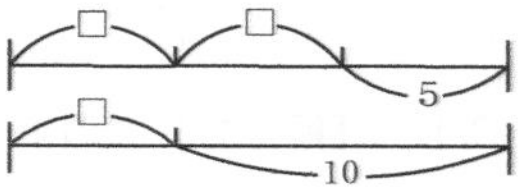

(3) **【解き方】ある数を□として，線分図をつくってみる。**

右図より，□＝10－５＝５になるから，もとの数は５である。

(4) **【解き方】１人に分けるおかしの個数を増やしたとき，必要になったおかしの個数に注目する。**

１人に分けるおかしの個数を５－４＝１(個)増やすと，必要なおかしが２＋５＝７(個)増えたから，

子どもの人数は，７÷１＝７(人)

(5) **【解き方】鉄橋をわたり始めてからわたり終わるまでに，(列車の長さ)＋(鉄橋の長さ)を進む。**

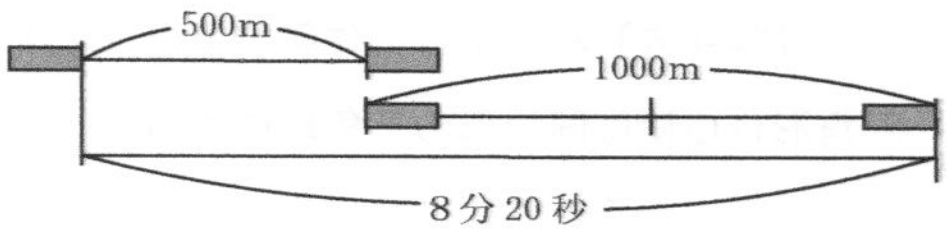

列車の長さを□ｍとすると，(500＋□)ｍ進むのに３分 50 秒かかり，(500×２－□)ｍ＝(1000－□)ｍ進むのに４分 30 秒かかっているから，500＋1000＝1500(ｍ)進むのに，

３分 50 秒＋４分 30 秒＝８分 20 秒$=\frac{25}{3}$分かかっていることになる。

列車の速さは，分速$(1500\div\frac{25}{3})$ｍ＝分速 180ｍだから，列車の長さは，$180\times3\frac{50}{60}-500=690-500=190$(ｍ)

(6) **【解き方】この商品の原価を１として考える。**

定価は１×(１＋0.20)＝1.2 で，定価の 20％引きは，1.2×(１－0.20)＝0.96 だから，１－0.96＝0.04 が 500 円にあたる。よって，この商品の原価は，500÷0.04＝12500(円)

(7) **【解き方】Ａ地点に植えた木を除くと，木は(1000－200)÷20＝40(本)あるので，木と木の間は 40 か所できる。**

最後の木がちょうどＢ地点にくるのは，木の間かくを 1000÷40＝25(ｍ)おきにしたときである。

(8) **【解き方】●＋○の大きさがわかれば，三角形の内角の和を使って角アの大きさを求めることができる。**

●●＋○○＋110°＋66°は，四角形ＡＢＣＤの内角の和に等しく 360°だから，●●＋○○＝360°－110°－66°＝184°になる。●＋○＝184°÷２＝92°だから，角アの大きさは，180°－(●＋○)＝180°－92°＝88°

(9) **【解き方】右図のように分ければ，色のついた部分の面積は，半径が５＋５＝10(cm)で中心角が 90°のおうぎ形の面積から，半径が５cmで中心角が 90°のおうぎ形２個の面積と１辺の長さが５cmの正方形の面積を引けば求められる。**

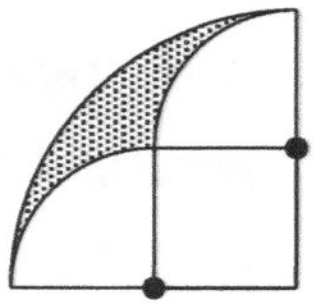

$10\times10\times3.14\times\frac{90^\circ}{360^\circ}-5\times5\times3.14\times\frac{90^\circ}{360^\circ}\times2-5\times5=14.25$(cm²)

2 (1) **【解き方】食塩水の問題は，うでの長さを濃度《のうど》，おもりを食塩水の重さとしたてんびん図で考えて，うでの長さの比とおもりの重さの比がたがいに逆比になることを利用する。水は０％の食塩水と考える。**

図１

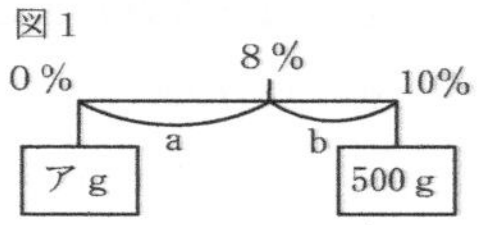

右図１は，水を０％の食塩水アｇと考えたものである。

ａ：ｂ＝８：(10－８)＝４：１だから，アｇ：500ｇ＝１：４になる。

よって，ア$=500\times\frac{1}{4}=125$(ｇ)

20％の食塩水を 125ｇ入れてイ％の食塩水になったと考えたのが，右図２である。

図２

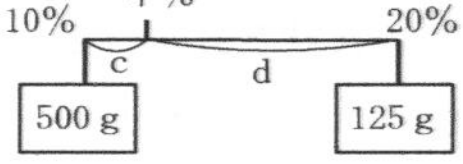

ｃ：ｄは，500：125＝４：１の逆比に等しく１：４だから，

イ$=10+(20-10)\times\frac{1}{1+4}=12$(％)

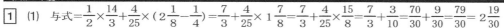

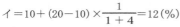

(2)① **【解き方】5人をA，B，C，D，Eとして考える。**

(委員長，副委員長)の組み合わせは，Aを委員長にしたとき(A，B)(A，C)(A，D)(A，E)の4通りある。B～Eを委員長にしたときも4通りずつあるから，選び方は全部で，4×5＝20(通り)

② **【解き方】A，B，Cを男子，D，Eを女子として考える。**

男子を委員長にしたときの選び方は，①と同様に表すと，(A，D)(A，E)(B，D)(B，E)(C，D)(C，E)の6通りある。女子を委員長にしたときも6通り考えられるから，全部で，6＋6＝12(通り)

(3)① **【解き方】右のように作図すると，正六角形は6つの合同な正三角形に分けることができる。1つの正三角形の面積は，120÷6＝20(㎠)である。**

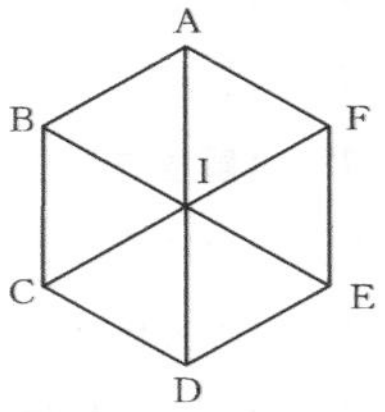

底辺が共通で，高さが等しい三角形の面積は等しいから，右図でAとCを結ぶと，三角形AICと三角形AIBの面積は等しいことがわかる。

したがって，三角形ACDの面積は，三角形AICと三角形ICDの面積の和に等しいから，20×2＝40(㎠)

② **【解き方】右のように作図すると，CIとDMは平行だから，三角形IOCと三角形DOMは同じ形の三角形になる。**

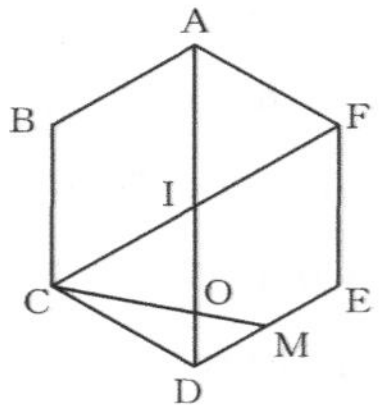

対応する辺の長さの比は，CI：DMである。①をふまえると，Mは正三角形の1辺の真ん中の点で，CIは正三角形の1辺の長さだから，CI：DM＝2：1である。

よって，CO：OM＝2：1

(4) **【解き方】右図のようにCとDを結んで，高さの等しい三角形の底辺の長さの比は，面積比に等しいことを利用する。**

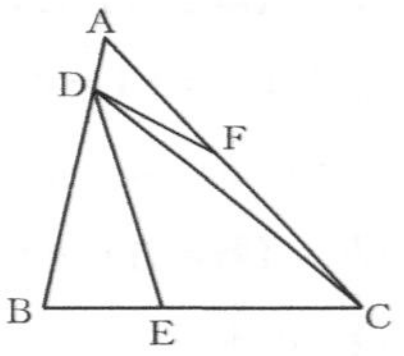

三角形DBEの面積を3とおくと，四角形DECFの面積は5になる。

三角形DBEと三角形DECの面積比は，BE：CE＝2：3だから，

三角形DECの面積は，$3\times\frac{3}{2}=\frac{9}{2}$になる。三角形DCFの面積は，$5-\frac{9}{2}=\frac{1}{2}$になる。

三角形DCFと三角形ADCの面積比は，CF：AC＝5：(5＋4)＝5：9だから，

三角形ADCの面積は，$\frac{1}{2}\times\frac{9}{5}=\frac{9}{10}$になる。

AD：DBは，三角形ADCと三角形DBCの面積比に等しく，$\frac{9}{10}:(3+\frac{9}{2})=\frac{9}{10}:\frac{15}{2}=3:25$

(5)① **【解き方】$\frac{1}{1}\mid\frac{1}{2}，\frac{2}{2}\mid\frac{1}{3}，\frac{2}{3}，\frac{3}{3}\mid\frac{1}{4}，\frac{2}{4}，\frac{3}{4}，\frac{4}{4}\mid\frac{1}{5}，\frac{2}{5}，\frac{3}{5}$，…のように，同じ分母の分数で区切って，第1群，第2群，第3群，…とすると，第n群には分母がnで，分子が1からnまでの分数がn個並ぶことになる。**

1から13までの整数の和は，(1＋13)×13÷2＝91だから，初めから数えて100番目は，第14群の100－91＝9番目の，$\frac{9}{14}$である。

② **【解き方】①をふまえれば，第10群の最後の数が初めから何番目かを考えればよい。**

第10群の最後の数は，初めから数えて，(1＋10)×10÷2＝55(番目)だから，第11群の10番目の$\frac{10}{11}$は，初めから数えて55＋10＝65(番目)になる。

3 (1) **【解き方】仕事の大きさを，12と10と15の最小公倍数の60として考える。**

A君とB君の2人が1分間にする仕事は60÷12＝5，B君とC君の2人が1分間にする仕事は60÷10＝6，A君とC君の2人が1分間にする仕事は60÷15＝4だから，A君とB君とC君の3人が1分間にする仕事は，(5＋6＋4)÷2＝7.5になる。よって，この仕事を3人ですると，60÷7.5＝8(分)かかる。

(2)　【解き方】(1)をふまえる。

(1)より，A君とB君とC君の３人が１分間にする仕事は7.5で，B君とC君の２人が１分間にする仕事は６だから，A君１人が１分間にする仕事は，7.5－６＝1.5になる。

よって，この仕事をA君１人ですると，60÷1.5＝40(分)かかる。

(3)　【解き方】(2)までをふまえ，C君だけがした仕事の量を考える。(2)より，B君１人が１分間にする仕事は，５－1.5＝3.5，C君１人が１分間にする仕事は，４－1.5＝2.5である。

A君とB君の２人が10分間にする仕事は，５×10＝50だから，C君は１人で60－50＝10の仕事をしたことになる。よって，C君が帰ったのは３人が仕事を始めてから，10÷2.5＝４(分後)である。

4 **(1)　【解き方】駐車時間が60分をこえた場合の料金は，80分，100分，120分と60に20の倍数を足すごとに料金が変わっていく。**

210分駐車したときの駐車料金は，220分駐車したときと同じになる。

150円の追加料金が，(220－60)÷20＝８(回)かかるので，駐車料金は，500＋150×８＝1700(円)

(2)　【解き方】追加料金が2150－500＝1650(円)かかるときの駐車時間を求める。

150円の追加料金が1650÷150＝11(回)かかったので，駐車していた時間は，60＋20×(11－１)＝260(分)をこえて，260＋20＝280(分)までの間である。

(3)　【解き方】60分をこえると，A駐車場では150の倍数の金額が加算され，B駐車場では100の倍数の金額が加算されるから，駐車料金が同じになる可能性があるのは，A駐車場で150と100の公倍数の料金が加算されるときである。

A駐車場で240分間駐車すると，500＋(240－60)÷20×150＝1850(円)かかる。B駐車場で240分間駐車すると，700＋(240－60)÷15×100＝1900(円)かかる。150と100の最小公倍数は300だから，A駐車場の駐車料金が，500＋300＝800(円)，800＋300＝1100(円)，1100＋300＝1400(円)，1400＋300＝1700(円)になる駐車時間を調べると，800円は80～100分，1100円は120～140分，1400円は160～180分，1700円は200～220分になる。

B駐車場の駐車料金が800円，1100円，1400円，1700円にそれぞれなるときの駐車時間を調べると，800円が60～75分，1100円が105～120分，1400円が150～165分，1700円が195～210分になる。

駐車料金と時間の両方が一致《いっち》するのは，1400円の場合の160～165分，1700円の場合の200～210分である。

これらは，以下のような表で考えるとわかりやすい。

時間	60	80	100	120	140	160	180	200	220	240
A	500	650	800	950	1100	1250	**1400**	1550	**1700**	1850

B	700	800	900	1000	1100	1200	1300	**1400**	1500	1600	**1700**	1800	1900
時間	60	75	90	105	120	135	150	165	180	195	210	225	240

5 **(1)　【解き方】正方形ＡＢＣＤの周りの長さを，６×60＝360として考え，点Ｐと点Ｑが進んだ道のりの和が360になるときを求める。**

点Ｐは１秒間に６動き，点Ｑは１秒間に９動くから，点Ｐと点Ｑが１秒間に動く長さの和は６＋９＝15になる。

よって，２点が初めて出会うのは，360÷15＝24(秒後)

(2)①　【解き方】正方形ＡＢＣＤの周りの長さを360とすると，正方形ＥＦＧＨの周りの長さは360÷２＝180になる。周期の問題として考える。

点Ｐが対角線ＡＣ上にくるのは，60÷２＝30(秒)ごとである。点Ｒは１秒間に５動くから，180÷２＝90動くのに90÷５＝18(秒)かかるので，点Ｒが対角線ＡＣ上にくるのは，18秒ごとである。

30 と 18 の最小公倍数は 90 だから，２点Ｐ，Ｒが初めて同時に対角線ＡＣ上にならぶのは 90 秒後である。

②　**【解き方】三角形ＲＢＣと三角形ＰＥＨのそれぞれの底辺を，ＢＣ，ＥＨとすると，底辺の長さの比が２：１だから，面積比が２：１になるときの高さは１：１になる。つまり，底辺をＢＣ，ＥＨとしたときの高さが等しいところを探す。２点Ｐ，Ｒが出発してから 10 秒後以降で考えることに注意する。また，三角形ＧＢＣの面積を②として考える。**

今までをふまえると，点Ｒは１辺を 18÷２＝９(秒)で動くから，Ｇに到着《とうちゃく》するのが 18 秒後，Ｈに到着するのが 27 秒後，Ｅに到着するのが 36 秒後になる。三角形ＨＢＣは，底辺をＢＣとしたときの高さが三角形ＧＢＣの高さの３倍あるから，点ＲがＧからＨまで動くとき，三角形ＲＢＣの面積は，②から②×３＝⑥まで増える(右図参照)。

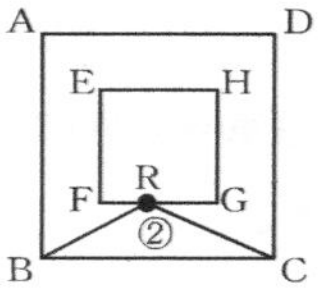

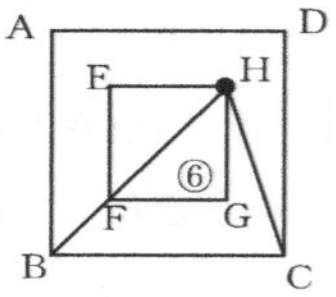

また，点ＲがＨからＥまで動くとき，三角形ＲＢＣの面積は⑥のままになる。

点Ｐは１辺を 30÷２＝15(秒)で動くから，10 秒～15 秒までは辺ＡＢ上，15～30 秒までは辺ＢＣ上，30～36 秒までは辺ＣＤ上にある。

三角形ＢＥＨの面積を三角形ＧＢＣと比べたとき，底辺ＥＨはＢＣの半分の長さ，高さは三角形ＧＢＣの３倍の長さになるから，面積は，②×$\frac{1}{2}$×３＝③になる(右図参照)。

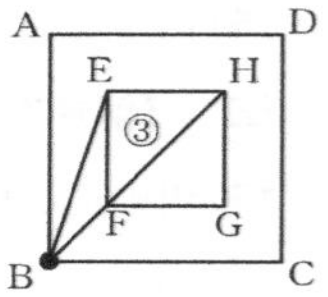

点Ｐが辺ＡＢ上(Ｂを除く)にあるときの三角形ＰＥＨの面積は③より小さく，点Ｐが辺ＢＣ上にあるときの三角形ＰＥＨの面積は③，点Ｐが辺ＣＤ上(Ｃを除く)にあるときの三角形ＰＥＨの面積は③より小さくなる。これらをグラフに表すと右のようになる。

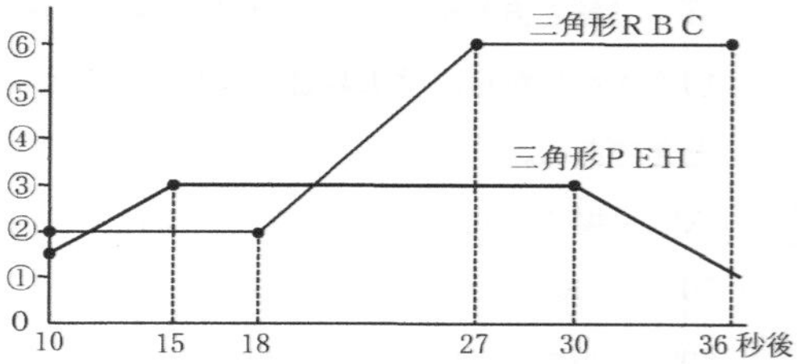

よって，三角形ＲＢＣの面積が三角形ＰＥＨの面積の２倍となるのは，点Ｒが点Ｅを出発してから 27 秒後から 30 秒後までである。

近畿大学附属和歌山中学校

《国　語》

一　〔問一〕X．ウ　Y．イ　〔問二〕エ　〔問三〕エ　〔問四〕ア　〔問五〕①ウ　②エ　〔問六〕(スポーツマンの)叔父／(電車から)降りる人　〔問七〕投げるとき　〔問八〕降車時に乗客が自分で扉を開けること(。)　〔問九〕なんだ、なんだという様子で熱心に見始める(。)　〔問十〕自身の生残の可能性を高くする有効な情報を得る

二　〔問一〕X．イ　Y．ウ　Z．ア　〔問二〕イ　〔問三〕Ⅰ．なにかから逃げたい　Ⅱ．どこか切羽つまって　〔問四〕ア　〔問五〕ⅰ．娘　ⅱ．ピアノを勉強する　ⅲ．パン職人になりたい　〔問六〕エ　〔問七〕イ　〔問八〕エ

三　〔問一〕1．経由　2．平易　3．景気　4．保障　5．許容　6．走破　7．損失　8．肥料　9．序列　10．勤　11．築　12．放　13．ね　14．す　15．はぐく　〔問二〕1．おたずね〔別解〕お聞き　2．いただき　3．見られない　4．飲ませ　5．どちら〔別解〕どなた　〔問三〕1．ア　2．オ　3．エ　4．イ　5．ウ　〔問四〕1．カ　2．ア　3．キ　4．オ　5．ウ

《算　数》

1　(1)$\frac{79}{90}$　(2)$1\frac{1}{6}$　(3)2560　(4)90　(5)16　(6)17　(7)45　(8)1200

2　(1)(ア)71.4　(イ)64.5　(2)$\frac{1}{3}$　(3)(ア)5　(イ)15　(4)(ア)2500　(イ)2244

3　(1)1，40　(2)17　(3)1分20秒後／4分8秒後

4　ア．1814　イ．1606　ウ．6900　エ．950

5　(1)4　(2)120　(3)6　(4)27

《理　科》

1　問1．ウ，キ　問2．①おしべ　③がく　問3．②→①→④→③　問4．イ　問5．花が目立たない。　問6．発芽の時に必要な養分を多くたくわえることができる。　問7．A．羊水　B．たいばん　問8．ウ　問9．内部をかんそうから守る。

2　問1．オ　問2．A．ア，オ　E．イ，エ　問3．A，B　問4．ウ　問5．75　問6．キ　問7．60　問8．マグネシウム…0.15　水素…625　問9．塩酸…25　水素…125

3　問1．①ひまわり　②アメダス　③へん西風　問2．西の空に雲がないから。　問3．A．ウ　B．キ　問4．カ　問5．日食　問6．イ　問7．ア　問8．金星は，地球からの距離が月よりもはるかに遠いから。

4　問1．A．エ　B．ウ　問2．カ　問3．ア，ウ，エ　問4．1　問5．0.5　問6．⑤と⑥　問7．④と⑧　問8．2.1　問9．320　問10．2.6

2021 算数解説 令和3年度 ▶ 近畿大学附属和歌山中学校

1 (1) 与式$=1-(\frac{3}{4}\times\frac{2}{3}-\frac{6}{5}\times\frac{1}{3})-\frac{8}{45}\times\frac{1}{8}=1-(\frac{1}{2}-\frac{2}{5})-\frac{1}{45}=1-\frac{1}{10}-\frac{1}{45}=\frac{90}{90}-\frac{9}{90}-\frac{2}{90}=\frac{79}{90}$

(2) 与式より，$\frac{3}{2}+\square\times\frac{3}{14}-\frac{11}{8}\times\frac{4}{7}=\frac{27}{28}$　$\frac{3}{2}+\square\times\frac{3}{14}-\frac{11}{14}=\frac{27}{28}$　$\square\times\frac{3}{14}=\frac{27}{28}+\frac{11}{14}-\frac{3}{2}$

$\square\times\frac{3}{14}=\frac{27}{28}+\frac{22}{28}-\frac{42}{28}$　$\square\times\frac{3}{14}=\frac{7}{28}$　$\square=\frac{1}{4}\times\frac{14}{3}$　$\square=\frac{7}{6}=1\frac{1}{6}$

(3) **【解き方】仕入れ値の25%が利益になるのは，仕入れ値の1＋0.25＝1.25(倍)で売ったときである。**

売値は4000×(1－0.20)＝3200(円)で，これは仕入れ値の1＋0.25＝1.25(倍)にあたるから，仕入れ値は，3200÷1.25＝2560(円)

(4) **【解き方】約分すれば$\frac{7}{15}$になる分数は$\frac{7\times\square}{15\times\square}$と表せる。**

約分して$\frac{7}{15}$になる数を$\frac{7\times\square}{15\times\square}$と表すと，分母と分子の和は，7×□＋15×□＝(7＋15)×□＝22×□と表せるから，22×□＝132が成り立つ。□＝132÷22＝6より，この分数の分母は，15×6＝90

(5) **【解き方】典型的なつるかめ算の問題である。**

正方形を1個作ると棒は4本使う。正方形を29個作るとすると，棒は4×29＝116(本)必要となり，116－100＝16(本)足りなくなる。正方形1個を正三角形1個にかえると，棒は1本少なくてすむから，正三角形は16÷1＝16(個)できたことになる。

(6) **【解き方】食塩水の問題は，うでの長さを濃度《のうど》，おもりを食塩水の重さとしたてんびん図で考えて，うでの長さの比とおもりの重さの比がたがいに逆比になることを利用する。**

図1

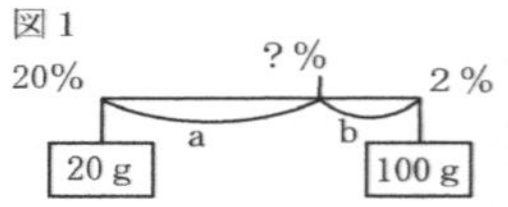

図2

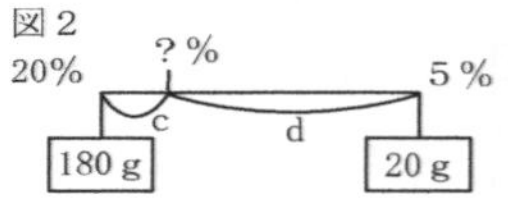

まず，容器Bについて考える。右図1において，食塩水の重さの比が20：100＝1：5だから，うでの長さの比は，a：b＝5：1になる。a＋b＝20－2＝18(%)だから，a＝$18\times\frac{5}{5+1}$＝15(%)である。

したがって，容器Bの濃度は20－15＝5(%)になった。

次に，容器Aについて考える。右図2において，食塩水の重さの比が(100－20)：20＝4：1だから，うでの長さの比はc：d＝1：4になる。c＋d＝20－5＝15(%)だから，c＝$15\times\frac{1}{1+4}$＝3(%)である。よって，容器Aの濃度は，20－3＝17(%)になった。

(7) **【解き方】RQとSPは平行に見えるが，しっかりとその根拠を考えてから解いていく。平行とわかれば錯角が等しいことを利用できる。**

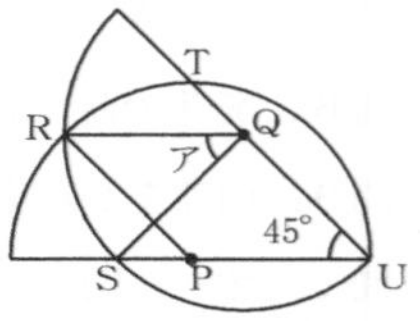

右のように作図すると，RP＝PU＝UQ＝QRとなるから，四角形RPUQはひし形になる。したがって，RQとSPは平行である。平行線の錯角は等しいから，角ア＝角QSPとなるので，角QSPを求める。三角形QSUは，SQ＝UQの二等辺三角形だから，底角は等しく，角QSU＝角QUS＝45°　よって，角ア＝角QSP＝45°

(8) **【解き方】かつひろ君の自転車の速さは毎分(80×3)m＝毎分240m，バスの速さは毎分(240×2)m＝毎分480mである。**

かつひろ君は，家からプールまでを3600÷240＝15(分)で行ったから，弟は家からプールまでを15＋12＝27(分)で行ったことになる。弟はバス停で7分間待ったから，弟が歩きとバスにかかった時間の和は27－7＝20(分)である。毎分480mの速さで20分進むと480×20＝9600(m)となり，9600－3600＝6000(m)長くなる。

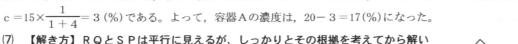

１分を毎分 80mの速さにかえると道のりは 480－80＝400(m)短くなるので，歩いた時間は 6000÷400＝15(分)，歩いた道のりは，80×15＝1200(m)

2 **(1)(ア)【解き方】曲線部分と直線部分に分けて考える。**

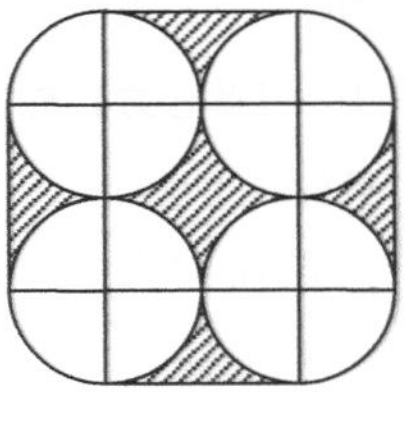

直線部分は１辺の長さが 10 ㎝の正方形の周囲の長さに等しく 10×４＝40(㎝)である。

１つの曲線部分は，半径が５㎝で中心角の大きさが 90°のおうぎ形の曲線になるから，

４つの曲線部分を合わせると，半径が５㎝の円になる。

よって，曲線部分の長さは，直径が 10 ㎝の円周に等しく 10×3.14＝31.4(㎝)である。

よって，外側の周りの長さは，40＋31.4＝71.4(㎝)

(イ)【解き方】太線で囲まれた図形の面積から，半径が５㎝の円の面積４つ分を引けばよい。

太線で囲まれた図形は，１辺が 10 ㎝の正方形１個，半径が５㎝で中心角の大きさが 90°のおうぎ形４個，縦と横の長さが５㎝と 10 ㎝の長方形４個からできているので，面積の和は，10×10＋５×５×3.14＋５×10×４＝378.5(㎠)である。よって，求める面積は，378.5－５×５×3.14×４＝378.5－314＝64.5(㎠)

(2)　【解き方】右の「１つの角を共有する三角形の面積」の求め方を使って，三角形ＢＥＤと三角形ＣＦＥの面積が，三角形ＡＢＣの面積の何倍になるかを求める。

１つの角を共有する三角形の面積

右図のように三角形ＰＱＲと三角形ＰＳＴが１つの角を共有するとき，三角形ＰＳＴの面積は，

(三角形ＰＱＲの面積)×$\frac{PS}{PQ}$×$\frac{PT}{PR}$

で求められる。

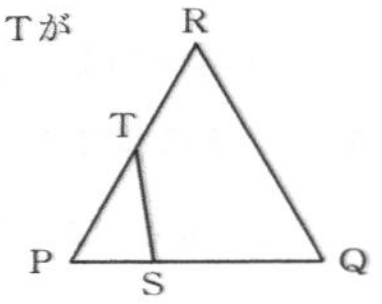

三角形ＡＢＣの面積を１とすると，三角形ＢＥＤの面積は，$1\times\frac{BE}{BC}\times\frac{BD}{BA}=1\times\frac{3}{7}\times\frac{7}{9}=\frac{1}{3}$になる。

同じように考えると，三角形ＣＦＥの面積は，$1\times\frac{CE}{CB}\times\frac{CF}{CA}=1\times\frac{4}{7}\times\frac{7}{12}=\frac{1}{3}$になる。

よって，斜線部分の面積は，三角形ＡＢＣの面積の，$1-\frac{1}{3}-\frac{1}{3}=\frac{1}{3}$(倍)になる。

(3)(ア)【解き方】５つのさいころで目の和が６になるのは，１つのさいころだけが２で残りの４つが１のときだけである。

２の目を出すさいころは白，赤，黒，青，黄の５通りあるから，目の出方も５通りある。

(イ)【解き方】目の和が７になるのは，①１つのさいころだけが３で残りの４つが１のときと，②２つのさいころが２で残りの３つが１のときである。

①１つのさいころだけが３で残りの４つが１のときは，(ア)と同様に５通りある。

②２つのさいころが２になるさいころの選び方は，(白，赤)(白，黒)(白，青)(白，黄)(赤，黒)(赤，青)(赤，黄)(黒，青)(黒，黄)(青，黄)の 10 通りある。よって，和が７になるような目の出方は，５＋10＝15(通り)

(4)(ア)【解き方】１番目の２，２番目の３，３番目の４の出所を考える。

１番目の２は(１＋３)÷２＝２，２番目の３は(１＋５)÷２＝３，３番目の４は(１＋７)÷２＝４のように，(出ている数字の平均)×(出ている数字の個数)と考えれば，１～99 までの奇数の和は，(１＋99)÷２＝50 を２回かけた数になる。よって，50×50＝2500

(イ)【解き方】１～99 までの奇数の和から，１～31 までの奇数の和を引けばよい。

１～31 までの奇数の和は，(１＋31)÷２＝16 を２回かけた数になるから，2500－16×16＝2500－256＝2244

3 右図のように，図形①を正方形ＡＢＣＤ，図形②を直角二等辺三角形ＰＱＲとして考える。点Ｃと点Ｑが重なった状態から動き始めるので，２つの図形の動いた距離の和はＣＱの長さで表される。

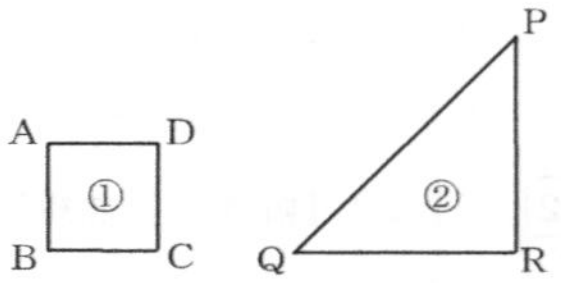

⑴ **【解き方】重なり始めてから右図のようになるまで，重なった部分の図形は三角形になる。**

ＣＱ＝５㎝のときを考える。①と②が進む長さの和は，１分あたり１＋２＝３(㎝)だから，和が５㎝になるまでに，$5\div3=\frac{5}{3}=1\frac{2}{3}$(分)，つまり，１分40秒かかる。

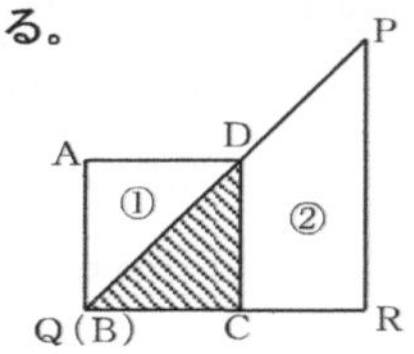

⑵ **【解き方】動き始めてから２分後，ＣＱ＝３×２＝６(㎝)になるから，右図でＢＱ＝ＣＱ－ＢＣ＝６－５＝１(㎝)である。**

右図において，２つの三角形ＡＳＴと三角形ＢＳＱは，直角二等辺三角形になる。

ＢＳ＝ＢＱ＝１㎝だから，ＡＳ＝ＡＴ＝５－１＝４(㎝)

よって，重なった部分の面積は，①の面積から三角形ＡＳＴの面積を引いて，

５×５－４×４÷２＝17(㎠)

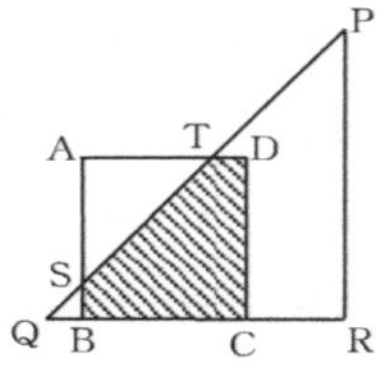

⑶ **【解き方】⑴の重なる部分の面積が５×５÷２＝12.5(㎠)だから，１分 40 秒までに８㎠になることがわかる。また，その後重なる部分はＣとＲが重なるまで増え続け，その後減っていくから，重なる部分が長方形になるときにも８㎠になることがある。**

(ア)　動き始めてから１分40秒までに８㎠になるとき，重なる部分の図形は右図のような直角二等辺三角形になる。このとき，ＣＱ＝ＣＵだから，ＣＱ×ＣＱの値は８×２＝16になる。４×４＝16だから，ＣＱ＝４㎝である。したがって，重なる部分が８㎠になる１つめの時間は，$4\div3=\frac{4}{3}=1\frac{1}{3}$(分後)，つまり１分20秒後である。

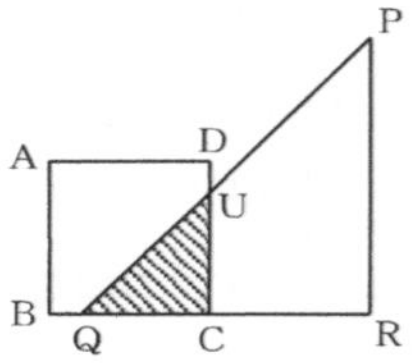

(イ)　次に右図のように，重なる部分が長方形になるときを考える。

ＡＢ＝５㎝だから，$\text{ＢＲ}=8\div5=\frac{8}{5}$(㎝)になるので，$\text{ＣＱ}=9+5-\frac{8}{5}=\frac{62}{5}$(㎝)である。したがって，重なる部分が８㎠になる２つめの時間は，

$\frac{62}{5}\div3=\frac{62}{15}=4\frac{2}{15}$(分後)，$\frac{2}{15}$分＝$(60\times\frac{2}{15})$秒＝８秒より，４分８秒後である。

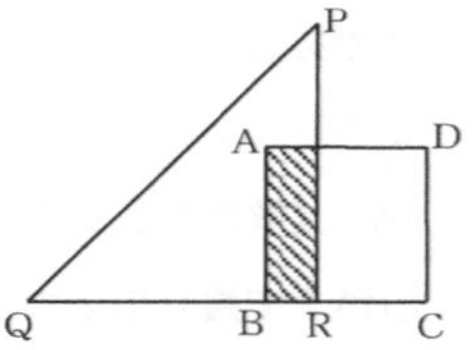

4 ⑴　Ａさんは，25×314＝7850(円)を現金で払ったから，もらえたポイントは，7850×0.04＝314(ポイント)である。よって，ポイントは全部で，1500＋314＝1814(ポイント)になった。

⑵　もらえたポイントは7650×0.04＝306(ポイント)だから，残ったポイントと合わせて，1500－200＋306＝1606(ポイント)

⑶　**【解き方】25円のお菓子１個を現金で買うとポイントが１ポイントもらえるので，つるかめ算で求める。**

314個を全部現金で払うと，次回使えるポイントは1814ポイントになり，1814－826＝988(ポイント)多くなる。

１個の買い方を現金からポイントにかえると，ポイントは25＋１＝26(ポイント)減るから，ポイントで買ったお菓子の個数は，988÷26＝38(個)である。よって，現金で買ったお菓子は314－38＝276(個)で，払った現金は，25×276＝6900(円)，払ったポイントは，25×38＝950(ポイント)

5 ⑴　**【解き方】１日に生える牧草の量を$\boxed{1}$，牛１頭が１日に食べる量を①として，ニュートン算で求める。**

20日間に生える牧草の量は$\boxed{1}$×20＝$\boxed{20}$で，牛10頭が20日間に食べる牧草の量は①×10×20＝(200)である。

12日間に生える牧草の量は$\boxed{1}$×12＝$\boxed{12}$で，牛14頭が12日間に食べる牧草の量は①×14×12＝(168)である。

したがって，20－12＝８(日間)に生える牧草の量，[20]－[12]＝[8]は，○200－○168＝㉜にあたる。よって，１日に生える牧草の量は，[1]＝㉜÷８＝④になるので，牛１頭が１日に食べる量の４倍である。

⑵　**【解き方】１日に生える牧草の量と，牛１頭が１日に食べる牧草の量の比が分かったことから考える。**

20日間に生える牧草の量を牛１頭で食べると20×４＝80(日)かかる。つまり，[20]＝○80である。

したがって，放牧する前に生えている牧草の量は，○200－○80＝○120にあたる。

よって，放牧する前に生えている牧草の量は，牛１頭が１日に食べる牧草の量の120倍である。

⑶　**【解き方】１日に生える牧草の量，放牧する前に生えている牧草の量を，牛１頭が１日に食べる牧草の量に換算《かんさん》して考える。**

牛１頭が１日に食べる牧草の量を①とすると，放牧する前に生えている牧草の量は○120，１日に生える牧草の量は④と表せる。24頭の牛が１日に食べる牧草の量は①×24＝㉔だから，１日当たり㉔－④＝⑳の牧草が減る。

よって，24頭の牛が牧草を食べつくすまでに，○120÷⑳＝６(日間)かかる。

⑷　**【解き方】⑶と同じ考え方で解く。**

３頭の牛が１日に食べる牧草の量は①×３＝③だから，１日当たり④－③＝①の牧草が増えるので，10日目が終わったとき，生えている牧草の量は，○120＋①×10＝○130になっている。

５日間に生える牧草は④×５＝⑳だから，11日目から15日目までの５日間で食べる牧草の量は，○130＋⑳＝○150である。１日当たり○150÷５＝㉚の牧草を食べたから，11日目から15日目までの間は１日当たり30頭で食べたことになる。よって，増やした牛の数は，30－３＝27(頭)

近畿大学附属和歌山中学校

《国　語》

一 〔問一〕X．ウ　Y．ア　〔問二〕命　〔問三〕病気を持った肉体　〔問四〕ア
〔問五〕A．イ　B．エ　〔問六〕心がわくわくしないと、病気が治らないといわれた　〔問七〕ア
〔問八〕エ　〔問九〕ウ　〔問十〕イ

二 〔問一〕X．イ　Y．ア　Z．ウ　〔問二〕a．オ　b．エ　c．イ　d．ウ　e．ア　〔問三〕夏生(くん)
〔問四〕エ　〔問五〕気分が良くなってきて、いくらでも泳げる気がしてくる　〔問六〕ウ　〔問七〕ア
〔問八〕ウ　〔問九〕イ　〔問十〕エ，オ

三 〔問一〕1．染　2．収　3．務　4．規律　5．郷里　6．救護　7．投資　8．謝礼　9．興奮
10．主演　11．複雑　12．清潔　13．た　14．おが　15．たがや　〔問二〕(1)①手　②耳　③目
(2)①エ，カ　②イ，オ　③ア，ウ　〔問三〕1．イ　2．ウ　3．エ　4．ア

《算　数》

1 (1) $4\frac{1}{2}$　(2) $\frac{12}{49}$　(3)0.75　(4)7.5　(5)5　(6)50　(7)219.8　(8)5　(9)4

2 (1)10　(2) $2\frac{7}{75}$　(3)①1g…2　3g…1　9g…2　27g…1　②1g…8　3g…8　9g…2　27g…0
(4)①110　②右図

3 (1)3：2　(2)2　(3)10

4 ア．4　イ．12　ウ．9，39　エ．3　オ．14，50

5 (1)192　(2)104

《理　科》

1 問1．(1)しゅう曲　(2)断層　(3)イ　(4)不整合　(5)イ　問2．(1)しん食　(2)運ぱん　(3)たい積
問3．(1)春分／秋分　(2)55.7　問4．(1)夏至　(2)79.1　(3)11：00　(4)23.4

2 問1．［A／B］　水素…［ウ／カ］　酸素…［エ／ク］　問2．ア　問3．エ　問4．(1)2：1　(2)①水素
②20　(3)28.8　問5．1：2　問6．(1)200　(2)216

3 問1．(1)酸素　(2)二酸化炭素　(3)水　問2．イ，エ　問3．(1)でんぷん
(2)名称…師管／右図　問4．C．ア　D．オ　問5．ウ　問6．ケ

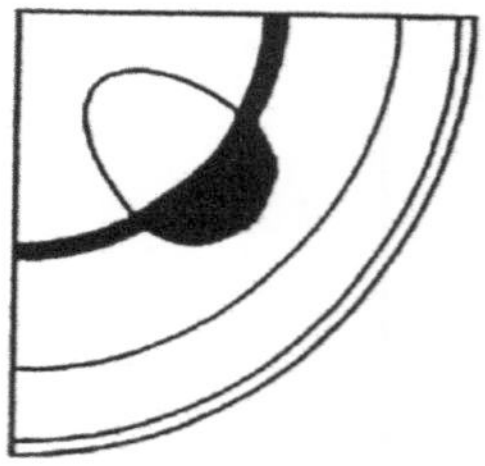

4 問1．(1)オ　(2)キ　(3)ア　問2．2.7　問3．面…A　重さ…21.6　問4．21
問5．136　問6．180

1 (1) 与式＝$(184-117\div 9)\times\frac{1}{76}\times 2=(184-13)\times\frac{1}{38}=171\times\frac{1}{38}=\frac{9}{2}=4\frac{1}{2}$

(2) 与式＝$\frac{11}{35}-\frac{17}{35}\times\frac{1}{4}\times\frac{36}{63}=\frac{77}{35\times 7}-\frac{17}{35\times 7}=\frac{60}{35\times 7}=\frac{12}{49}$

(3) 450 ㎤＝450mL＝0.45Ｌは，0.45÷0.6＝0.75（Ｌ）の 60％である。

(4) 同じ道のりを進んだときにかかる時間の比は，速さの比の逆比に等しいことを利用する。ただし君とまゆさんの速さの比は，10：15＝２：３だから，湖を１周するのにかかる時間の比は３：２である。この比の数の差の３－２＝１が 15 分に等しいから，ただし君がかかった時間は $15\times\frac{3}{1}=45$（分），つまり，$\frac{45}{60}$時間＝$\frac{3}{4}$時間である。よって，この道路の１周は，$10\times\frac{3}{4}=7.5$（km）である。

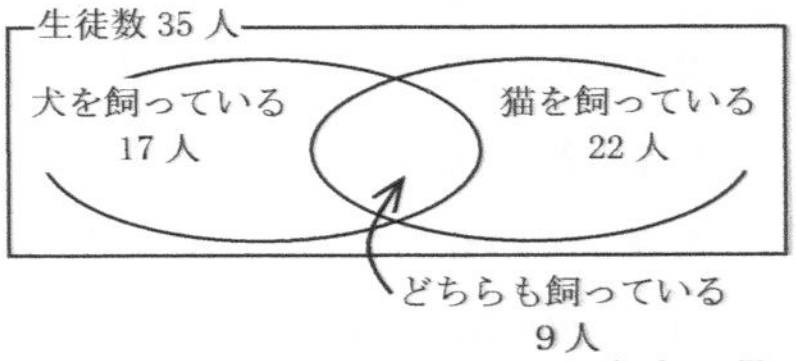

(5) 右のようなベン図を使って考える。犬または猫の少なくとも一方を飼っている生徒の数は，17＋22－９＝30（人）だから，犬も猫も飼っていない生徒の数は，35－30＝５（人）である。

(6) ３％の食塩水 500ｇにふくまれる食塩の量は 500×0.03＝15（ｇ），10％の食塩水 250ｇにふくまれる食塩の量は 250×0.1＝25（ｇ）だから，できる５％の食塩水には 15＋25＝40（ｇ）の食塩がふくまれる。したがって，できる５％の食塩水の量は 40÷0.05＝800（ｇ）だから，入れた水の量は，800－500－250＝50（ｇ）である。

(7) 柱体の側面の面積は，（底面の周の長さ）×（高さ）で求められるから，10×3.14×７＝219.8（㎠）である。

(8) 右のような面積図を利用する。右図の色付き部分の面積と斜線《しゃせん》部分の面積の和は等しくなる。㋒（色付き部分）の面積は（80－70.5）×８＝76，㋐の面積は（70.5－60）×７＝73.5 だから，㋑の面積は 76－73.5＝2.5 である。
よって，□にあてはまる数は，2.5÷（70.5－70）＝５である。

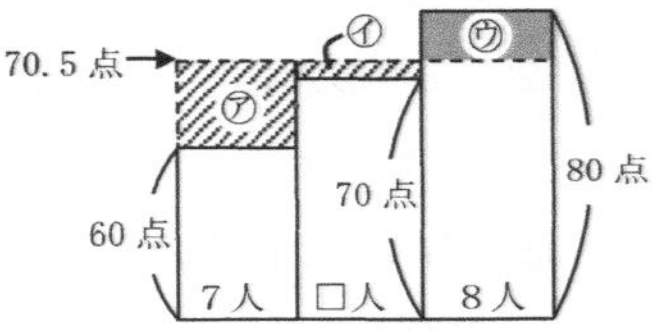

(9) ４個ずつ配ったあとで，さらに１個ずつ配ると，３＋１＝４（個）のみかんが必要となる。よって，ひろし君がみかんを配った人は全部で４÷１＝４（人）いる。

2 (1) ともき君とひろし君が２人で仕事をすると６日間で終わるのだから，ともき君とひろし君が２日間ずつ仕事をすると，全体の$\frac{2}{6}=\frac{1}{3}$の仕事ができる。したがって，ひろし君は全体の$1-\frac{1}{3}=\frac{2}{3}$を，12－２＝10（日間）で行うのだから，ひろし君は１日間で全体の$\frac{2}{3}\div 10=\frac{1}{15}$の仕事ができる。よって，ともき君は１日間で全体の$\frac{1}{6}-\frac{1}{15}=\frac{1}{10}$の仕事をするから，ともき君が１人で行うと$1\div\frac{1}{10}=10$（日間）で終わる。

(2) 右のように作図する。右図の太線で囲まれた図形は，ＡＰまたはＯＱについて線対称な図形だから，色付きの斜線部分を矢印のように移動することができる。また，折り返した直線だから，ＡＱ＝ＡＯとなり，三角形ＡＯＱが正三角形とわかる。よって，求める面積は，半径が４÷２＝２（cm），中心角が角ＡＯＱ＝60 度のおうぎ形の面積に等しく，$2\times 2\times 3.14\times\frac{60}{360}=\frac{2}{3}\times\frac{314}{100}=\frac{157}{75}=2\frac{7}{75}$（㎠）である。

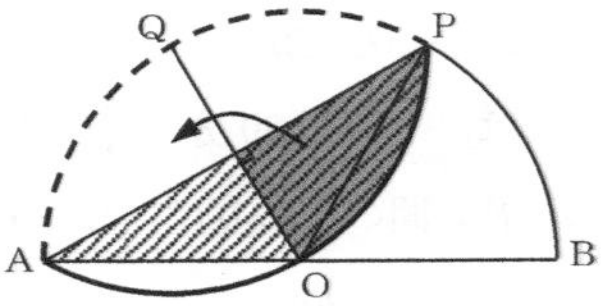

(3)① できるだけ重い重りを多く使うことを考える。
50÷27＝１余り 23 より，50ｇは 27ｇの重り１個と 23ｇである。23÷９＝２余り５より，23ｇは９ｇの重り２個と５ｇである。以下同様に考えると，５÷３＝１余り２，２÷１＝２より，５ｇは３ｇの重り１個と１ｇの重り２個である。よって，一番少ない個数で 50ｇを量るには，１ｇが２個，３ｇが１個，９ｇが２個，27ｇが１個必要となる。

② できるだけ軽い重りを多く使うことを考える。

１gの重りを10個使うと$1\times10=10$(g)，３gの重りを10個使うと$3\times10=30$(g)だから，１gと３gの重りを10個ずつ使うと$10+30=40$(g)となる。残りの$50-40=10$(g)を９g，27gの重りでちょうど量ることはできない。したがって，９gの重りを２個使うとする。このとき，残りは$50-9\times2=32$(g)だから，これを１gと３gの重りで量ることを考える。１gの重りを10個使うと，残りが$32-10=22$(g)となり，３gの重りでは量れない。１gの重りを９個使うと，残りが$32-1\times9=23$(g)となり，３gの重りでは量れない。１gの重りを８個使うと，残りが$32-1\times8=24$(g)となり，これは３gの重りで量れるとわかる。よって，一番多い個数で50gを量るには，１gが８個，３gが$24\div3=8$(個)，９gが２個，27gが０個必要となる。

(4)① １と２を表す図より，一番右の列のひし形はそれぞれ１を表しているとわかる。９を表す図の一番右の列は３つぬられているから，この３つで３を表しているとわかるので，真ん中の列のひし形はそれぞれ$9-3=6$を表しているとわかる。同様に考えると，88を表す図より，一番左の列のひし形はそれぞれ，$(88-6\times2-1\times4)\div2=36$を表しているとわかる。よって，求める数は，$36\times3+6\times0+1\times2=110$である。

② ①の解説をふまえる。$159\div36=4$余り15，$15\div6=2$余り３，$3\div1=3$より，左の列から順に４つ，２つ，３つのひし形をぬればよい。

3 (1) 三角形ＡＢＥと三角形ＡＢＣは，底辺をそれぞれＢＥ，ＢＣとしたときの高さが等しいから，底辺の長さの比は面積の比に等しい。三角形ＡＢＣは長方形ＡＢＣＤを半分にした三角形だから$10\div2=5$(㎠)である。

よって，ＢＥ：ＢＣ＝３：５となり，ＢＥ：ＥＣ＝３：(５－３)＝３：２である。

(2) 三角形ＡＢＥと三角形ＥＣＤは，底辺をそれぞれＢＥ，ＥＣとしたときの高さが等しいから，面積の比はＢＥ：ＥＣ＝３：２である。よって，三角形ＥＣＤの面積は，$3\times\frac{2}{3}=2$(㎠)である。

(3) 右のように作図できる。三角形ＡＥＤの面積は，

(長方形ＡＢＣＤの面積)－(三角形ＡＢＥと三角形ＥＣＤの面積の和)＝$10-(3+2)=5$(㎠)である。また，三角形ＡＥＤの面積と，三角形ＡＤＧと三角形ＥＤＦの面積の和は等しいから，長方形ＡＥＦＧの面積は，$5\times2=10$(㎠)である。

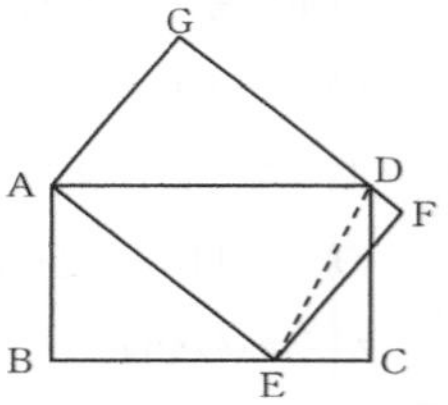

4 たかひろ君は３㎞を45分$=\frac{3}{4}$時間で歩いたのだから，たかひろ君の歩く速さは，時速$(3\div\frac{3}{4})$㎞＝時速ア4㎞である。また，電車は８時45分から８時50分までの５分間$=\frac{1}{12}$時間でＮ駅までの３㎞を走るのだから，電車の速さは，時速$(3\div\frac{1}{12})$㎞＝時速36㎞である。電車はＮ駅からＫ駅までを20分間$=\frac{1}{3}$時間で走るのだから，Ｎ駅からＫ駅までの道のりは，$36\times\frac{1}{3}=$イ12(㎞)である。

たかひろ君が２回目にすれちがう電車は，９時30分にＫ駅を出発する電車である。９時30分までにたかひろ君は，１時間30分$=\frac{3}{2}$時間歩いているから，Ｎ駅から$4\times\frac{3}{2}=6$(㎞)のところにいる。このとき，電車とたかひろ君の間の道のりは，$12-6=6$(㎞)だから，９時30分の$6\div(4+36)=\frac{3}{20}$(時間後)，つまり，９分後にすれちがう。したがって，２回目にすれちがう時刻は，９時30分＋９分＝ウ9時39分である。

たかひろ君はＮ駅からＫ駅まで歩くのに，$12\div4=3$(時間)かかるから，Ｋ駅に着く時刻は，８時＋３時間＝11時である。このときまでに，Ｋ駅発の電車は８時30分，９時30分，10時30分の３つあるから，たかひろ君が電車とすれちがう回数はエ3回である。

たかひろ君が用事をすませてＫ駅に戻ってきた時刻は，11時＋３時間25分＝14時25分だから，14時30分にＫ

駅を出発する電車に乗ったとわかる。電車はK駅からN駅まで 20 分かかるから，N駅に戻ってきた時刻は，

14 時 30 分＋20 分＝オ 14 時 50 分である。

5 (1) 立体①は，１辺が６cmの立方体から，底面が１辺６÷３＝２(cm)の正方形で高さが６cmの直方体をのぞいた立体なので，求める体積は６×６×６－２×２×６＝192(cm^3)である。

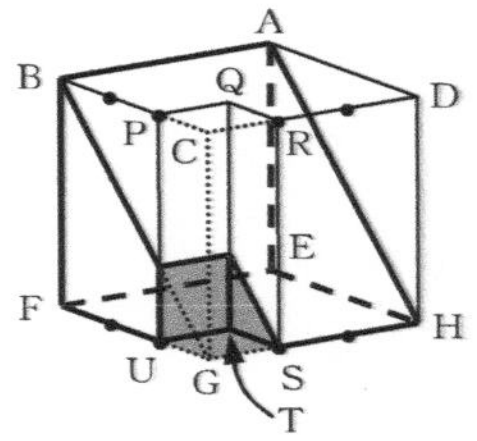

(2) 立体②は，右図の太線の立体である。

立方体を半分にした三角柱の体積から，色付き部分の三角柱の体積をのぞいて求める。

色付き部分の底面は，直角をはさむ２辺の長さが２cmの直角二等辺三角形で，高さは２cmだから，求める体積は，６×６×６÷２－２×２÷２×２＝104(cm^3)である。

■ ご使用にあたってのお願い・ご注意

（１）問題文等の非掲載

著作権上の都合により，問題文や図表などの一部を掲載できない場合があります。

誠に申し訳ございませんが，ご了承くださいますようお願いいたします。

（２）過去問における時事性

過去問題集は，学習指導要領の改訂や社会状況の変化，新たな発見などにより，現在とは異なる表記や解説になっている場合があります。過去問の特性上，出題当時のままで出版していますので，あらかじめご了承ください。

（３）配点

学校等から配点が公表されている場合は，記載しています。公表されていない場合は，記載していません。

独自の予想配点は，出題者の意図と異なる場合があり，お客様が学習するうえで誤った判断をしてしまう恐れがあるため記載していません。

（４）無断複製等の禁止

購入された個人のお客様が，ご家庭でご自身またはご家族の学習のためにコピーをすることは可能ですが，それ以外の目的でコピー，スキャン，転載（ブログ，ＳＮＳなどでの公開を含みます）などをすることは法律により禁止されています。学校や学習塾などで，児童生徒のためにコピーをして使用することも法律により禁止されています。

ご不明な点や，違法な疑いのある行為を確認された場合は，弊社までご連絡ください。

（５）けがに注意

この問題集は針を外して使用します。針を外すときは，けがをしないように注意してください。また，表紙カバーや問題用紙の端で手指を傷つけないように十分注意してください。

（６）正誤

制作には万全を期しておりますが，万が一誤りなどがございましたら，弊社までご連絡ください。

なお，誤りが判明した場合は，弊社ウェブサイトの「ご購入者様のページ」に掲載しておりますので，そちらもご確認ください。

■ お問い合わせ

解答例，解説，印刷，製本など，問題集発行におけるすべての責任は弊社にあります。

ご不明な点がございましたら，弊社ウェブサイトの「お問い合わせ」フォームよりご連絡ください。迅速に対応いたしますが，営業日の都合で回答に数日を要する場合があります。

ご入力いただいたメールアドレス宛に自動返信メールをお送りしています。自動返信メールが届かない場合は，「よくある質問」の「メールの問い合わせに対し返信がありません。」の項目をご確認ください。

また弊社営業日（平日）は，午前９時から午後５時まで，電話でのお問い合わせも受け付けています。

2025 春

株式会社教英出版

〒422-8054　静岡県静岡市駿河区南安倍３丁目 12-28

TEL　054-288-2131　　FAX　054-288-2133

URL　https://kyoei-syuppan.net/

MAIL siteform@kyoei-syuppan.net

教英出版

教英出版　2025年春受験用　中学入試問題集

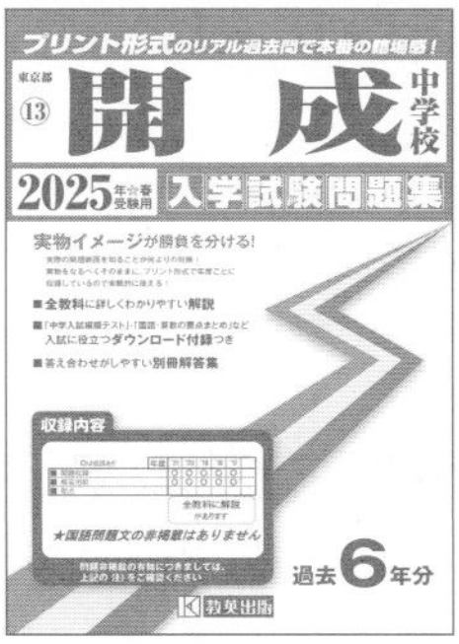

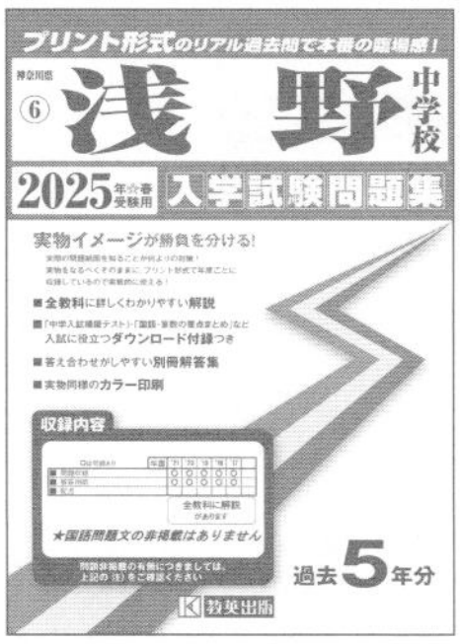

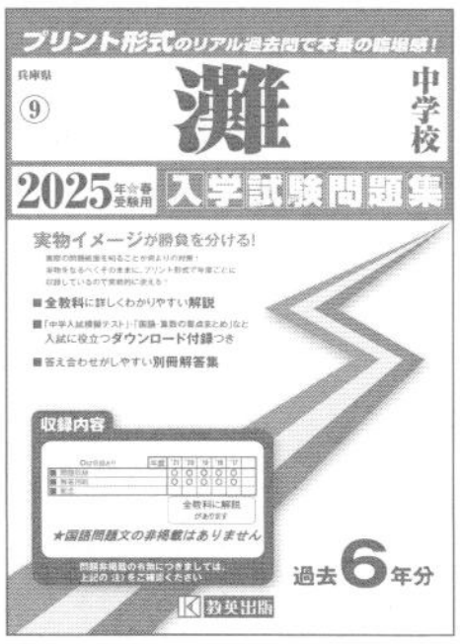

学校別問題集

✿はカラー問題対応

北海道

①[市立]札幌開成中等教育学校
②藤女子中学校
③北嶺中学校
④北星学園女子中学校
⑤札幌大谷中学校
⑥札幌光星中学校
⑦立命館慶祥中学校
⑧函館ラ・サール中学校

青森県

①[県立]三本木高等学校附属中学校

岩手県

①[県立]一関第一高等学校附属中学校

宮城県

①[県立]宮城県古川黎明中学校
②[県立]宮城県仙台二華中学校
③[市立]仙台青陵中等教育学校
④東北学院中学校
⑤仙台白百合学園中学校
⑥聖ウルスラ学院英智中学校
⑦宮城学院中学校
⑧秀光中学校
⑨古川学園中学校

秋田県

①[県立]
　大館国際情報学院中学校
　秋田南高等学校中等部
　横手清陵学院中学校

山形県

①[県立]
　東桜学館中学校
　致道館中学校

福島県

①[県立]
　会津学鳳中学校
　ふたば未来学園中学校

茨城県

①[県立]
　日立第一高等学校附属中学校
　太田第一高等学校附属中学校
　水戸第一高等学校附属中学校
　鉾田第一高等学校附属中学校
　鹿島高等学校附属中学校
　土浦第一高等学校附属中学校
　竜ヶ崎第一高等学校附属中学校
　下館第一高等学校附属中学校
　下妻第一高等学校附属中学校
　水海道第一高等学校附属中学校
　勝田中等教育学校
　並木中等教育学校
　古河中等教育学校

栃木県

①[県立]
　宇都宮東高等学校附属中学校
　佐野高等学校附属中学校
　矢板東高等学校附属中学校

群馬県

①
　[県立]中央中等教育学校
　[市立]四ツ葉学園中等教育学校
　[市立]太田中学校

埼玉県

①[県立]伊奈学園中学校
②[市立]浦和中学校
③[市立]大宮国際中等教育学校
④[市立]川口市立高等学校附属中学校

千葉県

①[県立]
　千葉中学校
　東葛飾中学校
②[市立]稲毛国際中等教育学校

東京都

①[国立]筑波大学附属駒場中学校
②[都立]白鷗高等学校附属中学校
③[都立]桜修館中等教育学校
④[都立]小石川中等教育学校
⑤[都立]両国高等学校附属中学校
⑥[都立]立川国際中等教育学校
⑦[都立]武蔵高等学校附属中学校
⑧[都立]大泉高等学校附属中学校
⑨[都立]富士高等学校附属中学校
⑩[都立]三鷹中等教育学校
⑪[都立]南多摩中等教育学校
⑫[区立]九段中等教育学校
⑬開成中学校
⑭麻布中学校
⑮桜蔭中学校
⑯女子学院中学校
✿⑰豊島岡女子学園中学校
⑱東京都市大学等々力中学校
⑲世田谷学園中学校
✿⑳広尾学園中学校(第2回)
✿㉑広尾学園中学校(医進・サイエンス回)
㉒渋谷教育学園渋谷中学校(第1回)
㉓渋谷教育学園渋谷中学校(第2回)
㉔東京農業大学第一高等学校中等部(2月1日 午後)
㉕東京農業大学第一高等学校中等部(2月2日 午後)

神奈川県

①[県立]
- 相模原中等教育学校
- 平塚中等教育学校

②[市立]南高等学校附属中学校
③[市立]横浜サイエンスフロンティア高等学校附属中学校
④[市立]川崎高等学校附属中学校
✿⑤聖光学院中学校
✿⑥浅野中学校
⑦洗足学園中学校
⑧法政大学第二中学校
⑨逗子開成中学校（１次）
⑩逗子開成中学校（2·3次）
⑪神奈川大学附属中学校（第1回）
⑫神奈川大学附属中学校（第2·3回）
⑬栄光学園中学校
⑭フェリス女学院中学校

新潟県

①[県立]
- 村上中等教育学校
- 柏崎翔洋中等教育学校
- 燕中等教育学校
- 津南中等教育学校
- 直江津中等教育学校
- 佐渡中等教育学校

②[市立]高志中等教育学校
③新潟第一中学校
④新潟明訓中学校

石川県

①[県立]金沢錦丘中学校
②星稜中学校

福井県

①[県立]高志中学校

山梨県

①山梨英和中学校
②山梨学院中学校
③駿台甲府中学校

長野県

①[県立]
- 屋代高等学校附属中学校
- 諏訪清陵高等学校附属中学校

②[市立]長野中学校

岐阜県

①岐阜東中学校
②鶯谷中学校
③岐阜聖徳学園大学附属中学校

静岡県

①[国立]静岡大学教育学部附属中学校（静岡·島田·浜松）
②
- [県立]清水南高等学校中等部
- [県立]浜松西高等学校中等部
- [市立]沼津高等学校中等部

③不二聖心女子学院中学校
④日本大学三島中学校
⑤加藤学園暁秀中学校
⑥星陵中学校
⑦東海大学付属静岡翔洋高等学校中等部
⑧静岡サレジオ中学校
⑨静岡英和女学院中学校
⑩静岡雙葉中学校
⑪静岡聖光学院中学校
⑫静岡学園中学校
⑬静岡大成中学校
⑭城南静岡中学校
⑮静岡北中学校
⑯
- 常葉大学附属常葉中学校
- 常葉大学附属橘中学校
- 常葉大学附属菊川中学校

⑰藤枝明誠中学校
⑱浜松開誠館中学校
⑲静岡県西遠女子学園中学校
⑳浜松日体中学校
㉑浜松学芸中学校

愛知県

①[国立]愛知教育大学附属名古屋中学校
②愛知淑徳中学校
③
- 名古屋経済大学市邨中学校
- 名古屋経済大学高蔵中学校

④金城学院中学校
⑤椙山女学園中学校
⑥東海中学校
⑦南山中学校男子部
⑧南山中学校女子部
⑨聖霊中学校
⑩滝中学校
⑪名古屋中学校
⑫大成中学校
⑬愛知中学校
⑭星城中学校
⑮名古屋葵大学中学校
（名古屋女子大学中学校）
⑯愛知工業大学名電中学校
⑰海陽中等教育学校（特別給費生）
⑱海陽中等教育学校（Ⅰ·Ⅱ）
⑲中部大学春日丘中学校
新刊⑳名古屋国際中学校

三重県

①[国立]三重大学教育学部附属中学校
②暁中学校
③海星中学校
④四日市メリノール学院中学校
⑤高田中学校
⑥セントヨゼフ女子学園中学校
⑦三重中学校
⑧皇學館中学校
⑨鈴鹿中等教育学校
⑩津田学園中学校

滋賀県

①[国立]滋賀大学教育学部附属中学校
②[県立]
- 河瀬中学校
- 守山中学校
- 水口東中学校

京都府

①[国立]京都教育大学附属桃山中学校
②[府立]洛北高等学校附属中学校
③[府立]園部高等学校附属中学校
④[府立]福知山高等学校附属中学校
⑤[府立]南陽高等学校附属中学校
⑥[市立]西京高等学校附属中学校
⑦同志社中学校
⑧洛星中学校
⑨洛南高等学校附属中学校
⑩立命館中学校
⑪同志社国際中学校
⑫同志社女子中学校（前期日程）
⑬同志社女子中学校（後期日程）

大阪府

①[国立]大阪教育大学附属天王寺中学校
②[国立]大阪教育大学附属平野中学校
③[国立]大阪教育大学附属池田中学校

④[府立]富田林中学校
⑤[府立]咲くやこの花中学校
⑥[府立]水都国際中学校
⑦清風中学校
⑧高槻中学校（A日程）
⑨高槻中学校（B日程）
⑩明星中学校
⑪大阪女学院中学校
⑫大谷中学校
⑬四天王寺中学校
⑭帝塚山学院中学校
⑮大阪国際中学校
⑯大阪桐蔭中学校
⑰開明中学校
⑱関西大学第一中学校
⑲近畿大学附属中学校
⑳金蘭千里中学校
㉑金光八尾中学校
㉒清風南海中学校
㉓帝塚山学院泉ヶ丘中学校
㉔同志社香里中学校
㉕初芝立命館中学校
㉖関西大学中等部
㉗大阪星光学院中学校

兵庫県

①[国立]神戸大学附属中等教育学校
②[県立]兵庫県立大学附属中学校
③雲雀丘学園中学校
④関西学院中学部
⑤神戸女学院中学部
⑥甲陽学院中学校
⑦甲南中学校
⑧甲南女子中学校
⑨灘中学校
⑩親和中学校
⑪神戸海星女子学院中学校
⑫滝川中学校
⑬啓明学院中学校
⑭三田学園中学校
⑮淳心学院中学校
⑯仁川学院中学校
⑰六甲学院中学校
⑱須磨学園中学校（第1回入試）
⑲須磨学園中学校（第2回入試）
⑳須磨学園中学校（第3回入試）
㉑白陵中学校
㉒夙川中学校

奈良県

①[国立]奈良女子大学附属中等教育学校
②[国立]奈良教育大学附属中学校
③[県立]
- 国際中学校
- 青翔中学校

④[市立]一条高等学校附属中学校
⑤帝塚山中学校
⑥東大寺学園中学校
⑦奈良学園中学校
⑧西大和学園中学校

和歌山県

①[県立]
- 古佐田丘中学校
- 向陽中学校
- 桐蔭中学校
- 日高高等学校附属中学校
- 田辺中学校

②智辯学園和歌山中学校
③近畿大学附属和歌山中学校
④開智中学校

岡山県

①[県立]岡山操山中学校
②[県立]倉敷天城中学校
③[県立]岡山大安寺中等教育学校
④[県立]津山中学校
⑤岡山中学校
⑥清心中学校
⑦岡山白陵中学校
⑧金光学園中学校
⑨就実中学校
⑩岡山理科大学附属中学校
⑪山陽学園中学校

広島県

①[国立]広島大学附属中学校
②[国立]広島大学附属福山中学校
③[県立]広島中学校
④[県立]三次中学校
⑤[県立]広島叡智学園中学校
⑥[市立]広島中等教育学校
⑦[市立]福山中学校
⑧広島学院中学校
⑨広島女学院中学校
⑩修道中学校
⑪崇徳中学校
⑫比治山女子中学校
⑬福山暁の星女子中学校
⑭安田女子中学校
⑮広島なぎさ中学校
⑯広島城北中学校
⑰近畿大学附属広島中学校福山校
⑱盈進中学校
⑲如水館中学校
⑳ノートルダム清心中学校
㉑銀河学院中学校
㉒近畿大学附属広島中学校東広島校
㉓AICJ中学校
㉔広島国際学院中学校
㉕広島修道大学ひろしま協創中学校

山口県

①[県立]
- 下関中等教育学校
- 高森みどり中学校

②野田学園中学校

徳島県

①[県立]
- 富岡東中学校
- 川島中学校
- 城ノ内中等教育学校

②徳島文理中学校

香川県

①大手前丸亀中学校
②香川誠陵中学校

愛媛県

①[県立]
- 今治東中等教育学校
- 松山西中等教育学校

②愛光中学校
③済美平成中等教育学校
④新田青雲中等教育学校

高知県

①[県立]
- 安芸中学校
- 高知国際中学校
- 中村中学校

福岡県

①［国立］福岡教育大学附属中学校（福岡·小倉·久留米）
②［県立］
- 育徳館中学校
- 門司学園中学校
- 宗像中学校
- 嘉穂高等学校附属中学校
- 輝翔館中等教育学校

③西南学院中学校
④上智福岡中学校
⑤福岡女学院中学校
⑥福岡雙葉中学校
⑦照曜館中学校
⑧筑紫女学園中学校
⑨敬愛中学校
⑩久留米大学附設中学校
⑪飯塚日新館中学校
⑫明治学園中学校
⑬小倉日新館中学校
⑭久留米信愛中学校
⑮中村学園女子中学校
⑯福岡大学附属大濠中学校
⑰筑陽学園中学校
⑱九州国際大学付属中学校
⑲博多女子中学校
⑳東福岡自彊館中学校
㉑八女学院中学校

佐賀県

①［県立］
- 香楠中学校
- 致遠館中学校
- 唐津東中学校
- 武雄青陵中学校

②弘学館中学校
③東明館中学校
④佐賀清和中学校
⑤成穎中学校
⑥早稲田佐賀中学校

長崎県

①［県立］
- 長崎東中学校
- 佐世保北中学校
- 諫早高等学校附属中学校

②青雲中学校
③長崎南山中学校
④長崎日本大学中学校
⑤海星中学校

熊本県

①［県立］
- 玉名高等学校附属中学校
- 宇土中学校
- 八代中学校

②真和中学校
③九州学院中学校
④ルーテル学院中学校
⑤熊本信愛女学院中学校
⑥熊本マリスト学園中学校
⑦熊本学園大学付属中学校

大分県

①［県立］大分豊府中学校
②岩田中学校

宮崎県

①［県立］五ヶ瀬中等教育学校
②［県立］
- 宮崎西高等学校附属中学校
- 都城泉ヶ丘高等学校附属中学校

③宮崎日本大学中学校
④日向学院中学校
⑤宮崎第一中学校

鹿児島県

①［県立］楠隼中学校
②［市立］鹿児島玉龍中学校
③鹿児島修学館中学校
④ラ・サール中学校
⑤志學館中等部

沖縄県

①［県立］
- 与勝緑が丘中学校
- 開邦中学校
- 球陽中学校
- 名護高等学校附属桜中学校

もっと過去問シリーズ

北海道

北嶺中学校
7年分（算数・理科・社会）

静岡県

静岡大学教育学部附属中学校
（静岡·島田·浜松）
10年分（算数）

愛知県

愛知淑徳中学校
7年分（算数・理科・社会）
東海中学校
7年分（算数・理科・社会）
南山中学校男子部
7年分（算数・理科・社会）
南山中学校女子部
7年分（算数・理科・社会）
滝中学校
7年分（算数・理科・社会）
名古屋中学校
7年分（算数・理科・社会）

岡山県

岡山白陵中学校
7年分（算数・理科）

広島県

広島大学附属中学校
7年分（算数・理科・社会）
広島大学附属福山中学校
7年分（算数・理科・社会）
広島学院中学校
7年分（算数・理科・社会）
広島女学院中学校
7年分（算数・理科・社会）
修道中学校
7年分（算数・理科・社会）
ノートルダム清心中学校
7年分（算数・理科・社会）

愛媛県

愛光中学校
7年分（算数・理科・社会）

福岡県

福岡教育大学附属中学校
（福岡·小倉·久留米）
7年分（算数・理科・社会）
西南学院中学校
7年分（算数・理科・社会）
久留米大学附設中学校
7年分（算数・理科・社会）
福岡大学附属大濠中学校
7年分（算数・理科・社会）

佐賀県

早稲田佐賀中学校
7年分（算数・理科・社会）

長崎県

青雲中学校
7年分（算数・理科・社会）

鹿児島県

ラ·サール中学校
7年分（算数・理科・社会）

※もっと過去問シリーズは国語の収録はありません。

教英出版
〒422-8054
静岡県静岡市駿河区南安倍3丁目12－28
TEL 054-288-2131
FAX 054-288-2133
詳しくは教英出版で検索
教英出版 検索
URL https://kyoei-syuppan.net/

令和六年度

近畿大学附属和歌山中学校入学試験問題（午前）

国語

（60分）

注意事項

一、「はじめ」の合図があるまで開いてはいけません。

二、解答用紙の決められたわく内に受験番号を算用数字で記入し、その番号の◯をぬりつぶしなさい。

三、解答は必ず解答用紙の決められたところに記入しなさい。

四、試験が終わったら問題用紙を持って帰りなさい。

（例）

受験番号	千の位	0	●	①	②	③	④	⑤	⑥	⑦	⑧	⑨
	百の位	1	⓪	●	②	③	④	⑤	⑥	⑦	⑧	⑨
	十の位	2	⓪	①	●	③	④	⑤	⑥	⑦	⑧	⑨
	一の位	3	⓪	①	②	●	④	⑤	⑥	⑦	⑧	⑨

一　次の文章を読んで、後の〔問一〕～〔問十〕に答えなさい。ただし、字数制限のある問題は、すべて句読点や括弧《かっこ》なども一字に数えます。

子どものことばを考える場合には、だいたい大人のことばと対立させて考えるのが普通《ふつう》です。その背後にあるのは、大人のことばのほうが普通であって、子どものことばのほうは普通でないということでしょう。ちょうどそれと同じような考え方が詩のことばについてもなされます。つまり、日常のことばというのは普通であって、詩のことばは何か特殊《とくしゅ》なことばであるというような発想です。これを次のように書き表してみましょう。

子どものことば　――――　大人のことば
（　A　）のことば――――（　B　）のことば

上の「子どものことば」「（　A　）のことば」の方が普通でないもの、それに対して下の「大人のことば」「（　B　）のことば」のほうが普通というわけです。もう少し枠《わく》を広げてみて、たとえば、「男性のことば」「女性のことば」というのを比べてみますと、多分、普通ですと、「（　C　）のことば」は上のほうに、「（　D　）のことば」は下の方のほうに並べられるでしょう。たとえば、学問的な論文を書く場合、そこでは書いている人が、男性か、女性か問題にならないわけです。そういった場合、どちらのことばを使うかということになりますと、「男性のことば」で書くということになります。だからある人に言わせますと、①女性というのは、常に二つの言語を使っている、つまり、バイリンガル（bilingual）だということになるわけです。確かに、そういう発想が成り立つような面があると思います。

それから、「方言」というものと、「共通語」というものを比べてみますと、（　E　）は上にきて、（　F　）は下にくるということになるでしょう。

このように位置づけしてみますと、一般《いっぱん》的に言って、上に並んだもののほうが特殊で、下に並んだもののほうが普通、つまり、下に並んだもののほうが②中心的で優勢なもの。それに対して上に並んだもののほうはそれに③従属するものというように受け取られるのが普通です。

〈　ⓐ　〉、最近の一つの発想として、そういう考え方を逆転させるような面に注目するということがよく言われます。〈　ⓑ　〉、少し見方を変えて見てみますと、「中心」にあるということは、既《すで》にでき上がっている秩序《ちつじょ》であるわけで、それを維持《いじ》しようとするような形で、いわば④保守的な傾向と結びつく。〈　ⓒ　〉、だんだん安定してきますと、何か沈滞《ちんたい》といってよいような状況が生まれてくる。それに対して、「中心」にないもののほうには、まだ安定していない、しかし、それだけにそこにはまだ新しい何かが起こり得るのだという面があるわけです。

「中心」の部分というのは、きちんと決められていますから、決められた部分から、あまりはみだしたりすることはできない。ところが、「中心」でない部分では、⑤そういう力が及んでいないということですから、何か新しいこと、文化的に新しいことが起こる場所である。そして、「中心」部分が沈滞してくると、新しくできたものがそこへだんだん侵入《しんにゅう》してきて、ついには、それをひっくり返してとって代わるということにもなる。しかし、それが「中心」になってまた沈滞し始めると、また「中心」でない部分に始まった新しいものが広がってきて、それにとって代わる――こういう絶えまない動きを通じて文化というものがずっと発展していく。⑥こういう発想があるわけです。

大人のことばと子どものことばの場合も、大人のことばが「中心」で、子どものことばは「中心」ではありません。だから、普通は、私たちは、「中心」であるところの大人のことばを維持しなければならないと思っており、子どもが何か変わった言い方をしますと、それはおかしいと言って直すということをやります。

しかし、その反面、⑦子どものことばというのは、必ずしも全部大人のことばに合わせて直されてしまうわけではありません。それは、ことばというのが、時代とともに変わるということをみればすぐわかることです。「ことばが変わる」という場合、それは、世代から世代への移り変わりで、ずれが起こっているということですし、そのずれというのは、子どものことばに始まったものが、それを直そうとする試みにもかかわらず、しきれなくて、それが大人のことばの中に入りこみ、言語を変えるのだと考えることができます。こんなふうに考えてきますと、「中心」でないものも、最近のことばを使いますと、文化というものを「活性化」する、つまり、それに活力を与える――そういう意味を持っているものとしてとらえなおすことができるわけです。「中心」のほうが沈滞し、前もってきめられたことが前もってきめられた形で行われているだけで、何かが起こってはいるのだけれども、実際には、本当の意味での新しいことは何も起こってはいない。それに対し、本当に新しいことが起こるのは、むしろ「中心」ではない部分からではないかという発想がでてくるわけです。

子どものことばについても、⑧そういう視点からとらえてみることが十分できるはずです。

（池上嘉彦《いけがみよしひこ》『ふしぎなことば　ことばのふしぎ』筑摩書房より）

〔問一〕 ―― 線部①「女性というのは、常に二つの言語を使っている」について、

（1） 「二つの言語」とは何ですか。文中から二つ抜《ぬ》き出して答えなさい。

（2） 「二つの言語」は、どういう時に使われるのですか。（1）の答えに対応させて「～時。」となるように、文中の言葉を使って、それぞれ答えなさい。

〔問二〕 文中の（ A ）～（ D ）にあてはまる言葉の組み合わせとして最も適当なものを、次のア～エの中から選びなさい。

ア	A 日常	B 詩	C 男性	D 女性
イ	A 詩	B 日常	C 女性	D 男性
ウ	A 男性	B 女性	C 日常	D 詩
エ	A 女性	B 男性	C 詩	D 日常

〔問三〕 （ E ）・（ F ）に入る適当な語を、文中から抜き出してそれぞれ答えなさい。

〔問四〕 ―― 線部②「中心的で優勢なもの」、―― 線部③「従属するもの」とありますが、次のア～エは、必ず②・③のどちらかのグループに入ります。ア～エを②・③のどちらかのグループに分けなさい。

ア 日常のことば　　イ 詩のことば　　ウ 男性のことば　　エ 女性のことば

〔問五〕 〈 ⓐ 〉～〈 ⓒ 〉に入る語として最も適当なものを、次のア～エの中からそれぞれ選びなさい。ただし、同じものは二度選べません。

ア そして　　イ つまり　　ウ だから　　エ しかし

〔問六〕 ―― 線部④「保守的」の対義語を、漢字で答えなさい。

〔問七〕 ――線部⑤「そういう力」とはどういう力ですか。文中の言葉を使って二十字以内で答えなさい。

〔問八〕 ――線部⑥「こういう発想」とありますが、その内容を次の［　　］のようにまとめました。これについて、後の（1）・（2）に答えなさい。

○ ［ア］は、決められた部分からはみだすことができない。

←

○ 「中心」部分が［イ］。

←

○ ［ウ］でできた新しいものがそこに［エ（六字）］。

←

○ 「中心」部分がひっくり返されて［オ（八字）］。

←

○ その動きが［カ（五字）］続く。

←

○ 文化が発展する。

（1） ［ア］～［ウ］にあてはまる言葉を、文中より十字以内で抜き出して、それぞれ答えなさい。

（2） ［エ］～［カ］にあてはまる言葉を、それぞれ文中の語を使って、指定された字数で答えなさい。

〔問九〕 ――線部⑦「子どものことばというのは、必ずしも全部大人のことばに合わせて直されてしまうわけではありません」とありますが、その結果どうなりますか。文中の言葉を使って、三十字以内で答えなさい。

〔問十〕　——線部⑧「そういう視点」とはどういう「視点」ですか。次のア～オの中から適当なものを二つ選びなさい。

ア　「中心」が、前もって決められた形で行われているだけでは不十分だという視点。

イ　子どものことばは、大人のことばとは異なるので、直さなければならないという視点。

ウ　子どものことばが、文化というものを「活性化」させるという視点。

エ　世代から世代への移り変わりで、必ずことばの意味にずれが起こるという視点。

オ　「中心」でない部分から新しいことが起こるという視点。

二　次の文章を読んで、後の〔問一〕～〔問九〕に答えなさい。ただし、字数制限のある問題は、すべて句読点や括弧《かっこ》なども一字に数えます。

「本、読むの？　疲《つか》れないようにね」

　刻んだバナナ入りのヨーグルトを持ってきたママが心配する。私はドリトル先生の本をおぼん代わりにして、ガラスの器《うつわ》をのせた。病気のつらいところは、眠《ねむ》れないのにベッドに寝《ね》てなきゃいけないことだ。何もしないで寝てるのって、つらい。かといって、ママが言うように、テレビを観《み》てもマンガを読んでも、ふだんより疲れちゃう。

「うん、だいじょうぶ」

　でも、くり返し読んでいるお話の中には、すぐに飛び込《こ》めるから、らくだ。その本の世界のことは、自分のお家《うち》のように、すみずみまで、よーくわかっている。ほとんど暗記しているような文を読むのは楽しいし、その間は、①今のわたしを忘れていられる。ここだけの話、学校や自分の家より、わたしはよく知ってる本の中が好きかもしれない。とくに病気のときは……。物語の中にも、つらいことや、イヤなことは出てくるけど、終わりがわかってるから、安心して読める。どっちかというと主人公も、人間でない方がいい。人間の場合は『秘密の花園』とか『みどりのゆび』みたいに、ふつうじゃない子が出てくるお話がいい。

「パパが買ってきた本、またダメだったか。日本の本だって面白《おもしろ》いよ？」

　ママは、机の下からわたしがごめんなさいした本を引っぱりだして残念そうに見ている。同じ本ばかり読まないで、とママは言う。学校を休んでいるぶん、いろんな本を読んで勉強してほしいのだろう。でも、②わたしは頭がよくなるために本を読んでるわけじゃない。

「お笑いは、日本が一番、だと思うよ」

　私は、呼吸が苦しくならないようゆっくり返した。

「でも本は、外国のがいい。お金はらって、日本の小学生の話とか、なんで読むのか、わからない」

　苦しい呼吸で、わたしが説明するのを、ママは困った顔で聞いている。

「わざわざ、読むんだから……」

　ここじゃないところに、行きたい。ママが悲しまないように心の中で私は言った。

「わかりました。 A のお話か、 B が出てくるお話ね？」

　ママはわたしのベッドに腰《こし》かけて、了解《りょうかい》した。

「うん。できれば動物が主人公、か、ちょっとおかしな人が出てくる本」

「……わかった」

　ママはうなずいた。そして、わたしを見た。

「じゃ、江戸時代の話とかは？」

「それは……いいかも」

　わたしはヨーグルトを、少しずつ口に運んだ。ママはそのまま私をじっと見つめている。

「……ごめんね」

「なにが？」
　ママは、息をひとつ吐《は》いて言った。
「元気に、産んであげられなくて」
「は？」
　わたしは、わざと意味がわからないというような声で返した。
「べつに、ママのせいじゃ、ないし」
「ママは、いろんなことが下手だから。あなたのことも上手に産めなかったのかもしれない」
「お料理も、お掃除《そうじ》も、上手じゃん」
「そんなことないわよ。ママすごくテキトーだもの」
「じゃ、わたしも、テキトーに産んだ？」
　冗談《じょうだん》なのに、aママは黙《だま》ってしまった。でも、首をよこにふった。
「それは、ない。お腹にいるときも、いろいろ気をつけたんだけど。まあ……でも何かが間違《まちが》ってたのかも」
　間違ってた……。b今度はわたしが黙った。ママは続けた。
「つらい思いさせて、本当にゴメンね。でも、きっとよくなるから」
　わたしは、ただ小さくうなずいた。
「そのためにも、少しでも調子が悪かったら、隠《かく》さないでちゃんとママに言いなさいね」
③あ、始まった。
④「大事なイベントの日に大きな発作《ほっさ》が起きちゃうのはさ、その前からがんばりすぎてるからなのよ。用心しておけば悪くしないのに。本番目指してずっと無理してるから、当日に具合が悪くなっちゃうんだと思う」
　遠回しに、お説教だ。
「悪くなるときの感じとか、あるでしょ。もっと普段《ふだん》から注意して」
　ママはため息をついた。
「がんばるのは、悪いことじゃないけどね」
　ママが一人でどんどん話すので、わたしは返した。
「べつに、がんばってない。［X］に、やってるだけだよ」
「みんなとは同じじゃないんだから。［Y］だって、がんばってることになるの」
「ママみたいに［Z］にできないだけ」
　ママは黙って腰掛けていたベッドから立ち上がって、ずれている布団《ふとん》を真《ま》っ直《す》ぐになおすと、聞いた。
「他になにか食べられない？」
　あとからにする、と首をよこにふって、高く積んである枕によりかかった。なんでだか枕が高い方が、呼吸が苦しくならないのだ。ママは下にいるから呼んでね、と元気なく言って出ていった。部屋に一人になって、わたしは思った。

令和６年度

近畿大学附属和歌山中学校入学試験問題（午前）

算　　数

（60分）

注　意　事　項

1．「はじめ」の合図があるまで開いてはいけません。
2．解答用紙の決められたわく内に受験番号を算用数字で記入し，
　その番号の◯をぬりつぶしなさい。

（例）

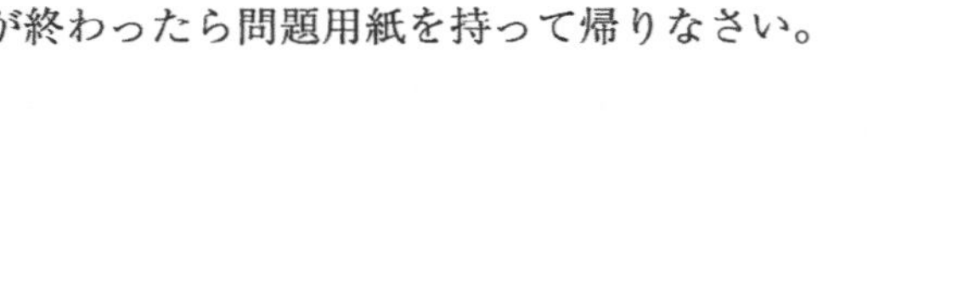

3．解答は必ず解答用紙の決められたところに記入しなさい。
4．試験が終わったら問題用紙を持って帰りなさい。

1 次の □ にあてはまる数値を入れなさい。

（1） $1-\frac{1}{2}+\frac{2}{3}-\frac{3}{4}=$ □

（2） $\left(8\times \square -53\right)\div 0.025=120$

（3） 4 で割ると 2 余り，5 で割ると 3 余る数のうち 100 にもっとも近い整数は □ です。

（4） 10 時と 11 時の間で長針と短針が重なる時刻は 10 時 □ 分です。

（5） ある仕事をするのに，A さん一人では 10 日かかり，B さん一人では 15 日かかります。この仕事を A さんと B さんが二人で協力してすると □ 日かかります。

（6） 兄と弟の所持金の比は 4：3 でしたが，二人とも 100 円のお菓子を買ったので所持金の比は 3：1 となりました。このとき兄の元の所持金は □ 円です。

（7） 次の ① ～ ④ はさいころの展開図です。この中で，組み立てたときに他と異なるさいころの展開図は □ です。ただし，各面の数字の向きは考えないものとします。

①

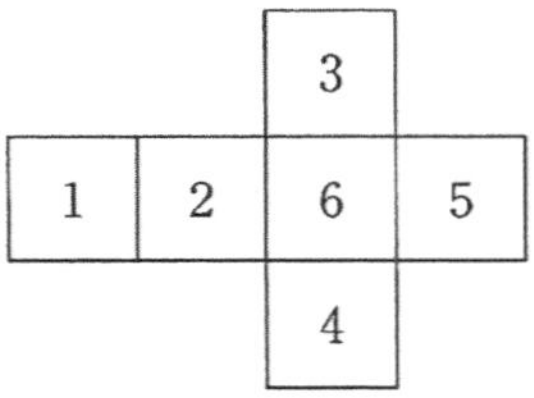

②

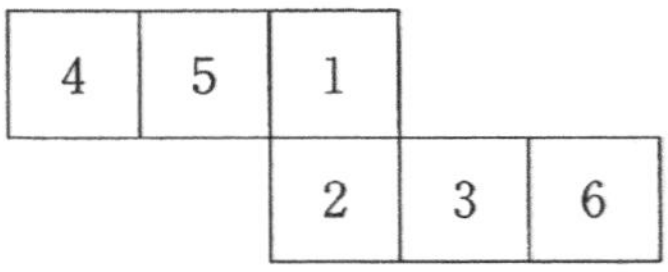

③

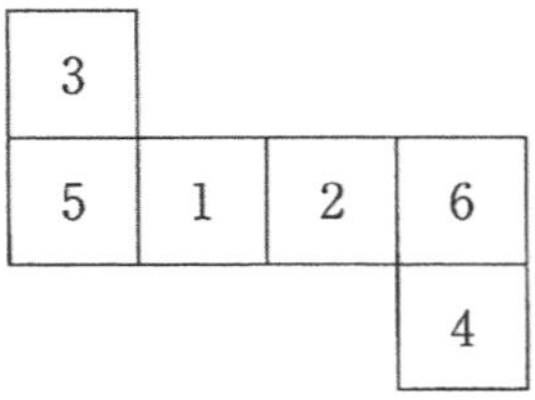

④

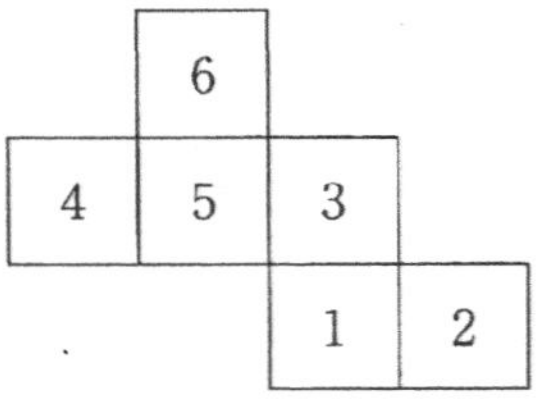

（8） 次の図は，平行四辺形 ABCD を AC で折り返したものです。このとき，角アの大きさは □ 度です。

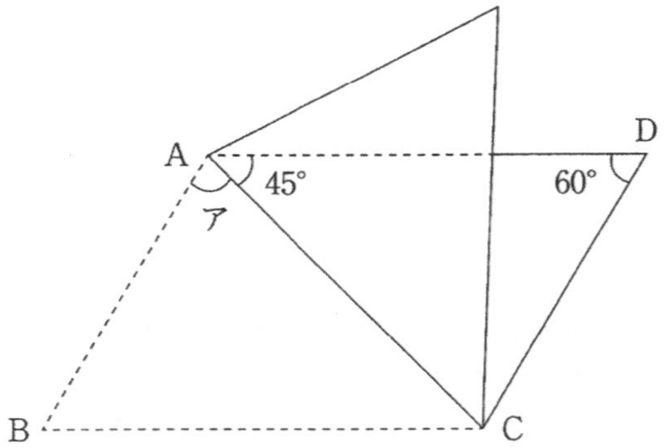

（9） 1，2，3，4 のカードが 1 枚ずつあります。このうち 3 枚のカードを並べて 3 桁の整数を作ると全部で □ 個できます。

（10） 120 は，120 ＝ ［ア］×［イ］×［ウ］ のように 3 つの整数の積で表せます。この表し方の中で，和 ［ア］＋［イ］＋［ウ］ の値が最も小さくなりました。
このとき，［ア］＋［イ］＋［ウ］ ＝ □ となります。

2 （1） 遊園地が開園する前にお客が 120 人の列を作って待っていました。9 時 00 分に入場ゲートが開いてお客が入場すると同時に，その列の後ろに毎分 4 人のお客が並びます。このとき，次の問いに答えなさい。ただし，① と ② はそれぞれ 1 分間に遊園地に入場するお客の人数は変わらないものとします。

① 入場ゲートが 1 つだけ開いているとき，10 時 00 分に列に並んでいる全員の入場が完了しました。このとき 1 分間に何人のお客が入場したことになりますか。

② 入場ゲート A，B が 2 つ開いているとき，9 時 30 分に列に並んでいる全員の入場が完了しました。入場ゲート A と入場ゲート B から入場するお客の人数の比は 3：5 です。このとき入場ゲート A から 1 分間に何人のお客が入場したことになりますか。

（2） 下の図のように，直線 ℓ 上にある 1 辺が 3 cm の正三角形 ABC をすべることなく時計回りに転がして，初めて辺 BC が直線 ℓ に重なりました。このとき，次の問いに答えなさい。ただし，円周率は 3.14 とします。

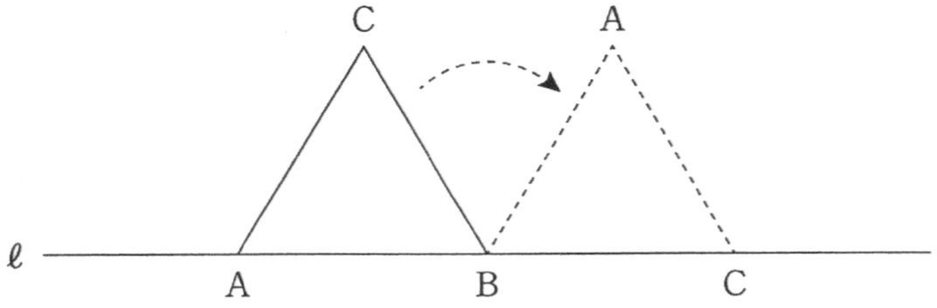

① 点 A が動いた長さを求めなさい。

② 辺 AB が移動した部分の面積を求めなさい。

（3） 右の表は，あるクラス 40 人の身長をまとめたものです。

身長（cm）	人数（人）
145 以上 149 未満	2
149 〜 153	3
153 〜 157	11
157 〜 161	ア
161 〜 165	イ
165 〜 169	2
計	40

① ア：イ = 8：3 です。ア，イに当てはまる数を答えなさい。

② 161 cm 以上の人は全体の何％か答えなさい。

令和６年度

近畿大学附属和歌山中学校入学試験問題（午前）

理　　　科

（40分）

注　意　事　項

1．「はじめ」の合図があるまで開いてはいけません。

2．解答用紙の決められたわく内に受験番号を算用数字で記入し，
その番号の◯をぬりつぶしなさい。

（例）

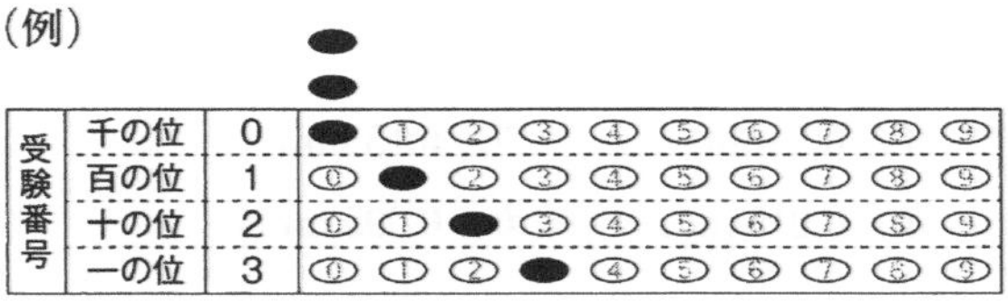

3．解答は必ず解答用紙の決められたところに記入しなさい。

4．試験が終わったら問題用紙を持って帰りなさい。

1　次の文章を読み，問１～問８に答えなさい。

ヒトの赤ちゃんは，①母親の子宮《しきゅう》の中で成長してから誕生します。受精卵《じゅせいらん》ができて赤ちゃんが誕生するまでに，おおよそ（　A　）週間かかります。受精卵は，②精子《せいし》と卵が合体することででき，子宮のかべに付着して成長していきます。胎児《たいじ》のまわりは（　B　）という液体で満たされており，胎児をしょうげきから守っています。③胎児はへそのおを通して（　C　）で母親とつながっています。（C）では母親の血管と胎児の血管が入り組んでおり，物質のやりとりが行われています。誕生した直後の赤ちゃんは，産声《うぶごえ》という大きな泣き声を上げることで，初めて自分で（　D　）をし始めます。

問１　空欄《くうらん》（　A　）に入る適切な数字を，次のア～エから１つ選び，記号で答えなさい。

ア．24　　イ．38　　ウ．46　　エ．58

問２　空欄（　B　）～（　D　）に適切な語句を答えなさい。

問３　下線部①について，ヒトと同じように，母親の体内で育って生まれ，乳を飲んで育つ動物のなかまをまとめて何類といいますか。また，そのような動物の例として適切なものを，次のア～オから１つ選び，記号で答えなさい。

ア．タコ　　イ．カメ　　ウ．サメ　　エ．イルカ　　オ．イモリ

問４　下線部②について，精子と卵の大きさはおよそどれくらいですか。次のア～カから１つ選び，それぞれ記号で答えなさい。

ア．1.5 mm　　イ．0.5 mm　　ウ．0.15 mm

エ．0.05 mm　　オ．0.015 mm　　カ．0.005 mm

問５　ヒトの精子と卵について正しく述べた文の組合せとして最も適切なものを，次のア～ケから１つ選び，記号で答えなさい。

①．卵も精子も自由に動くことができる。

②．卵は自由に動けないが，精子は自由に動くことができる。

③．精子は自由に動けないが，卵は自由に動くことができる。

④．１個の卵と１個の精子が合体して受精卵ができる。

⑤．１個の卵と複数の精子が合体して受精卵ができる。

⑥．１個の精子と複数の卵が合体して受精卵ができる。

ア．①，④　　イ．①，⑤　　ウ．①，⑥　　エ．②，④　　オ．②，⑤

カ．②，⑥　　キ．③，④　　ク．③，⑤　　ケ．③，⑥

問6　下線部③について，次の図は，文章中の（C）が胎児のへそのおとつながっている様子と，へそのおの中にある血管Xと血管Yを表しています。血管Xでは，胎児の血液が（C）に向かって流れ，血管Yでは（C）から胎児の体内に向かって血液が流れます。血管Xと比べて，血管Yの方に多く含まれるものを，次のア～オから2つ選び，記号で答えなさい。

ア．酸素　　　イ．二酸化炭素　　　ウ．栄養分　　　エ．老廃物《ろうはいぶつ》　　　オ．赤血球

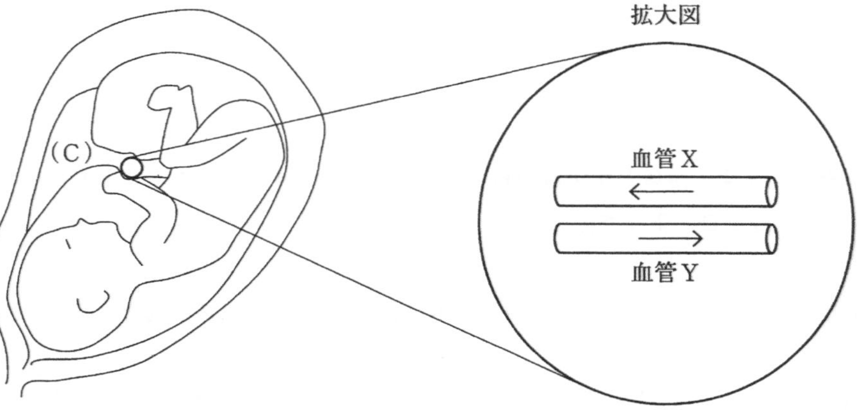

問7　ふつうメダカが一生に産む卵の数は，ヒトが一生に産む子どもの数よりも何倍も多いです。メダカはなぜ，産む卵の数を多くする必要があるでしょうか。次の文中の（　ア　）と（　イ　）に入る言葉の組合せとして最も適切なものを，次の①～④から1つ選び，番号で答えなさい。

『メダカは親が卵を（　ア　）ため，メダカの子どもの方が，ヒトの子どもよりも死ぬ割合が（　イ　）から。』

	ア	イ
①	保護する	高い
②	保護する	低い
③	保護しない	高い
④	保護しない	低い

問8　生まれた赤ちゃんの体重を量ると，3.1 kgでした。この赤ちゃんの体内を循環《じゅんかん》している血液が，体重の10%とすると，この赤ちゃんの血液の量は何 cm^3 ですか。小数第2位を四捨五入して，小数第1位まで求めなさい。ただし血液の重さは1 cm^3 あたり1.05 gとします。

2　次の［Ⅰ］，［Ⅱ］の問１～問９に答えなさい。

［Ⅰ］３種類の金属（鉄，銅，アルミニウム）を，２種類の水溶液《すいようえき》（塩酸，水酸化ナトリウム水溶液）に入れ，表のような６通りの組合せの実験をして，気体が発生するかどうかを調べました。

金　属 水溶液	鉄	銅	アルミニウム
塩　　酸	①	②	③
水酸化ナトリウム水溶液	④	⑤	⑥

問１　気体が発生する金属と水溶液の組合せが，①～⑥の中に３つありました。それはどれですか。３つすべてを選び，番号で答えなさい。

問２　問１で発生した気体Ｘはすべて同じ気体でした。この気体Ｘの名前を，漢字で答えなさい。

問３　気体Ｘの性質として最も適切なものを，次のア～カから１つ選び，記号で答えなさい。
ア．特有のにおいがある。
イ．水に溶《と》かすと，酸性になる。
ウ．水に溶かすと，アルカリ性になる。
エ．石灰水に通すと，白くにごる。
オ．火のついた線香を入れると，線香が燃える。
カ．マッチの火を近づけると，ポンと音がして燃える。

問４　気体Ｘの集め方として適切な方法を，次のア～ウから２つ選び，記号で答えなさい。
ア．上方置換《ちかん》法　　イ．下方置換法　　ウ．水上置換法

問５　気体Ｘを問４の方法で集める理由を，次のア～オから２つ選び，記号で答えなさい。
ア．水に溶けやすいから。
イ．水に溶けにくいから。
ウ．空気より重いから。
エ．空気と同じ重さだから。
オ．空気より軽いから。

［Ⅱ］次の表は，それぞれの温度で水 100 g に溶かすことができる，食塩とミョウバンの固体の最大の重さ［g］を示したものです。ただし，実験中に水の蒸発はありませんでした。

温度 ＼ 固体	0 ℃	20℃	40℃	60℃
食　　塩［g］	35.7	35.8	36.3	37.1
ミョウバン［g］	5.7	11.4	23.8	57.4

問 6　40℃の水 200 g に食塩を 70.0 g 入れてよくかき混ぜると，すべて溶けました。40℃のこの水溶液に，食塩はさらに何 g 溶けますか。小数第 1 位まで求めなさい。ただし，これ以上溶けない場合は，0.0 g と答えなさい。

問 7　60℃の水 300 g にミョウバンを 72.6 g 入れてよくかき混ぜるとすべて溶けたので，この水溶液をゆっくりと冷やしながら，40℃，20℃，0 ℃の時の様子を観察しました。ただし，0 ℃でも水は液体のままとします。

（1）この実験の結果として最も適切なものを，次のア～エから 1 つ選び，記号で答えなさい。

ア．40℃で初めてミョウバンが出ていた。

イ．20℃で初めてミョウバンが出ていた。

ウ．0 ℃で初めてミョウバンが出ていた。

エ．0 ℃になってもミョウバンは出ていなかった。

（2）0 ℃までゆっくりと冷やしたとき，出てくるミョウバンは何 g ですか。小数第 1 位まで求めなさい。ただし，出てこないときは，0.0 g と答えなさい。

問 8　水に固体を溶けるだけ溶かした水溶液を，ほうわ水溶液といいます。20℃の食塩のほうわ水溶液 100 g 中に，食塩は何 g 溶けていますか。小数第 2 位を四捨五入して，小数第 1 位まで求めなさい。

問 9　60℃の水 200 g に食塩を 70.0 g とミョウバンを 50.0 g 入れてよくかき混ぜると，すべて溶けました。この水溶液をゆっくりと 20℃まで冷やすと固体が出てきました。ただし，食塩とミョウバンが両方溶けていても，それぞれが溶ける重さに変化はありません。

（1）20℃で出てきた固体は何ですか。次のア～ウから 1 つ選び，記号で答えなさい。

ア．食塩だけ　　イ．ミョウバンだけ　　ウ．食塩とミョウバンの両方

（2）20℃まで冷やしたとき，出てくる固体は何 g ですか。小数第 1 位まで求めなさい。

3　次の文章を読み，問１～問８に答えなさい。

７月上旬の夜に南向きに立ち，星座を観察しました。図２は図１の器具を使い，調べた星座の一部を記録したものです。南の地平線から左側の頭上に向かい，北の空まで小さな星が雲のように集まって見えました。その中には星座Ａ～星座Ｅがあり，北の空には星座Ｅのほかに星座Ｆと星座Ｇがありました。

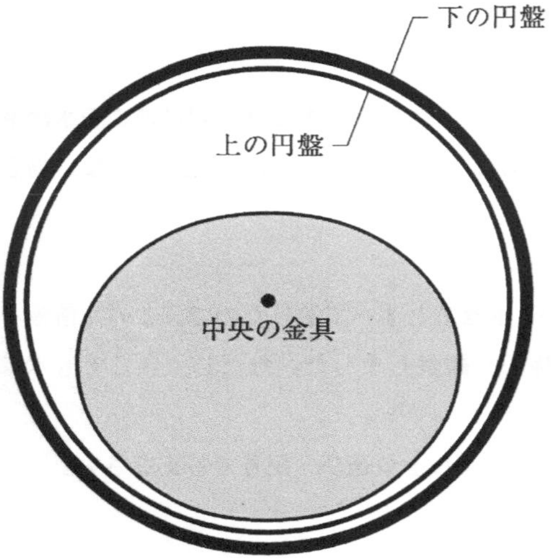

図１

図１の説明
・図１の器具は，星や星座がかかれた円盤《ばん》の上に，観察する場所で見ることができる空の部分を切り抜いた円盤が重なっていて，中央の金具でとまっています。
・下の円盤の周囲には１年間の月日が書かれていて，上の円盤には１日の時刻が書かれています。
・観察する月日と時刻を合わせ，観察する方位を手元側（下側）にして持ち，観察する方位を向いて使います。
・図の下側の方位は南，上側の方位は北を表します。

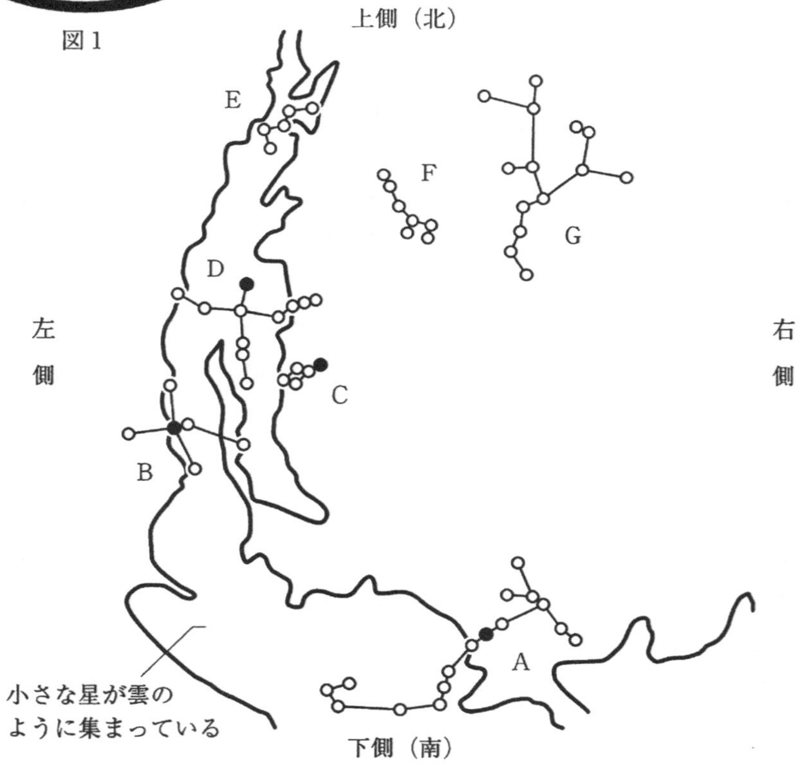

図２

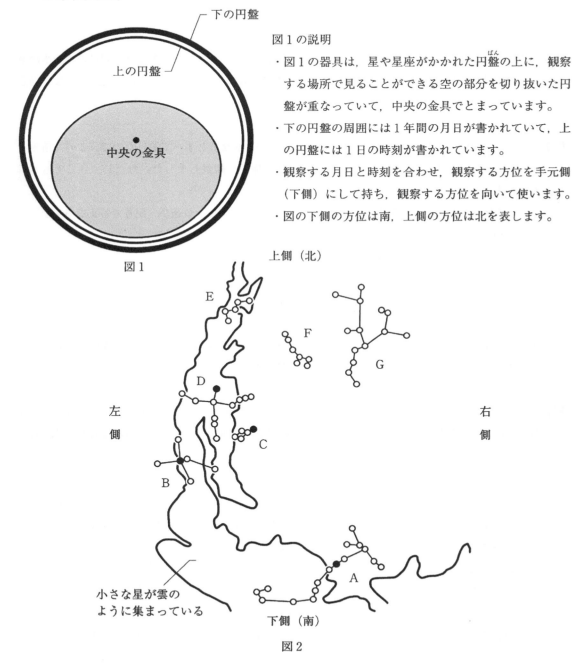

四〕

②

③

時。

時。

ウ

〔問四〕

〔問五〕

〔問九〕

2

3

4

5

⑤

⑩

⑮

採点欄

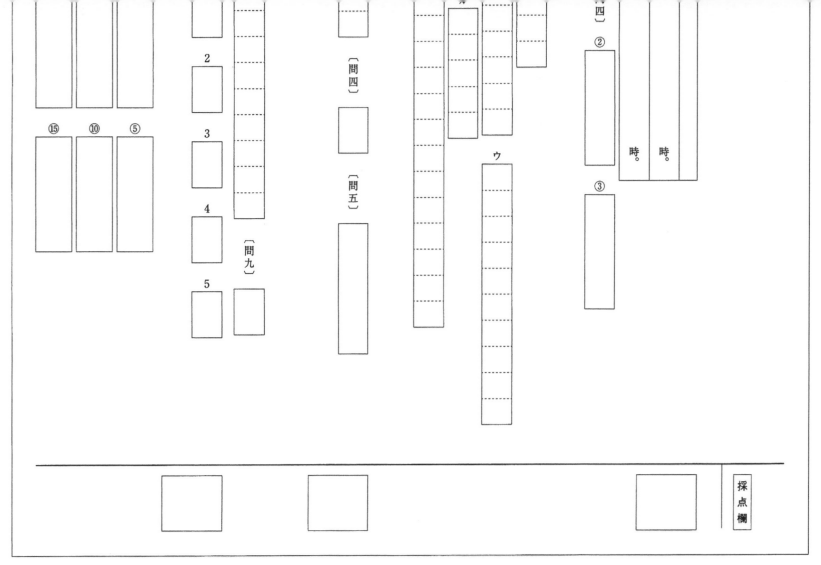

3

(1)	kW	(2)	時間
(3)	円		

4

(1)			
(2)		(3)	

5

(1)	cm^3	(2)	cm^3
(3)	cm^2		

3	
4	
5	

3

問1	問2	問3	問4	問5

問6

問7　A	問7　B	問7　C	問7　D	問7　E	問7　F	問7　G

問8　星座　B	問8　星座　C	問8　星座　D

3	

4

問1	問2	問3	問4
cm	個		cm

問5	問6	問7	問8	問9

4	

令和6年度　近畿大学附属和歌山中学校入学試験（午前）　解答用紙

理科

氏名	

受験番号											
千の位		0	1	2	3	4	5	6	7	8	9
百の位		0	1	2	3	4	5	6	7	8	9
十の位		0	1	2	3	4	5	6	7	8	9
一の位		0	1	2	3	4	5	6	7	8	9

1

問1	問2　B	問2　C	問2　D

問3　なかま	問3　例	問4　精子	問4　卵	問5	問6
類					

問7	問8
	cm^3

2

問1	問2	問3	問4

問5	問6	問7（1）	問7（2）
	g		g

問8	問9（1）	問9（2）

採点欄	
合計	

※100点満点
（配点非公表）

1	

2	

【解答

令和６年度　近畿大学附属和歌山中学校入学試験（午前）　解答用紙

算数

氏名	

受験番号										
千の位	⓪	①	②	③	④	⑤	⑥	⑦	⑧	⑨
百の位	⓪	①	②	③	④	⑤	⑥	⑦	⑧	⑨
十の位	⓪	①	②	③	④	⑤	⑥	⑦	⑧	⑨
一の位	⓪	①	②	③	④	⑤	⑥	⑦	⑧	⑨

1

(1)		(2)		(3)	
(4)		(5)		(6)	
(7)		(8)		(9)	
(10)					

2

(1)	①　　人	②　　人
(2)	①　　cm	②　　cm^2
(3)	①　ア	イ

採点欄	
合計	

※200点満点
（配点非公表）

1	

令和６年度　近畿大学附属和歌山中学校入学試験（午前）　解答用紙

国語

氏名

受験番号		
千の位		⓪ ① ② ③ ④ ⑤ ⑥ ⑦ ⑧ ⑨
百の位		⓪ ① ② ③ ④ ⑤ ⑥ ⑦ ⑧ ⑨
十の位		⓪ ① ② ③ ④ ⑤ ⑥ ⑦ ⑧ ⑨
一の位		⓪ ① ② ③ ④ ⑤ ⑥ ⑦ ⑧ ⑨

合計

※200点満点（配点非公表）

一

〔問一〕 (1)

〔問二〕

〔問三〕 E F

〔問五〕 ⓐ ⓑ ⓒ

〔問六〕

〔問七〕

〔問八〕 (1) ア イ (2) エ オ

〔問九〕

〔問十〕

二

〔問一〕

〔問二〕

〔問三〕 A

〔問六〕

〔問七〕

〔問八〕 (i) (ii)

三

〔問一〕 1 2 3 4 5

〔問三〕 1 2 3 4 5

〔問四〕 ① ② ③ ⑥ ⑦ ⑧ ⑪ ⑫ ⑬

【解答

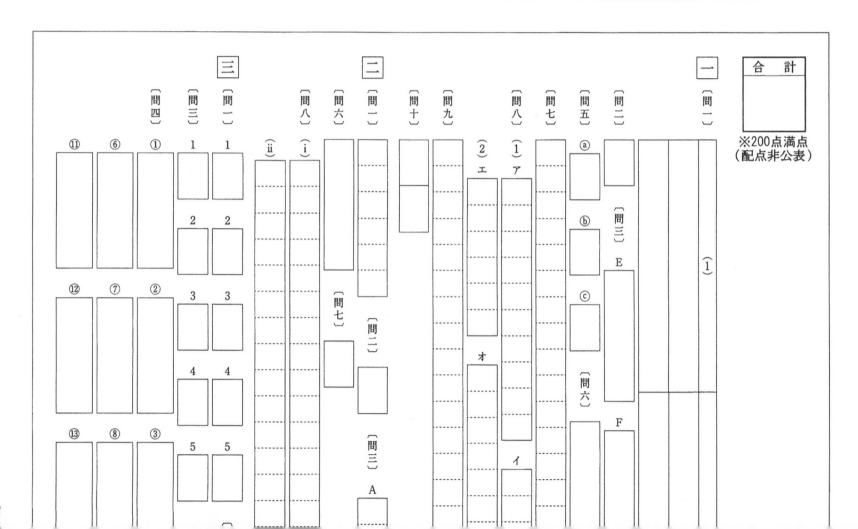

問１　下線部の小さな星の集まりの名前を答えなさい。

問２　星や星座の観察に使う図１の器具の名前を答えなさい。

問３　図２のスケッチの方位は手元側（下側）が南です。左側の方位は東と西のどちらですか。

問４　図２の下側（南）の地平線近くにある星座Ａには，明るく輝《かがや》く星（図中の●）アンタレスがあります。この星は何色ですか。次のア～エから１つ選び，記号で答えなさい。

ア．青白色　　イ．白色　　ウ．黄色　　エ．赤色

問５　観察を始めた時と観察を終えた時では，星座Ａのアンタレスの位置が動いていることがわかりました。動く向きを次のア～エから１つ選び，記号で答えなさい。

ア．下側から上側　　イ．上側から下側　　ウ．左側から右側　　エ．右側から左側

問６　図２の星座Ｆも少しずつ位置が変わりましたが，その中でほとんど位置が変わらない星が１つありました。この星の名前を答えなさい。

問７　図２の星座Ａ～Ｇの名前を次のア～クから１つ選び，それぞれ記号で答えなさい。

ア．オオグマ座　　イ．オリオン座　　ウ．カシオペア座　　エ．コグマ座

オ．コト座　　カ．サソリ座　　キ．ハクチョウ座　　ク．ワシ座

問８　星座Ｂ，Ｃ，Ｄには明るく輝く星（図中の●）がそれぞれ１つずつあり，それらがつくる三角形は「夏の大三角」と呼ばれています。星座Ｂ，Ｃ，Ｄのその星の名前をそれぞれ答えなさい。

4 次の［Ⅰ］，［Ⅱ］の問1～問9に答えなさい。

［Ⅰ］長さ120 cmの棒の中央に糸をつけて天井からつるし，おもりと水の入った水そうを使って次の図1～図4のような装置を作ったところ，棒はすべて水平になりました。ただし，おもりはすべて重さと大きさが等しく，棒と糸の重さと太さは考えないものとします。

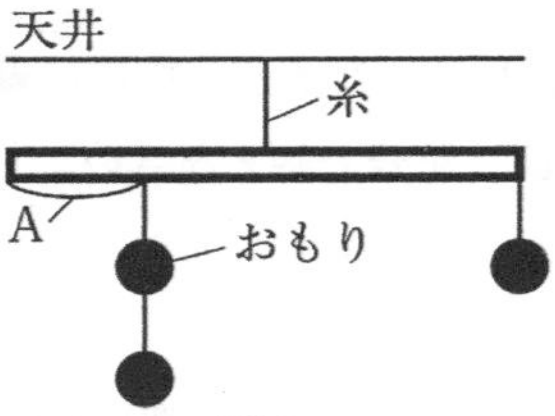

図1

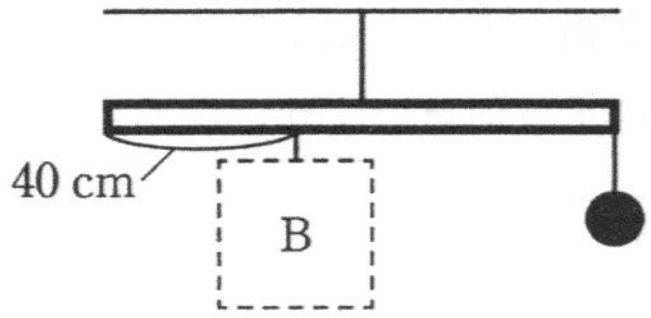

図2

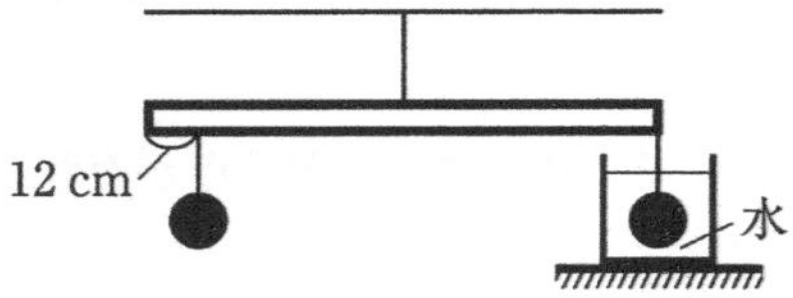

図3

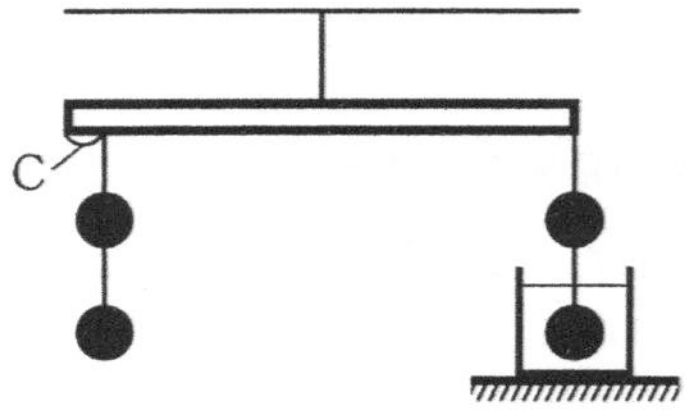

図4

問1　図1について，右側のおもりは棒のはしについています。棒の左はしから連なった2つのおもりまでの長さAは何cmか答えなさい。

問2　図2について，右側のおもりは棒のはしについていて，左側のBにはいくつのおもりがついているか不明です。左側のBが棒の左はしから40 cmのところについているとすると，Bにはいくつのおもりがついていると考えられますか。おもりの個数を数字で答えなさい。

問3　図3について，右側のおもりは棒のはしについていて，水中にあります。このとき，左側のおもりの位置は，棒の左はしから12 cmのところでした。おもりが水中にある状態での重さは，水中にない状態での重さの何倍だと考えられますか。次のア～オの中から1つ選び，記号で答えなさい。

ア．0.2倍　　イ．0.5倍　　ウ．0.8倍　　エ．1.0倍　　オ．1.2倍

問4　図4について，右側の連なった2つのおもりは棒のはしについていて，そのうちの下のおもりは水中にあります。棒の左はしから左側の連なった2つのおもりまでの長さCは何cmか答えなさい。

［Ⅱ］同じはたらきをする豆電球と同じはたらきをするかん電池を次の図１～図８のようにつなぎました。図１～図８それぞれにつき，１つの豆電球をＡ～Ｈとします。

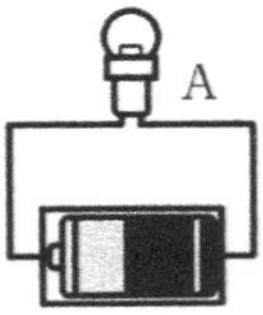

図１

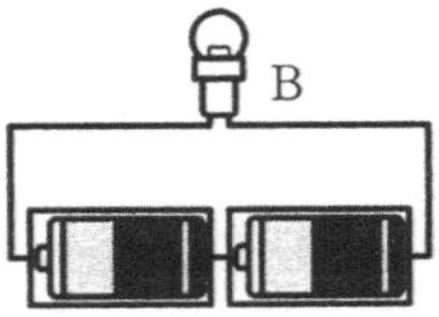

図２

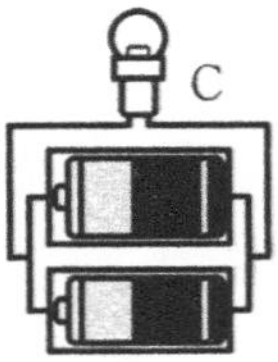

図３

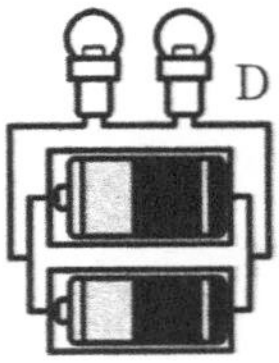

図４

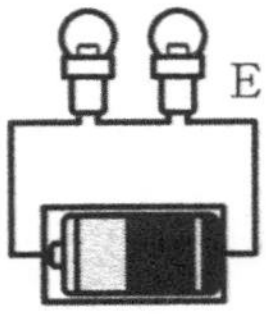

図５

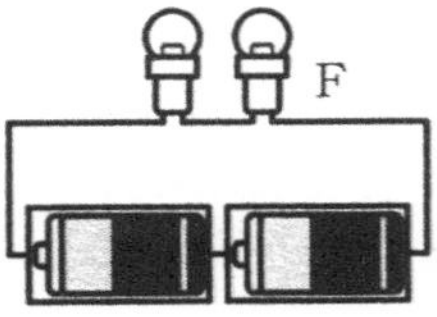

図６

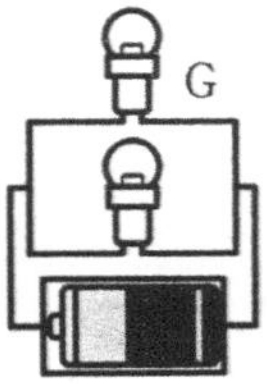

図７

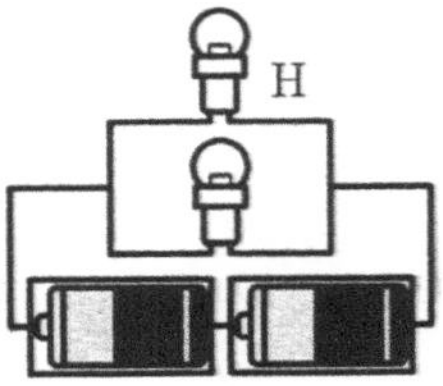

図８

問５　豆電球Ａと同じ明るさの豆電球をＢ～Ｈからすべて選び，記号で答えなさい。

問６　豆電球Ａ～Ｄの中で最も明るい豆電球を１つ選び，記号で答えなさい。

問７　豆電球Ｅ～Ｈの中で最も暗い豆電球を１つ選び，記号で答えなさい。

問８　豆電球Ａ～Ｄの中で最も長い時間点灯する豆電球を１つ選び，記号で答えなさい。

問９　図３について，２つの乾電池のうち１つを取り外すと，豆電球Ｃは点灯したままでした。豆電球Ｃの明るさはどうなりますか。次のア～ウの中から１つ選び，記号で答えなさい。

ア．明るくなる　　　イ．変わらない　　　ウ．暗くなる

3　たかひろさんの家では屋根にソーラーパネルを設置し，太陽光を利用して発電しています。下のグラフは 6 月のある日の，午前 6 時から午後 6 時までの太陽光で発電する電力（kW）と使用電力（kW）をグラフに表したものです。ただし，（kW）は電力の単位を表します。

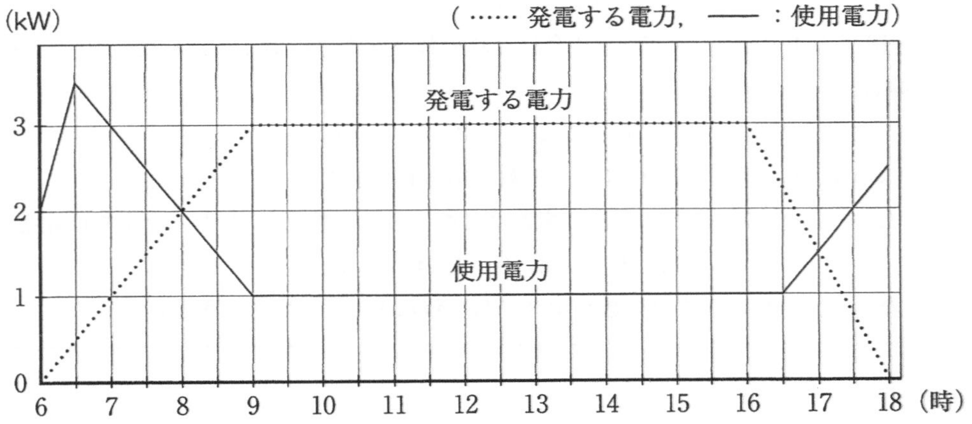

（1）　この日の 17 時の使用電力は何 kW ですか。

自宅で発電する電力が使用電力を上回ると，電力会社にその上回った電力量を売ることができます。この電力量（kWh）は「電力×時間」で求めることができ，（kWh）は電力量の単位です。

例えば，グラフの 12 時から 14 時までをみると発電 3 kW，使用電力 1 kW，2 時間だから，売ることができる電力量は（3 − 1）× 2 = 4 kWh となります。

（2）　この日に電力を売ることができた時間は何時間ですか。

（3）　電力会社が 1 kWh あたり 80 円で買い取ってくれるとすると，この日は合計いくらで売れましたか。

4　［　　］の内容をふまえて，次の問いに答えなさい。

> 1 以上の整数を順番に 10 で割った余りは，
>
> 1，2，3，4，5，6，7，8，9，0　……　①
>
> の 10 通りあります。この ① の数にそれぞれ 3 をかけてつくられる数を 10 で割った余りは順番に
>
> 3，6，9，2，5，8，1，4，7，0
>
> となって，0 から 9 までのすべての数があらわれます。
>
> しかし，① の数にそれぞれ 2 をかけてつくられる数を 10 で割った余りは順番に
>
> 2，4，6，8，0，2，4，6，8，0
>
> となって，0 から 9 までの数がすべてあらわれるわけではありません。

（1）　① の数にそれぞれ 4 をかけてつくられた数を 10 で割った余りを順番に書きなさい。

（2）　① の数にそれぞれある数［ア］をかけました。そのつくられた数を 10 で割った余りは 0 から 9 までのすべての数があらわれました。このとき，4 以上 9 以下の整数の中で，これを満たす［ア］をすべて答えなさい。

（3）　1 から順番に整数をある数［イ］まで並べます。その並べた数にそれぞれ 4 をかけて 10 で割った余りの合計は 2024 になりました。このとき，［イ］を答えなさい。

5　１辺１cm の立方体を積み重ねて，１辺５cm の立方体を作ります。このとき，１辺５cm の立方体の一部の面に色をつけ，色がつけられた面を反対側の面までまっすぐくりぬくことを考えます。（例）のように，それぞれの立体を「くりぬいた立体」と「残った立体」と呼び，次の問いも同じ作業を行います。ただし，「残った立体」はくずれないものとします。

（例）

（図１）

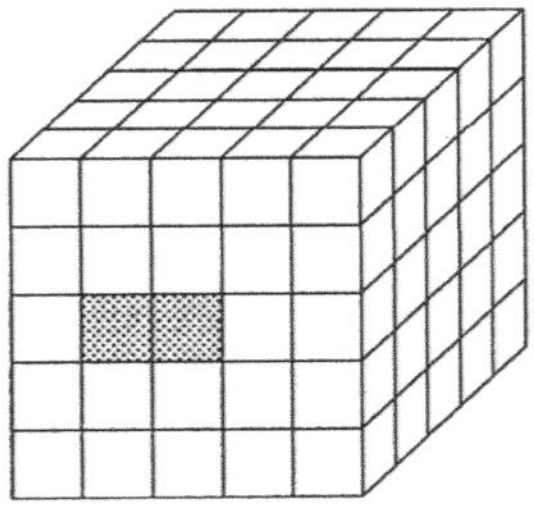

の場合

「くりぬいた立体」

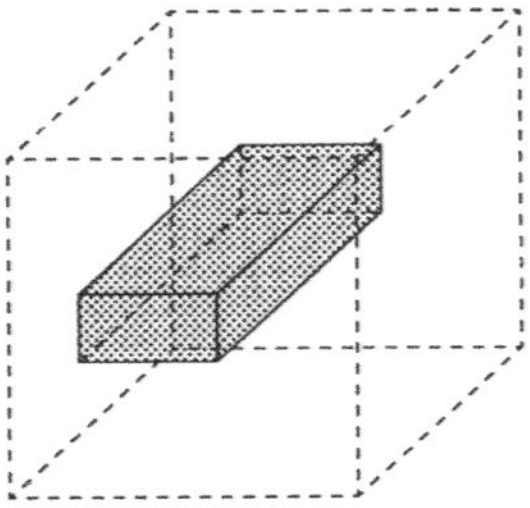

「残った立体」

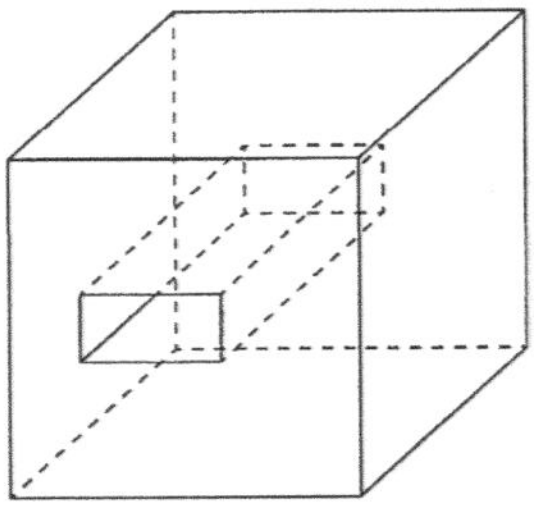

（１）（図２）の「くりぬいた立体」の体積を求めなさい。

（図２）

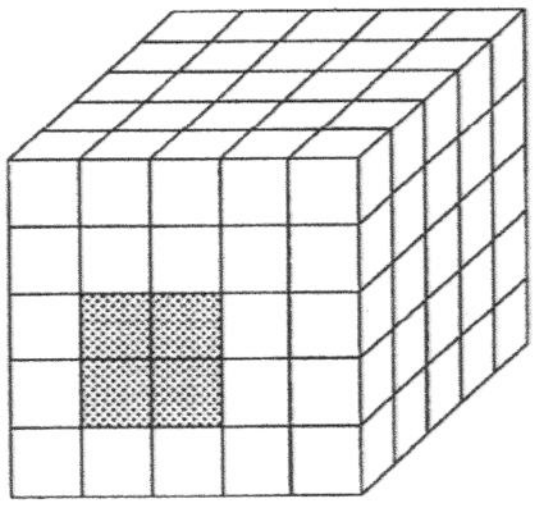

（２）（図３）の「残った立体」の体積を求めなさい。

（３）（図３）の「残った立体」の表面積を求めなさい。

（図３）

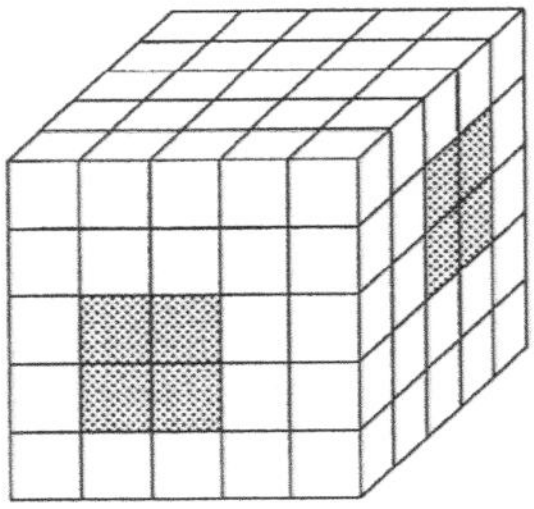

ママがわたしをいじめたのか？　わたしがママをいじめたのか？　どっちだろう？

答えは両方だ。⑤そしてママはわたしを、わたしはママを、かわいそう、って思っている。こういうのを「傷つけあう」って言うんだって、テレビのドラマでやっていた。わたしはママを真似《まね》て、鼻から吐くため息をついた。同時に、ゼェーッと胸が鳴る。聞かないふりして、手に持っているドリトル先生の本を開けば、そこは遠いイギリスの、本当にあるかもわからない田舎《いなか》町。おしゃべりな動物たちと先生が楽しく暮らしている家に、病気のわたしは、もういなかった。

とろとろと眠ったり、本の続きを読んだりをくり返して午後を過ごしていたわたしは、ママが階段をあがってくる音に気づいた。もう夕方で、夜にかけてまた胸がきゅーっと締《し》まってくる時間だ。

「実花ちゃん、起きてる？」

ドアをちょっとだけ開けてママがのぞいた。

「苦しい？」

なんで健康な人は、病気の人に「苦しい？」「痛い？」「ぐあい悪い？」ってわざわざ聞くのかな。おぼれてる人に、「おぼれてる？」って聞くのと同じだと思うんだけど。病人にも「今、何時？」「犬派、猫《ねこ》派？」ぐらい聞いて欲しい。

「つらいよね？」

ママは決めつけるように聞いて、ますます意味わからない。だけど、病人はそう聞かれるとつらくても「だいじょうぶ」と返してしまうのだ。わたしも首をよこにふった。

「無理してしゃべらなくていいから。あのね、さっき光樹くんが、帰りによってくれたの」

とママは笑顔になって、後ろに隠していたものをわたしに差し出した。

「はい、どうぞ」

目の前がパッと明るくなって、それは白のポンポンだった！　今日の運動会のために、本物のチアガールが持つようなポンポンを、六年生に教えてもらってみんなで作ったのだ。スズランテープをイスの背中に何十回も巻いて、まとめて結んで切って、くしでテープを一枚一枚丁寧《ていねい》に裂《さ》いてく。糸みたいに細く裂くほどフワッフワッになるので、みんな授業中に内職して、担任の二宮先生に怒《おこ》られた。わたしも、このポンポンを持って、「ば」のTシャツを着て、応援《おうえん》ダンスをする予定だった。ママから受けとると、昨日もリハーサルで持ったのに、久しぶりにさわったように感じた。

「光樹くんが、届けてくれたの。ダンスやった子はみんな、ポンポンを記念にもらって帰ったから、って」

「光樹、くんが？　持って、きた、の？」

運動会に出れなかったわたしがかわいそうだから、持っていってあげて、と女の子たちに頼《たの》まれたのだろう。でも、よく持ってきたな、とびっくりした。ポンポンなんて女の子しか持たないものだし、そもそも目立つように作られているものだし、カバンにも入らないし、これもってバスに乗るなんて、男の子だったら死ぬほど恥《は》ずかしいと思う。クロネコヤマトの人だって運んでくれるかどうか。

「みんな、実花ちゃんのこと想《おも》ってくれてるんだね。嬉《うれ》しいね」

ポンポンを見つめていたわたしは、ママの言葉にうなずいた。苦しい胸が一瞬《いっしゅん》、すっとしたように感じた。

「パパが実花にって、お寿司《すし》を買ってきてくれたけど、少し食べる?」

わたしはママとパパが心配しないように、お寿司を少し食べて、本もあまり読まないようにして、早く治るように静かに過ごした。積んだ枕にもたれて、⑥ときどき手をのばしてスタンドの下においてある白いポンポンに触《ふ》れると、静電気でそれは生きているみたいに、ふわっと動いた。

（中島たい子『がっかり行進曲』ちくまプリマー新書による）

〔問一〕 ――線部①「今のわたし」とはどのような「わたし」ですか。文中から六字で抜《ぬ》き出して答えなさい。

〔問二〕 ――線部②「わたしは頭がよくなるために本を読んでるわけじゃない」とありますが、「わたし」が本を読む理由として最も適当なものを、次のア～エの中から選びなさい。

ア　暗記しているような本を読むのが楽しいから。
イ　本の世界に入って病気のつらさを忘れたいから。
ウ　くり返し読んでいるお話を読むのがらくだから。
エ　テレビを観たりマンガを読むのが疲れるから。

〔問三〕 [A]・[B]に入る最も適当な語を、文中からそれぞれ漢字二字で抜き出して答えなさい。

〔問四〕 ～～～線部a「ママは黙ってしまった」、～～～線部b「今度はわたしが黙った」とありますが、この時の「ママ」と「わたし」の気持ちを説明したものとして最も適当なものを、次のア～エの中から選びなさい。

ア　ママは「テキトーに産んだ?」という言葉に傷つき、わたしは「間違ってたのかも」という言葉に傷ついている。
イ　ママは「テキトーに産んだ?」という言葉に傷つき、わたしは「間違ってたのかも」という言葉に納得《なっとく》している。
ウ　ママは「テキトーに産んだ?」という言葉に同意し、わたしは「間違ってたのかも」という言葉に傷ついている。
エ　ママは「テキトーに産んだ?」という言葉に納得し、わたしは「間違ってたのかも」という言葉に同意している。

〔問五〕 ――線部③「あ、始まった」とありますが、何が始まったのですか。「何」にあたる部分を文中から抜き出して答えなさい。

〔問六〕 ――線部④「大事なイベント」とありますが、具体的には何ですか。文中から抜き出して答えなさい。

〔問七〕 X ～ Z には「ふつー」、「テキトー」のいずれかが入ります。その組み合わせとして最も適当なものを、次のア～エの中から選びなさい。

ア X「テキトー」 Y「ふつー」 Z「ふつー」
イ X「ふつー」 Y「テキトー」 Z「テキトー」
ウ X「ふつー」 Y「ふつー」 Z「テキトー」
エ X「テキトー」 Y「ふつー」 Z「テキトー」

〔問八〕 ――線部⑤「ママはわたしを、わたしはママを、かわいそう、って思っている」について、「ママ」と「わたし」のそれぞれの気持ちを次のようにまとめました。〔 i （十五字以内）〕、〔 ii （二十五字以内）〕を補って、文を完成させなさい。

ママはわたしが〔 i 〕ことをかわいそうだと思っており、
わたしはママが〔 ii 〕ことをかわいそうだと思っている。

〔問九〕 ――線部⑥「ときどき手をのばしてスタンドの下においてある白いポンポンに触れる」とありますが、この時の「わたし」の心情として適当でないものを、次のア～エの中から選びなさい。

ア 恥ずかしかっただろうに光樹君がポンポンを持ってきてくれたことに感謝する気持ち。
イ わたしもポンポンを持ってみんなと応援ダンスをしたかったという残念な気持ち。
ウ 学校のみんなが休んだ自分のことを想ってくれていることをうれしく思う気持ち。
エ わたしの本当の気持ちをわかってくれないママやパパに対するやるせない気持ち。

三

〔問一〕～〔問四〕に答えなさい。

〔問一〕　次の各文の空欄《くうらん》に入ることばとして、最も適当なものを、次のア～オの中からそれぞれ選びなさい。ただし、同じものは二度選べません。

1　美術館で（　　）な絵画を見たが理解できなかった。
2　他の人の意見も聞いて、（　　）に判断した。
3　先制点を先取して（　　）な試合運びとなった。
4　学級会で（　　）に意見を述べた。
5　お寿司《すし》は（　　）な日本の食文化だ。

ア　積極的　　イ　客観的　　ウ　典型的　　エ　理想的　　オ　抽象《ちゅうしょう》的

〔問二〕　次の各文の空欄《くうらん》にあてはまる助詞を、次のア～オの中からそれぞれ選びなさい。ただし、同じものは二度選べません。

1　東から西のほう（　）風が吹いている。
2　私のおかしをあげる、（　）彼女は言った。
3　紙が破れたので、あたらしい（　）が欲しい。
4　窓（　）開けると、虫が入ってきた。
5　包丁（　）魚をさばく。

ア　の　　イ　へ　　ウ　を　　エ　と　　オ　で

〔問三〕　次の1～5の俳句はどの季節を詠《よ》んでいますか。次のア～エの中からそれぞれ選びなさい。

1　五月雨《さみだれ》をあつめて早し最上川《もがみがわ》
2　柿《かき》食えば鐘《かね》が鳴るなり法隆寺《ほうりゅうじ》
3　流れゆく大根の葉の早さかな
4　旅に病《や》んで夢は枯野《かれの》をかけめぐる
5　菜の花や月は東に日は西に

ア　春　　イ　夏　　ウ　秋　　エ　冬

〔問四〕　次の①～⑮の――線部のカタカナを漢字に直しなさい。

① あそこには大きなヤシキが建っている。

② 石田三成《みつなり》は豊臣家《とよとみけ》のジュウシンだ。

③ 先生の話のヨウテンを書き留める。

④ 潮岬《しおのみさき》のトウダイに登ってきた。

⑤ 二人だけの秘密をコウガイしない。

⑥ 湯上がりのスガオが上気している。

⑦ 紀の川のゲンリュウを探す。

⑧ やわらかいヌノジの衣服を着る。

⑨ ゴキを強めて反論する。

⑩ ハクチュウの街中で事件が起こった。

⑪ 荒《あ》れ地《ち》をコウサクして種をまく。

⑫ 母はカンチョウに勤めている。

⑬ よくニている親子。

⑭ 敵軍をシリゾける。

⑮ 学級新聞をスる。

近畿大学附属和歌山中学校

令和五年度

近畿大学附属和歌山中学校入学試験問題（午前）

国語

（60分）

注意事項

一、「はじめ」の合図があるまで開いてはいけません。

二、解答用紙の決められたわく内に受験番号を算用数字で記入し、その番号の◯をぬりつぶしなさい。

三、解答は必ず解答用紙の決められたところに記入しなさい。

四、試験が終わったら問題用紙を持って帰りなさい。

（例）

受験番号												
	千	0	●	①	②	③	④	⑤	⑥	⑦	⑧	⑨
	百	1	⓪	●	②	③	④	⑤	⑥	⑦	⑧	⑨
	十	2	⓪	①	●	③	④	⑤	⑥	⑦	⑧	⑨
	一	3	⓪	①	②	●	④	⑤	⑥	⑦	⑧	⑨

一　次の文章を読んで、後の〔問一〕～〔問九〕に答えなさい。ただし、字数制限のある問題は、すべて句読点や括弧《かっこ》なども一字に数えます。

二〇〇四年の夏から秋にかけて、北陸や東北の日本海側でツキノワグマの出没《しゅつぼつ》が報じられて話題になりました。例年にくらべてケタはずれに多くの報道がありました。

これはどういうことでしょうか。クマが増えたのではないかという意見もありますが、そうではなさそうです。というのは、クマは体が大きいため、大量の食物と広い生活の場を必要とするので、もともと一定の場所にそれほどはすんでいませんし、繁殖《はんしょく》の特徴《とくちょう》からいっても急に増えるとは考えられないからです。

クマはおもに果実や種子などの植物質《しつ》を食べるのですが、冬眠《とうみん》をひかえた秋には脂肪《しぼう》をためるために大量のドングリを食べなければなりません。ところが、ドングリは年によってなる年とならない年があるので、それに応じて生活の場所を移すのです。ですから、山の果実とくにドングリがない年に、クマが里にある農作物などを食べにくることはおおいにありそうなことです。しかし、そのような年はこれまでに何度もあったはずですから、この年だけが特別だったことの説明としては不十分です。

最近、農山村には人が少なくなりました。クマのような大きくて強い動物でも人間は恐《おそ》ろしいですから、人がいたるところで農作業をしていた時代には、野生動物にとって人里は近づきたくない場所でした。しかし、最近はそうではなくなったために、人をあまり恐れないクマがいるようになったのです。そのような状況《じょうきょう》があるところに、山の果実が不作だったために、人を恐れないクマが人里に接近《せっきん》したというのが背景にあったものと思われます。つまり①クマと人との出合いが多くなったことは確かですが、それはクマが増加したからではないのです。

このように、②自然界でおきていることを正確にとらえるのはかんたんなことではありません。クマの出没があると、マスコミの記者たちが原因[x]について安易な質問をし、それを単純化[y]して結論めいたことを言ったり、無用な恐怖《きょうふ》をあおったり[a]しましたが、こういう態度はよくありません。なんといっても事実の確認がたいせつであり、結論を出すことには慎重《しんちょう》でなければなりません。また問題を狭《せま》い範囲《はんい》でとらえないで、広い視野に立って長い時間でものごとをとらえることがたいせつです。

その意味で、クマと人間の問題についておさらいをしておきましょう。日本には北海道にヒグマ、本州以南にツキノワグマがいます。クマがいると、どうしても人間とさまざまな問題をおこすことになります。

ツキノワグマでは、人を襲《おそ》ってケガをさせる事故が最大の問題です。トウモロコシ、スイカ、イモ、カキ、クリなどを食べる農業被害《ひがい》もあります。ハチミツをとるために山においた巣箱を襲うとか、池の魚を食べるなども悩《なや》みのたねですし、林業では樹皮をはぐ害があります。

[A]、ヒグマは体重が二五〇キロにもなる大きな個体がいて、ときに人が殺されることがあります。[B]、その恐怖はツキノワグマの比ではありません[b]。[C]、ビートやメロンなどの被害もあり、そのほかに牧場の家畜《かちく》が襲われることもあります。

世界に目をやれば、クマは世界に七種いますが、いずれも生息地が破壊《はかい》されたり、狩猟《しゅりょう》のいきすぎなどによって減少しており、保護が必要な動物の代表的なグループとされています。もちろん世界的に減少しているからといって、クマが人にけがをさせたり、殺したりすることをそのままにするわけにはいきません。しかし、全体の流れとしては③そのような状況があるということを知っておくことはたいせつなことです。

時間的にも大きい視点が必要です。長い目でみれば、ツキノワグマは増えていないどころか減っています。九州ではすでに事実上絶滅《ぜつめつ》したものと思われますし、四国では生息が確認されてはいますが、その数はきわめて少なく、まさにc「風前の灯火《ともしび》」のような状況です。中国地方では、山にツキノワグマが少なくなったためにハンターみずから狩猟禁止にしたほどです。北陸や東北の山にはまだ相当数のクマがいて捕獲《ほかく》もつづけられていますが、これは雪が積もって人が入れない深い山があってのことで、捕獲のしかたによってはここでもクマが少なくなる可能性は十分にあります。

クマによる事故の多くは、人が山菜やキノコをとりに山に入って襲われたというものです。しかし、ほんの三〇年ほど前、人はそれほど山に入りませんでした。昔から山菜を利用してきた山に住む人たちがとる山菜の量は、たかがしれたものでした。そういう人たちは長年利用しないといけないので、山菜をとるときは一部をとって地下部を残すようにしました。タラノキの芽やヤマブドウをとるときも、来年のことを考えて必要な部分だけをとったのです。もちろん登山者はいましたが、そういう人たちは訓練をし、長い道のりを歩いて山に入りました。登山というのはそのような行為《こうい》だったのです。いずれにしても山のことをよく知り、④山の歩き方、利用のしかたのルールを守る人しか山に入らなかったのです。

ところが、いまは山のことを何も知らないような都会の人が、林道を利用して自動車でかんたんに山奥《おく》まで入ることができるようになりました。天候のいい季節になると、そういう人たちがどっと山に入ります。そして山菜を根こそぎ掘《ほ》り、タラノキやヤマブドウも枝や幹を切ってしまいます。

おびただしい数の人が山の奥深いところまで［X］のように入りこめば、クマとの出合いが多くなるのはとうぜんです。クマの側からすれば、人間はひとの土地に無断で入りこんできて勝手なふるまいをしていると見えるはずです。その結果、運悪く出合ってできたできごとを、人間側が「［Y］」と呼び、クマを「［Z］」と呼んでいるのです。クマ問題はそもそもそういうところから発生しているということを、もう一度じっくりと考えてみる必要があります。

（高槻成紀《たかつきせいき》『野生動物と共存できるか』岩波ジュニア新書による）

〔問一〕　〰〰線部x「原因」、y「単純」の対義語を、それぞれ漢字二字で答えなさい。

〔問二〕　＝＝線部a「あおったり」、b「比ではありません」、c「風前の灯火」の意味として最も適当なものを、次のア～エの中からそれぞれ一つずつ選びなさい。

a「あおったり」

ア　長期間にわたって体験させたり
イ　強く感じるように働きかけたり
ウ　がまんして耐《た》えさせようとしたり
エ　わざと感じさせないようにしたり

b「比ではありません」

ア　（ツキノワグマと）比べたりしてはいけません
イ　（ツキノワグマと）比べてみても差はありません
ウ　（ツキノワグマと）比べられないほど大きいのです
エ　（ツキノワグマと）比べられないほど小さいのです

c「風前の灯火」

ア　難しく苦しい状況に耐えているさま
イ　周囲に美しい輝《かがや》きを放っているさま
ウ　わずかに残って大切にされているさま
エ　危険がせまってほろぶ寸前であるさま

〔問三〕 [A]～[C] に入る言葉の組み合わせとして最も適当なものを、次のア～エの中から一つ選びなさい。

ア　A　また　B　しかし　C　ですから

イ　A　しかし　B　ですから　C　つまり

ウ　A　たしかに　B　いっぽう　C　しかし

エ　A　いっぽう　B　ですから　C　また

〔問四〕 ――線部①「クマと人との出合いが多くなった」とありますが、筆者が考えるその理由を次のように示したとき、（ 1 ）～（ 4 ）に入る最も適当な言葉を、文中からそれぞれ十字以内で抜《ぬ》き出して答えなさい。

最近、（　　1　　）なった。

↓

農山村は、野生動物にとって、（　　2　　）ではなくなった。

↓

食物としての（　　3　　）。

↓

（　　4　　）が人里に接近した。

↓

だから、クマと人との出合いが多くなった。

〔問五〕 ――線部②「自然界でおきていることを正確にとらえるのはかんたんなことではありません」とありますが、「正確にとらえる」ために重要なこととして筆者が述べているものを、文中からそれぞれ五字以内と二十五字以内で抜き出して二点答えなさい。

〔問六〕 ――線部③「そのような状況」とはどのような状況ですか。文中の言葉を用いて、三十字以内で答えなさい。

〔問七〕　——線部④「山の歩き方、利用のしかたのルール」とありますが、（1）山の歩き方のルール、（2）山の利用のしかたのルール、として筆者があげているのはどのようなことですか。文中の言葉を用いて、それぞれ三十字以内で答えなさい。

〔問八〕　[X]～[Z]に入る言葉として最も適当なものを、次のア～エの中からそれぞれ選びなさい。

X　ア　湧《わ》き水　　イ　洪水《こうずい》　　ウ　流水　　エ　雨水

Y　ア　事故　　イ　好機　　ウ　遭遇《そうぐう》　　エ　成果

Z　ア　百獣《じゅう》　　イ　野獣　　ウ　害獣　　エ　肉食獣

〔問九〕　本文に述べられた筆者の考えとして最も適当なものを、次のア～オの中から選びなさい。

ア　クマは冬眠のために大量のドングリを必要とする。ドングリが実らないときにクマが里の農作物を食べにこないように、地域を限定してドングリの植林をする必要がある。

イ　クマが最も恐れるのは人間である。里の住人を増やしてそれがクマ対策となるように、移住者が魅力《みりょく》を感じ、快適に生活できるような環境《かんきょう》を整備することが急務である。

ウ　北陸や東北で多くのクマの出没報道が取り上げられた。さらなるクマの北上と増加をくい止めるため具体的に何ができるか、その手立てを早急に考えなければならない。

エ　クマと人間との出合いが増えていることに関しては、人間の生活様式の変化が主な原因と考えられる。今後は、人間が山に入ることをきびしく制限していく必要がある。

オ　クマによって人間に様々な被害が生じている。しかし、立場を変えて、人間がクマの生活地域に入りこみ身勝手な行動をしているという考え方をすることも大切である。

二　次の文章を読んで、後の〔問一〕～〔問九〕に答えなさい。ただし、字数制限のある問題は、すべて句読点や括弧《かっこ》なども一字に数えます。

夜八時を回って、ようやく由紀の熱が下がった。

ところが、七時過ぎには羽田空港に着いているはずのパパの飛行機が、一時間近く遅《おく》れてしまった。空港からわが家までは一時間——パパだって、ほんとうは空港から会社に直行して、出張の報告をしなければならなかったのだ。

①なんでベビーシッターさんを頼《たの》まなかったの？　いまどき、ペットの散歩や留守番にもシッターさんが来てくれるんだよ。

由紀の言いたいことはわかる。現実的な選択《せんたく》として、それがベストだと、パパも思う。

だが、とにかくママはひとに頼《たよ》りたくなかったのだ。パパと二人で、というより自分一人でも、育児と仕事を完璧《かんぺき》に両立させたかったのだ。自分ならそれができると信じて——すがっていたのかもしれない。

結局、パパが帰宅したのは九時半だった。

ママは「もう、なんでこんなときに飛行機が遅れちゃうのよ、信じられない、もう」と文句を言いながら服を手早く着換《きが》え、もっとaせわしなく由紀の様子を伝えて、パパと入れ替《か》わりに出かけようとした。

由紀——ここからは、おまえに訊《き》きたい。

パパは玄関《げんかん》に立ちはだかって止めたのだ。②ママに「行くな」と言ったのだ。大事な仕事を会社に残しているのはわかっているのに、「今夜は由紀と一緒にいてやってくれ」と言ったのだ。

ママは「あなたがいるからいいじゃない」と言った。「お願い、そこ、どいて」

だが、パパは譲《ゆず》らなかった。

「勝手なこと言わないでよ、自分は出張に行って帰ってきて、わたしが仕事に行くのはだめだなんて、そんな勝手な理屈《りくつ》ってある？」

理屈ではない。

「由紀はだいじょうぶ、さっき座薬も入れたし、肌着《はだぎ》も着替《きが》えさせたから」

パパは玄関から動かない。

「ねえ、お願い。終電で帰ってくる、約束するから。一時過ぎには帰れる。あと四時間足らずでしょ、だいじょうぶ、お願い」

「終電で帰ってくるんなら、行く意味ないだろ。会社にいられるのって、一時間ちょっとぐらいしかないんだから」

「一時間でもいいの、三十分でもいいから……」

「落ち着けよ」

「みんなも今夜はずっと残業してるし、会社に泊《と》まり込《こ》むひともいるから、□を出さないわけにはいかないのよ」

「だって、こんなときに仕事を休んで誰《だれ》が文句言うんだよ」

「言わないわよ、誰も」

「だったら……」

「わたしが、嫌《いや》なの」

腹立たしさは、もちろんあった。だが、それ以上に悲しかった。ママをそこまで追いつめてしまったものはなんだったのだろう。ママはなにに苦しめられているのだろう。ママは□がんばった。パパだって自分なりに精一杯《せいいっぱい》がんばったつもりだ。がんばることはいいことだと、子どもの頃《ころ》から教えられてきた。努力は報《むく》われる、と教わった。だが、おとなになるとわかる。努力が報われないことは山ほどある。がんばればがんばるほど事態が悪くなってしまうことだって、いくらでもある。

「お願い、そこどいてちょうだい」

ママの口調はb懇願《こんがん》に変わった。

パパはくちびるを噛《か》んで、首を横に振《ふ》る。

由紀――パパは間違《まちが》っていたか？　間違っていたのはママのほうだと思うか？

ママはため息をついて、ちらりと足元に目をやり、それからパパをあらためて見つめた。

「だったら、悪いけど、離婚《りこん》してくれない？」

返す言葉を失ったパパに、つづけて言った。

「由紀は、あなたに――」

そのときだった。

ベビーベッドから、起きあがりこぼしの鈴《すず》が鳴る音が聞こえた。一度だけではない。何度も。キューピーの顔をしたピンク色の起きあがりこぼしが、ぐらぐらと揺《ゆ》れている。おなかに仕込んだ鈴が、そのたびに音をたてる。目を覚ました由紀が、枕元《まくらもと》の起きあがりこぼしを――まるでパパとママを呼ぶように揺すっていたのだ。

ママは一瞬《いっしゅん》□をしかめて、はいはいはーい、と寝室《しんしつ》に戻《もど》る。パパも、さっきのママの言葉を苦く噛みしめながら、やっと玄関から部屋に上がった。

「どうしたの？　起きちゃった？」

声をかけて由紀のおでこに手をあてたママの背中が、パパの目にもはっきりとわかるぐらい揺れた。

「やだ、どうしたの、由紀ちゃん！」

熱がまた出た。夕方よりもさらに高くなった。四十度近い。寝息《ねいき》はほとんどあえぎ声になり、幼児用のスポーツドリンクを吸い飲みで一口飲ませたら、胃液と一緒に嘔吐《おうと》してしまった。

もう仕事に戻るどころではない。③パパもママも大あわてで、由紀を救急病院に連れて行く支度《したく》を始めた。するとまた、ママの悲鳴が響《ひび》く。由紀は全身を震《ふる》わせ――いや、激しくけいれんしていたのだ。

令和５年度

近畿大学附属和歌山中学校入学試験問題（午前）

算　　　数

（60分）

注　意　事　項

1．「はじめ」の合図があるまで開いてはいけません。
2．解答用紙の決められたわく内に受験番号を算用数字で記入し、
　その番号の◯をぬりつぶしなさい。

（例）

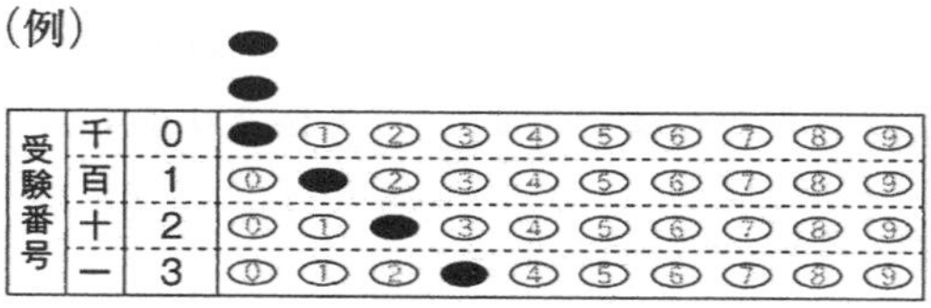

3．解答は必ず解答用紙の決められたところに記入しなさい。
4．試験が終わったら問題用紙を持って帰りなさい。

1 次の □ にあてはまる数字を答えなさい。

（1） $1-\frac{1}{3}-\frac{2}{5}-\frac{4}{17}=\square$

（2） $24\times39+54\times38-36\times58=36\times\square$

（3） A 君は国語と算数と理科と社会のテストを受けました。算数の得点は国語の得点より 10 点低く，理科の得点は国語の得点の 8 割で，社会の得点は国語の得点より 3 点高くなりました。
このとき，4 教科の合計の得点が 278 点でした。国語の得点は □ 点です。

（4） 時速 4.5 km で歩くと 20 分かかる道のりを分速 □ m で歩けば，15 分かかります。

（5） いくつかのみかんを生徒に配布します。生徒 1 人に 6 個ずつ配ると 36 個余り，7 個ずつ配ると 3 個不足します。みかんは全部で □ 個あります。

（6） ある食堂ではハンバーグの材料に牛肉を仕入れます。ハンバーグには 4 人分で 300 g の牛肉が使用されます。ある日，牛肉を □ g 仕入れて，50 人分のハンバーグを作りました。

（7） 2022 はある連続する 3 つの整数の和として表せます。この 3 つの整数の中で，最も小さい整数は □ です。

（8） 図のような長さ 10 cm の紙テープを，つなぎめののりしろを 2 cm にしてつなげていきます。5 枚の紙テープをつなげたときの全体の長さは □ cm になります。

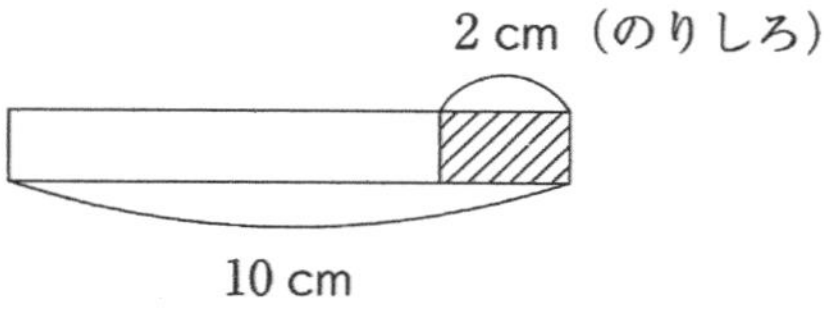

（9） 8 でわると 6 あまる整数のうち，100 に最も近い数は □ になります。

（10） 図のように半径 1 cm の円と半径 2 cm の円があり，これらの円の中心は一致しています。またこれらの円をそれぞれ 6 等分するような 3 本の直線を引きました。

このとき，斜線部分の面積は □ cm^2 です。ただし，円周率は 3.14 とします。

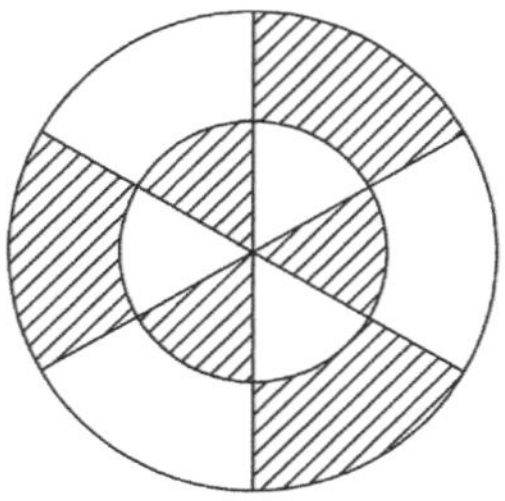

2 (1) 長方形 ABCD において，辺 AD を 3 等分して，A に近い方から E，F とする。また対角線 BD と直線 CE との交点を P とする。三角形 BEP の面積は，長方形 ABCD の面積の何倍ですか。

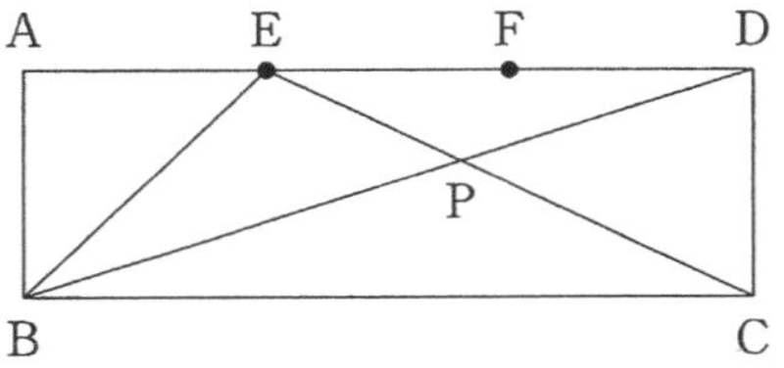

(2) 2 つの数 A と B があります。A は B より大きい数です。A から B の半分の数を引いたら，B から A の 4 分の 1 を引いた数の 3 倍になりました。A は B の何倍ですか。

(3) 3 人の子供に 8 個のみかんを分けます。このとき，3 人の子供が少なくとも 2 個以上のみかんをもらえるような分け方は何通りありますか。

令和５年度

近畿大学附属和歌山中学校入学試験問題（午前）

理　　　　科

（40分）

注　意　事　項

1．「はじめ」の合図があるまで開いてはいけません。
2．解答用紙の決められたわく内に受験番号を算用数字で記入し、
　　その番号の◯をぬりつぶしなさい。

（例）

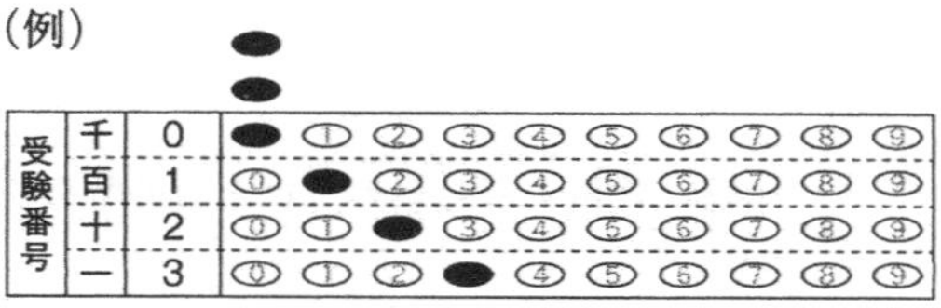

3．解答は必ず解答用紙の決められたところに記入しなさい。
4．試験が終わったら問題用紙を持って帰りなさい。

1 次の図は，いくつかの植物を観察してその特徴《とくちょう》によって分類したものです。次の問１～問７に答えなさい。

- 植物
  - 特徴Ａ：胞子《ほうし》植物
    例）ゼニゴケ，イヌワラビ
  - 特徴Ｂ：（　①　）植物
    - 特徴Ｃ：（　②　）植物
      例）マツ，イチョウ
    - 特徴Ｄ：（　③　）植物
      - 子葉が１枚ある：単子葉類
        例）トウモロコシ，イネ
      - 子葉が２枚ある：双子葉類
        - 特徴Ｅ：（　④　）類
          例）サクラ，アブラナ
        - 特徴Ｆ：合弁花類
          例）アサガオ，カボチャ

問１　上の図の（　①　）～（　④　）にあてはまる言葉をそれぞれ答えなさい。

問２　胞子植物と（　①　）植物に分類するときの，ＡとＢの特徴としてあてはまるものを次のア～クから１つずつ選び，記号でそれぞれ答えなさい。

ア．光合成をする　　　　イ．光合成をしない
ウ．種子をつくる　　　　エ．種子をつくらない
オ．呼吸をする　　　　　カ．呼吸をしない
キ．花の４要素（花弁，おしべ，めしべ，がく）がそろっている
ク．花の４要素（花弁，おしべ，めしべ，がく）がそろっていない

問３　（　②　）植物と（　③　）植物に分類するときの，ＣとＤの特徴をそれぞれ答えなさい。

問４　（　④　）類と合弁花類に分類するときの，ＥとＦの特徴としてあてはまるものを次のア～クから１つずつ選び，記号でそれぞれ答えなさい。

ア．１つの花におしべとめしべの両方がそろっている
イ．１つの花におしべかめしべのどちらかしかない
ウ．花粉がこん虫によって運ばれる　　　　エ．花粉が風で運ばれる
オ．花びらがくっついている　　　　　　　カ．花びらが１枚ずつはなれている
キ．種子にはい乳がある　　　　　　　　　ク．種子にはい乳がない

問５　単子葉類と双子葉類は，子葉の枚数以外に，根のつくりにも違《ちが》いがあります。

（１）単子葉類と双子葉類の根のつくりをそれぞれ答えなさい。

（２）根の部分を食用としているものを，ア～オから２つ選び，記号で答えなさい。

ア．ジャガイモ　　イ．ニンジン　　ウ．サツマイモ　　エ．タマネギ　　オ．エンドウ

問６　右の図は双子葉類の茎《くき》の断面図です。

（１）解答欄《らん》にある図の，水が通る部分を黒くぬりつぶしなさい。

（２）水が通る部分の名前を答えなさい。

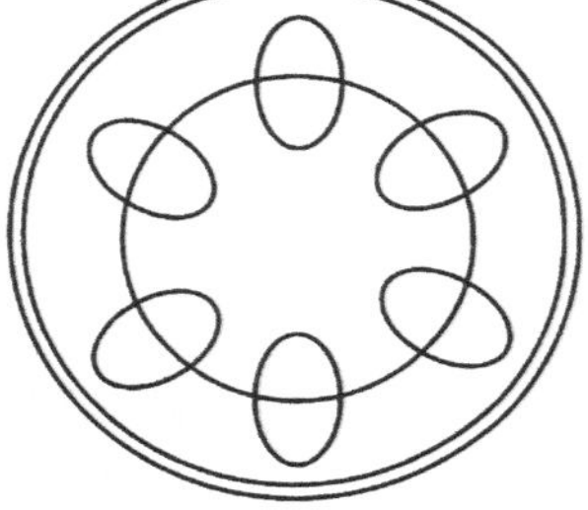

問７　根から吸収された水は，茎を通って葉に運ばれ，光合成の材料として用いられます。そして余った水は葉の気こうから水蒸気となって放出されます。気こうからは水蒸気以外に，他の気体も出入りしています。

（１）日がよく当たる昼間に気こうから放出されている主な気体を，水蒸気以外に１つ答えなさい。

（２）夜間に気こうから放出されている主な気体を，水蒸気以外に１つ答えなさい。

2 次の文を読み，次の問１～問10に答えなさい。

水素を燃焼させると（　①　）が生じ，炭素（黒鉛《こくえん》）を完全に燃焼させると（　②　）が生じ，プロパンを燃焼させると（　①　）と（　②　）が生じます。水素，炭素（黒鉛），プロパンを燃焼させると熱が発生し，水素，炭素（黒鉛），プロパンをそれぞれ１gずつ完全に燃焼させたときに発生する熱量は，次の表のようになります。

物質名	物質１gを完全に燃焼したときに発生する熱量［kcal］
水素	34
炭素（黒鉛）	7.8
プロパン	12

（注）熱を数量で表したものを熱量といいます。
kcalは熱量の単位。1 kcal ＝ 1000 cal
１gの水の温度を１℃上げるのに必要な熱量は，１calとなります。

問１　文中の（　①　）と（　②　）に当てはまる物質の名前をそれぞれ書きなさい。

問２　次のア～エの物質のうち，燃焼させたときに（　①　）と（　②　）が発生しないものを１つ選び，記号で答えなさい。

ア．スチールウール　　イ．ろうそく　　ウ．アルコール　　エ．砂糖

問３　（　②　）の気体を水に溶《と》かすと，その水溶《よう》液は酸性を示します。次のア～オの気体のうち，水に溶け，その水溶液が酸性を示すものを２つ選び，記号で答えなさい。

ア．アンモニア　　イ．窒《ちっそ》素　　ウ．塩化水素　　エ．水素　　オ．二酸化硫黄《いおう》

問４　水素10gを燃焼させると，90gの（　①　）が生じます。水素と反応した酸素は何gですか。

問５　水素40gと酸素40gを混合して，完全に燃焼させました。燃焼後，燃焼せずに余った水素は何gですか。

問６　水素１gを燃焼させたときに発生する全ての熱量を使って20℃の水500gを温めたとき，水の温度は何℃になりますか。

問７　炭素（黒鉛）20gを燃焼させたときに発生する熱量は何kcalですか。

問8　プロパンを燃焼させて，問7と同じ量の熱量を発生させるには，プロパンが何g必要ですか。

問9　炭素（黒鉛）12gを燃焼させると，44gの（　②　）が生じます。プロパン8gを燃焼させると，24gの（　②　）が生じます。炭素（黒鉛）とプロパンをそれぞれ燃焼させたとき，発生する（　②　）1gあたり，何kcalの熱量を発生しますか。割り切れない場合は，小数第2位を四捨五入して第1位まで答えなさい。

問10　（　②　）の発生する量を少なくして多くの熱量を得るには，炭素（黒鉛）とプロパンのどちらが適していますか。

3　太陽は丸い天井《てんじょう》を１日（24時間）で１周（360度）運動しているように見えます。この球形の天井に見立てたものを天球といい，太陽の位置は方位と高度で表します。観測者からは地平線より上側の天球しか見ることができません。次の問１～問７に答えなさい。

春分や秋分の日には，太陽が東の地平線を右上向きに昇り，南の空を通り，西の地平線を右下向きに沈《しず》むように動いて見えるのは，図１に示すように，地球が北極点と南極点を結ぶ線を軸《じく》として（　Ａ　）から（　Ｂ　）に向かって回転しているからです。

太陽の動きを調べるために，春分の日に東経135度・北緯《ほくい》35度の地点において，運動場に立てた棒の影《かげ》の先端《せんたん》の位置を９時から15時までの間で，１時間ごとに記録しました。その様子は図２・図３に表しています。

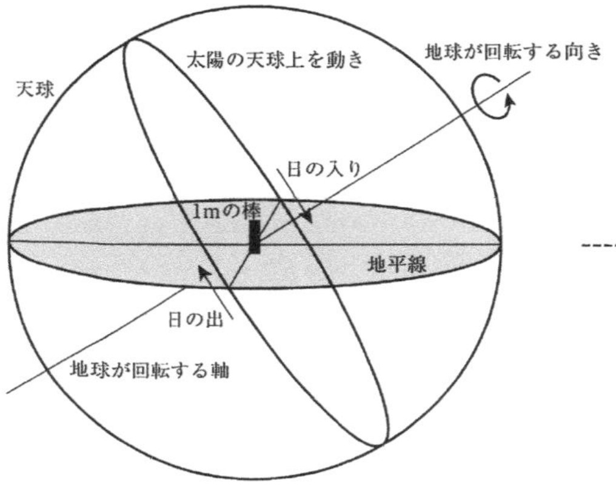

図１

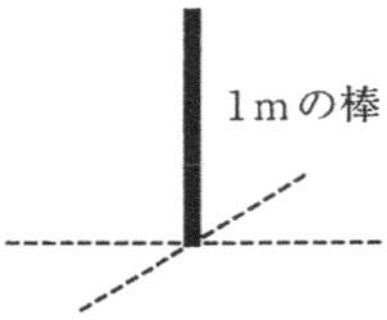

図２

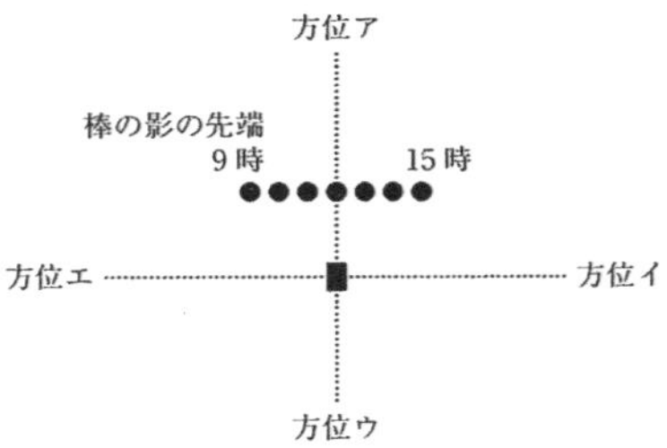

図３

問１　下線部について，地球が北極点と南極点を結ぶ軸を中心に回転する方向（　Ａ　）と（　Ｂ　）を，東西南北の４方位でそれぞれ答えなさい。

問２　図３の東と南を表しているのは，方位ア～方位エのいずれですか。ア～エの記号でそれぞれ答えなさい。

問３　図３で，９時の影の先端と棒と15時の影の先端のなす角度は何度ですか。

問４　春分の日に太陽の動きを調べた結果から推測できることについて，次の問いに答えなさい。

（１）太陽の高度が最も大きくなったのは何時ごろですか。ただし，棒の影の先端と棒の先端を結ぶ線の延長線上に太陽があると考え，棒の先端と棒の影の先端を結ぶ線と地表面とのなす角度を太陽の高度とします。

（２）（１）の時の太陽の高度は何度ですか。

〔問三〕

から。

から。

Ⅱ
記号

④
言葉

意味

⑤
言葉

意味

⑤

⑩

⑮

採点欄

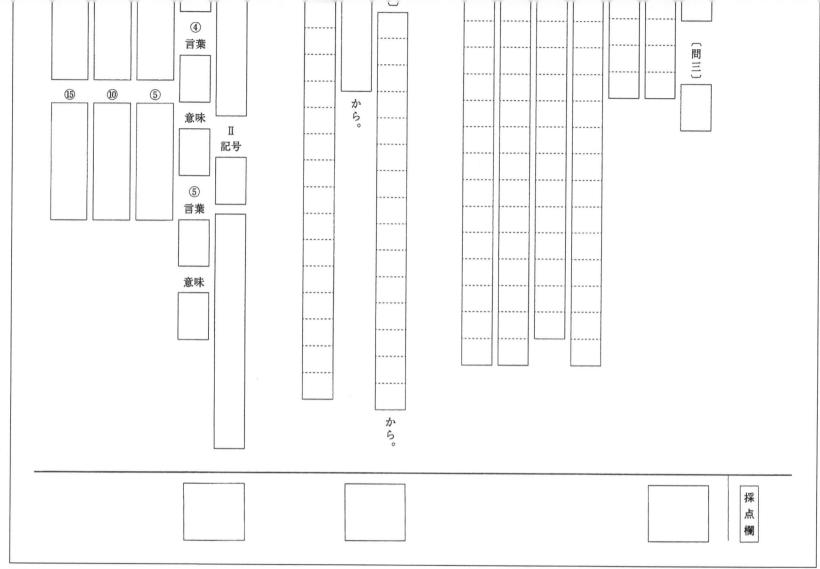

3

(1)	分速　m	(2)	分後
(3)	分後		

4

(1)		(2)	番目
(3)			

5

(1)	発	(2)	発
(3)	時　分　秒		

3	
4	
5	

3

問1　A	問1　B	問2　東	問2　南	問3
				度

問4（1）	問4（2）	問5
時	度	cm

問6（1）a	問6（1）b	問6（1）c	問6（1）d	問6（2）	問6（3）

問7　夏至	問7　冬至
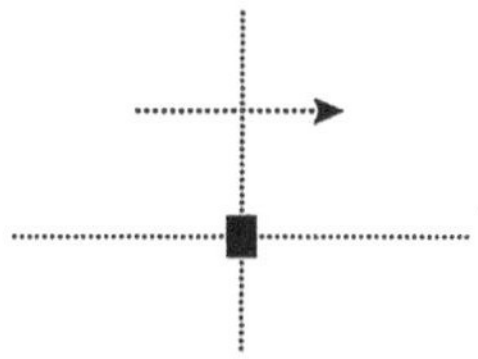	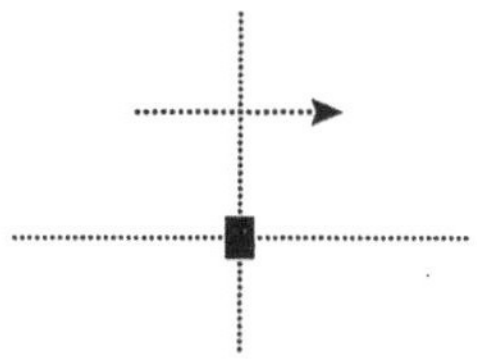

3	

4

問1	問2	問3	問4
cm		cm	

問5	問6	問7
cm		秒

問8	問9	問10
	cm	cm

4	

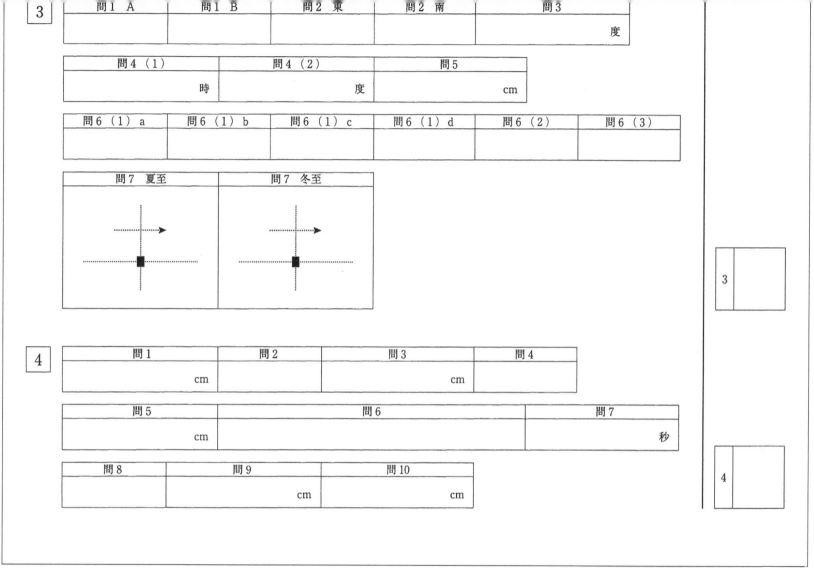

令和５年度　近畿大学附属和歌山中学校入学試験（午前）　解答用紙

理科

氏名	

受験番号		
千		⓪ ① ② ③ ④ ⑤ ⑥ ⑦ ⑧ ⑨
百		⓪ ① ② ③ ④ ⑤ ⑥ ⑦ ⑧ ⑨
十		⓪ ① ② ③ ④ ⑤ ⑥ ⑦ ⑧ ⑨
一		⓪ ① ② ③ ④ ⑤ ⑥ ⑦ ⑧ ⑨

1

問１　①	問１　②	問１　③	問１　④	問２　A	問２　B

問３　C	問３　D

問４　E	問４　F	問５（１）単子葉類	問５（１）双子葉類	問５（２）

問６（１）	問６（２）	問７（１）	問７（２）
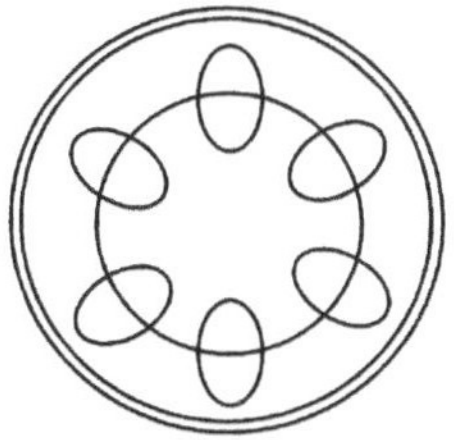			

2

問１　①	問１　②	問２	問３

問４	問５	問６	問７
g	g	℃	kcal

問８	問９　炭素（黒鉛）	問９　プロパン	問10

採点欄	
合計	
1	
2	

※100点満点
（配点非公表）

【解答

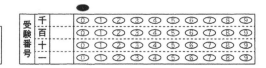

令和５年度　近畿大学附属和歌山中学校入学試験（午前）　解答用紙

算数

氏名	

受験番号		
千		⓪ ① ② ③ ④ ⑤ ⑥ ⑦ ⑧ ⑨
百		⓪ ① ② ③ ④ ⑤ ⑥ ⑦ ⑧ ⑨
十		⓪ ① ② ③ ④ ⑤ ⑥ ⑦ ⑧ ⑨
一		⓪ ① ② ③ ④ ⑤ ⑥ ⑦ ⑧ ⑨

1

(1)		(2)		(3)	
(4)		(5)		(6)	
(7)		(8)		(9)	
(10)					

2

(1)	倍	(2)	倍
(3)	通り	(4)	
(5)	（ア）　個	（イ）　個	

採点欄	
合計	
※200点満点（配点非公表）	
1	
2	

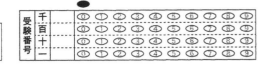

令和５年度　近畿大学附属和歌山中学校入学試験（午前）　解答用紙

国語

氏名

受験番号		
千		⓪ ① ② ③ ④ ⑤ ⑥ ⑦ ⑧ ⑨
百		⓪ ① ② ③ ④ ⑤ ⑥ ⑦ ⑧ ⑨
十		⓪ ① ② ③ ④ ⑤ ⑥ ⑦ ⑧ ⑨
一		⓪ ① ② ③ ④ ⑤ ⑥ ⑦ ⑧ ⑨

合計

※200点満点
（配点非公表）

一

〔問一〕 X Y

〔問二〕 a b

〔問四〕 1 2 3 4

〔問五〕

〔問六〕

〔問七〕 （1） （2）

〔問八〕 X Y Z

〔問九〕

二

〔問一〕 a b c

〔問二〕

〔問三〕

〔問五〕

〔問六〕

〔問七〕

〔問八〕

〔問九〕

三

〔問一〕 1 2 3

〔問二〕 I 記号

〔問三〕 ① 言葉 意味 ② 言葉 意味 ③ 言葉

〔問四〕 ① ② ③ ⑥ ⑦ ⑧ ⑪ ⑫ ⑬

【解答

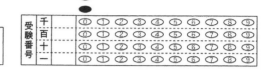

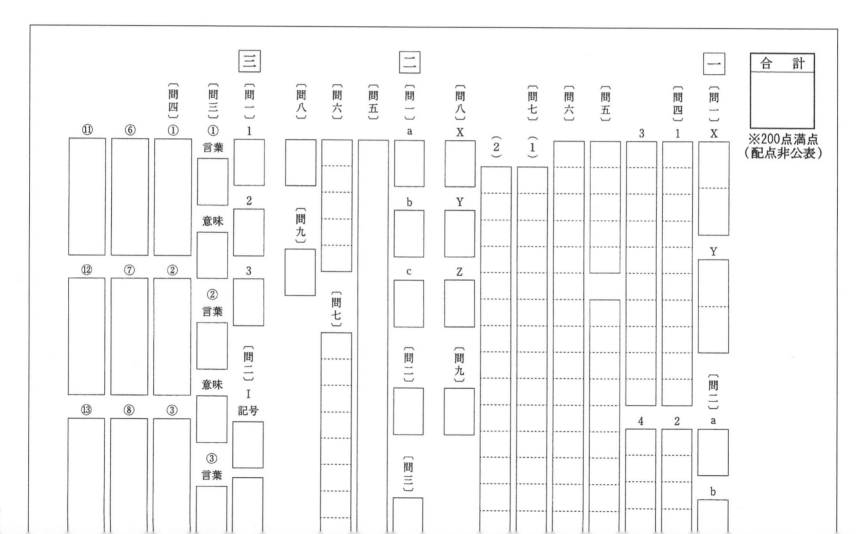

問５　春分の日の午前10時50分すぎの太陽の高度は45度でした。この時の影の長さは何cmですか。

問６　季節によって天球上の太陽の動きは変化します。夏至には，太陽が東より少し（　a　）よりの地平線を右上向きに昇り，南の空を通り，西より少し（　b　）よりの地平線を右下向きに沈むように動いて見えます。冬至には，太陽が東より少し（　c　）よりの地平線を右上向きに昇り，南の空を通り，西より少し（　d　）よりの地平線を右下向きに沈むように動いて見えます。このことについて，次の（１）～（３）に答えなさい。

（１）文中の（a）～（d）に当てはまる語句を東西南北の４方位でそれぞれ答えなさい。

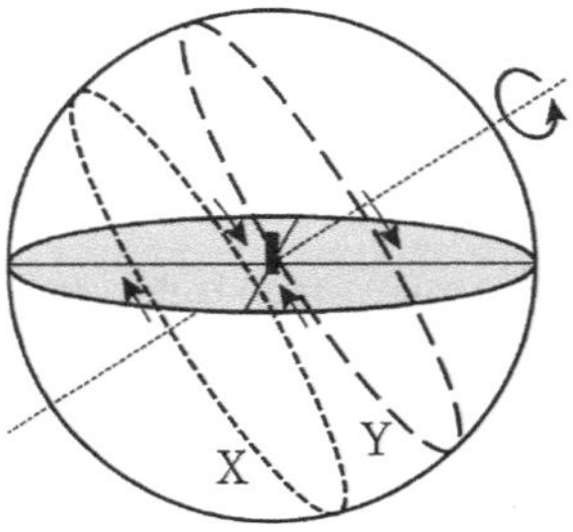

図４

（２）図４から地平線より上側の天球に太陽が動いている時間が長いのは，XとYのどちらですか。記号で答えなさい。

（３）図４から12時ごろの棒の影の長さが短いのは，XとYのどちらですか。記号で答えなさい。

問７　春分の日の９時から15時において，棒の影の先端の動きは図５の矢印（ ——→ ）のようになります。夏至や冬至において，棒の影の先端の動きはどのようになると考えられますか。それぞれ解答欄《らん》に記入しなさい。なお，解答欄の矢印（ ⋯⋯→ ）は春分の日に行ったときの棒の先端の影の動きを表しています。

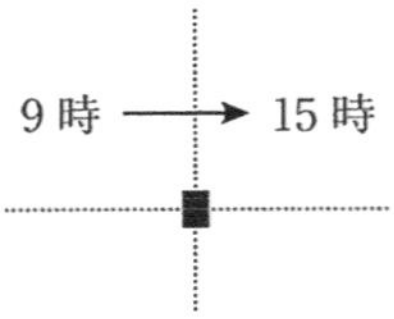

図５

4　実験1～実験4を行いました。次の問1～問10に答えなさい。ただし，おもりと斜面《しゃめん》・床《ゆか》とのまさつや，空気抵抗《ていこう》はないものとします。

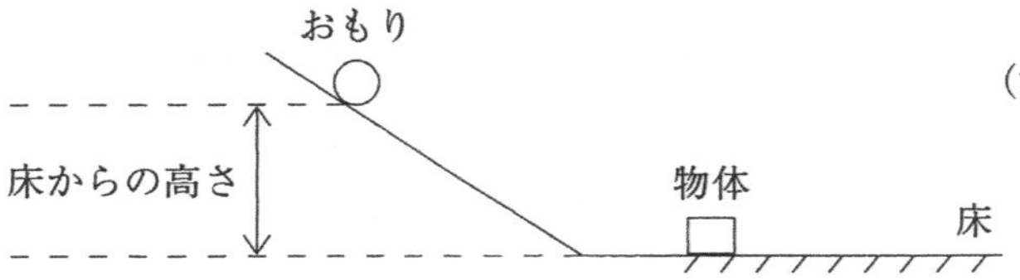

図1

（注）物体はおもりとの衝突《しょうとつ》後に，床とのまさつによりいずれ止まります。

＜実験1＞　図1のように，斜面に置いた重さ10 gのおもりを静かに転がし，床の上にある物体に衝突させました。おもりを転がす床からの高さを変えて物体に衝突させ，物体の動いた距離《きょり》をはかりました。その結果を表1にまとめました。

床からの高さ［cm］	10	20	30	40
物体の動いた距離［cm］	4	8	12	16

表1

問1　物体の動いた距離を24 cmにするには，おもりを転がす床からの高さを何cmにすればよいですか。

問2　物体に衝突する直前のおもりが最も速くなるのは，おもりを転がす床からの高さが何cmのときですか。次のア～オから最も適切なものを1つ選び，記号で答えなさい。

ア．10 cm　　イ．20 cm　　ウ．30 cm　　エ．40 cm　　オ．どれも同じ

＜実験2＞　おもりを転がす床からの高さを20 cmとして，おもりの重さを変えて物体に衝突させました。そして，衝突後の物体の動いた距離を表2にまとめました。

おもりの重さ［g］	10	20	30	40
物体の動いた距離［cm］	8	32	72	128

表2

問3　重さ50 gのおもりを転がしたとき，物体の動いた距離は何cmですか。

問4　物体に衝突する直前のおもりが最も速くなるのは，おもりの重さが何gのときですか。次のア～オから最も適切なものを1つ選び，記号で答えなさい。

ア．10 g　　イ．20 g　　ウ．30 g　　エ．40 g　　オ．どれも同じ

問5　重さ20 gのおもりを高さ30 cmから転がしたとき，物体の動いた距離は何cmですか。

＜実験３＞　図２のように，おもりをはなす床からの高さを 20 cm にして，重さ 20 g のおもりをつけたふりこを用い，うでの長さ変えて，10 往復する時間をはかりました。その結果を表３にまとめました。

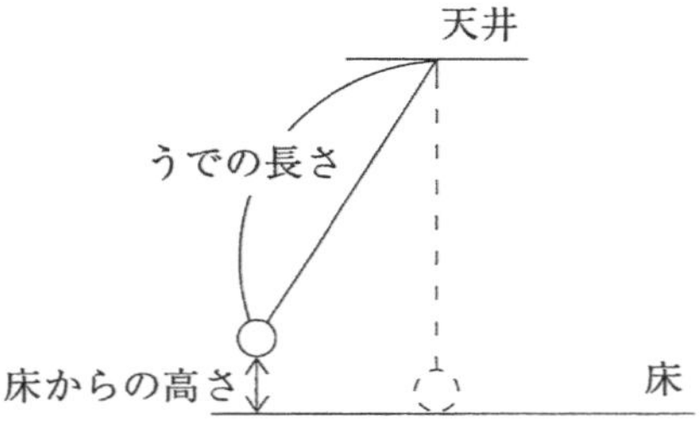

図２

うでの長さ［cm］	10	40	90	160
10 往復の時間［秒］	6	12	18	24

表３

問６　ふりこが１往復する時間をはからずに，10 往復する時間をはかる理由は何ですか。

問７　うでの長さが 250 cm のとき，ふりこが１往復する時間は何秒ですか。

問８　高さ 10 cm のところからおもりをはなしました。おもりが最も下の位置を通過したときに最も速くなるのは，ふりこのうでの長さが何 cm のときですか。次のア～オから最も適切なものを１つ選び，記号で答えなさい。

ア．10 cm　　イ．40 cm　　ウ．90 cm　　エ．160 cm　　オ．どれも同じ

＜実験４＞　図３のように，実験２のおもりを用い，うでの長さが 100 cm のふりこを用意しました。床からの高さを変えておもりを静かにはなし，おもりがふりこの最も下の位置になるところで物体に衝突させました。床から 20 cm の高さで重さ 20 g のおもりをはなすと，物体は 32 cm 動きました。ただし，衝突させる物体は実験１・２と同じものを用いました。

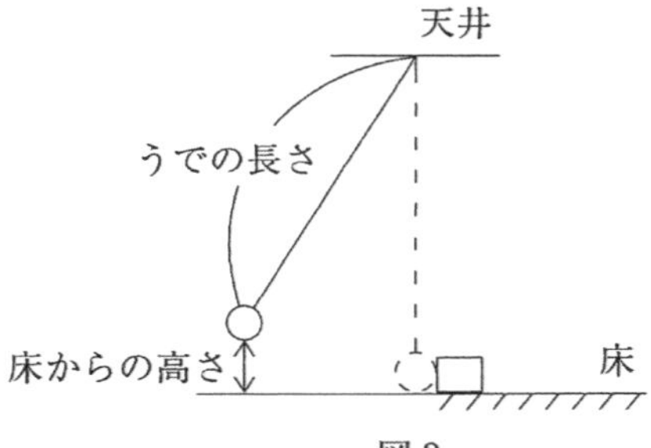

図３

（注）物体はおもりとの衝突後に，床とのまさつによりいずれ止まります。

問９　床から 30 cm の高さで重さ 10 g のおもりをはなしたとき，物体の動いた距離は何 cm ですか。

問10　ふりこのうでの長さを 150 cm にして，床から 20 cm の高さで重さ 20 g のおもりをはなしたとき，物体の動いた距離は何 cm ですか。

（4） 記号★は次の規則によって計算されます。

$(a \bigstar b) = (a + b) \div (a \div b)$

たとえば，$(4 \bigstar 2) = (4 + 2) \div (4 \div 2) = 3$ です。このとき $(3 \bigstar 9) \div (5 \bigstar 4)$ を計算しなさい。

（5） 図のように 1 辺の長さが 3 cm である正方形に，1 cm ごとに直線が縦と横に引いた紙がある。

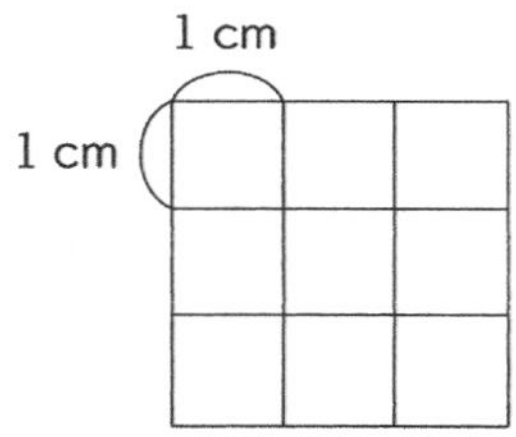

（ア） 1 辺が 2 cm である正方形は全部で何個ありますか。

（イ） この図の中にふくまれる正方形は全部で何個ありますか。

3　A 地点と B 地点は 2400 m はなれています。たろう君は歩いて A 地点を出発して，途中 2 回の休みをとりながら B 地点に向かいました。1 回目と 2 回目の休む時間は同じで，歩く速さも一定です。また B 地点にいるけんた君は途中 1 回の休みをとりながら歩いて A 地点に向かいました。けんた君の歩く速さは常に一定で，その速さはたろう君の歩く速さの 1.25 倍です。また，けんた君の休んだ時間はたろう君の休んだ時間の合計の 0.65 倍です。たろう君が最初 A 地点を出発して，その後しばらくしてからけんた君が B 地点を出発しました。2 人がそれぞれの地点を出発してから到着するまでの時間と位置の関係を表したものが下のグラフです。

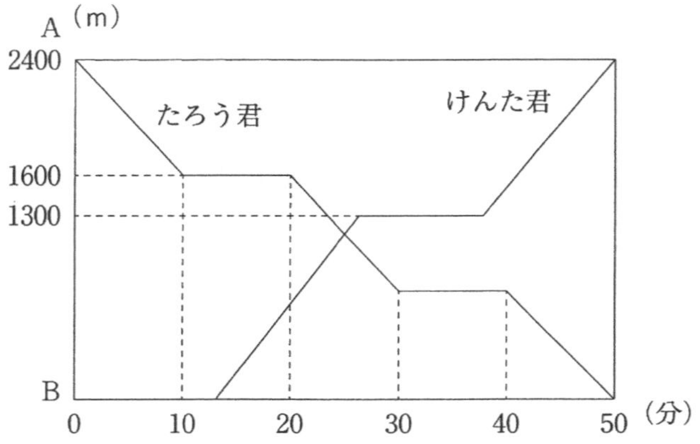

（1）　たろう君の歩く速さは分速何 m ですか。

（2）　けんた君が出発した時間はたろう君が出発してから何分後ですか。

（3）　たろう君とけんた君が初めて出会うのはたろう君が A 地点を出発してから何分後ですか。

4 下のように，ある規則にしたがって整数が並んでいます。

1，2，2，1，1，2，3，3，2，1，1，2，3，4，4，3，2，1，1，…

（1） 最初から数えて 23 番目の数は何ですか。

（2） 10 という数が初めて現れるのは，最初から数えて何番目ですか。

（3） 最初から 100 番目までの数の和は何ですか。

5 花火を打ち上げる装置 A，B，C，D，E，F，G があります。それぞれの装置は次の表にしたがって花火を 1 発ずつ打ち上げます。

装置	打ち上げ開始時刻	打ち上げるかんかく
A	午後 8 時 00 分 10 秒	10 秒
B	午後 8 時 00 分 08 秒	8 秒
C	午後 8 時 00 分 06 秒	6 秒
D	午後 8 時 30 分 05 秒	5 秒
E	午後 8 時 30 分 04 秒	4 秒
F	午後 8 時 30 分 03 秒	3 秒
G	午後 8 時 12 分 12 秒	12 秒

これらの装置を使って，花火大会を 3 日間行います。また 3 日とも最初は装置 A，B，C を使って午後 8 時に始めることにします。このとき，次の問いに答えなさい。

（1） 1 日目は午後 8 時 10 分まで花火大会を行いました。このとき，午後 8 時 10 分までの間にすべての装置で合計何発の花火が打ち上げられましたか。

（2） 2 日目は花火大会が始まってから午後 8 時 30 分までの間は装置 A，B，C を使って花火を打ち上げました。その後，午後 8 時 30 分からは装置 A，B，C を装置 D，E，F に交換して午後 8 時 40 分まで打ち上げました。このとき，花火大会が始まってから午後 8 時 40 分までの間にすべての装置で合計何発の花火が打ち上げられましたか。

（3） 3 日目は花火大会が始まってから午後 8 時 10 分までは装置 A，B，C を使って打ち上げていましたが，装置 C が午後 8 時 10 分の花火を打ち上げた直後に故障したため，午後 8 時 10 分から午後 8 時 12 分までは装置 A と B で花火を打ち上げました。そして午後 8 時 12 分からは，装置 A，B，G で花火を打ち上げました。このとき，花火大会が始まってから 500 発目の花火が打ち上がる時間は何時何分何秒ですか。

熱性けいれんという言葉を、由紀は聞いたことがないか?

読んで字のごとく、風邪《かぜ》や突発性発疹《とっぱつせいほっしん》で高い熱が出たときに起きるけいれんだ。一歳《さい》前後の乳幼児にはよくある症状《しょうじょう》で、命や後遺症《こういしょう》の心配はまずない。

パパもママも育児書を読んで知っていた。症状の出方も対処方法も、よくわかっていたはずなのに、忘れた。声を裏返らせて救急車を呼び、住所の番地を二度も言い間違えた。

④それが現実だ。

計算やシュミレーションや、想像や、期待どおりにはなにごとも運ばない。

雨の日に保育園に送り迎《むか》えするときにはベビーカーが使えず、片手に傘《かさ》を差し、片手に由紀を抱《だ》いて駅から歩かなければいけない。頭では理解していても、抱っこした幼児の、おとなよりずっと高い体温は、実際に雨の日に歩いてみないとわからない。駅からほんの数分の道のりなのに、熱のかたまりのような由紀を抱いていると、あっという間に汗《あせ》ばんでしまう。由紀の吐《は》き出す息の湿《しめ》り気が喉元《のどもと》にまとわりついて蒸《む》れてしまう。それが現実なのだ。赤ちゃんを抱いているお母さんが電車の中で立っていれば、パパなら当然のように席を譲る。しかし、そうでないひともいる。こんな夕方のラッシュアワーに赤ん坊《ぼう》なんか抱いて乗ってくるな、と言いたげににらんでくるひとまでいる。それが現実なのだ。そして、パパもママも、もちろん由紀も、家族三人にこやかに笑う生命保険のコマーシャルの世界で生きているわけではない。現実の中で生きている。現実の中でしか生きられない。それがどうしても嫌だというのなら——その先は、由紀にもわかるよな?

現実の中で、夜は更《ふ》けていった。

現実の中で、都心に向かう終電は出てしまった。

救急病院から由紀を連れてタクシーで帰宅したときには、もう日付はとうに変わっていた。

由紀のけいれんは救急車を待っているうちにおさまった。救急病院の先生も「熱性けいれんでしょう、心配要《い》りませんよ」と笑って言ってくれた。ただし、「もしも今夜のうちに二度三度とけいれんが起きるようなら重い病気かもしれないので、その場合はすぐにまた連れてきてください」とも言われた。

「わたし、どうせ朝まで起きてるから、由紀のことも看《み》るよ」

ママは言った。会社に戻る電車がなくなって、逆に気持ちを切り替えることができたのだろう、cさばさばした口調だった。

「いいよ、俺《おれ》が起きてる。明日は休みをとるから」

どっちにしても明日は由紀を保育園へは行かせられない。パパとママのどちらかが会社を休んで、由紀と一緒にいるしかない。

「せめて早く寝て、体調を万全《ばんぜん》にしてから、明日の会議に出ろよ」——パパにできる協力は、それくらいのものだから。

ママも素直に「ありがとう」と笑った。「でも、家でやれる準備もあるから」——笑いながら言われたら、もう、それをやめさせる権利はパパにはない。

交互《こうご》に仮眠《かみん》をとることにした。最初はパパが三時間ほど眠《ねむ》って、明け方にママと交代する約束だった。

「じゃあ、四時に起こすからね」

「もっと早くてもいいぞ」

「うん、でも、それくらいまでかかっちゃうと思うから」

　ママは寝室の小さな机で仕事をしながら、ベビーベッドの由紀に付き添《そ》った。パパは、将来は由紀の子ども部屋にするつもりの洋室に布団《ふとん》を敷《し》いた。約束は四時でも、なるべく早く起きてママの仕事の進み具合しだいでは、少しでも早く寝させてやりたかった。

（重松清《しげまつきよし》『ツバメ記念日』文藝春秋刊による）

〔問一〕 ═══線部a「せわしなく」b「懇願」c「さばさばした」の意味として最も適当なものを、次のア～エの中からそれぞれ選びなさい。

a「せわしなく」

ア　あせりながらもていねいに
イ　順序よく何度もくり返して
ウ　いそがしそうに落ち着きなく
エ　乱暴な言葉づかいで大げさに

b「懇願」

ア　心をこめて頼むこと
イ　冷静に要求すること
ウ　強引《ごういん》に押しつけること
エ　神仏にお祈《いの》りすること

c「さばさばした」

ア　自信に満ちて重々しい
イ　力を落として弱々しい
ウ　ふてくされて不満げな
エ　心が晴れてさわやかな

〔問二〕 二か所の□に共通して入る、身体の一部を表す言葉を、漢字で答えなさい。

〔問三〕 □に入る最も適当な言葉を、次のア～エの中からそれぞれ選びなさい。

ア　一所懸命《けんめい》　　イ　一喜一憂《いちゆう》　　ウ　一日千秋　　エ　一部始終

〔問四〕　――線部①「なんでベビーシッターさんを頼まなかったの？」とありますが、「パパ」はどうしてだと考えていますか。その理由に当たる部分を、解答欄《らん》に合うように文中から十五字以内で抜き出しなさい。

（　　　　　）から。

〔問五〕　――線部②「ママに『行くな』と言ったのだ」とありますが、その理由として「由紀の看病《かんびょう》をしてほしいから。」以外に考えられることを、解答欄《らん》に合うように答えなさい。

（　　　　　）から。

〔問六〕　――線部③「パパもママも大あわてで」とありますが、その様子が具体的に述べられた一文の、最初の五字を抜き出しなさい。

〔問七〕　――線部④「それが現実だ」とありますが、「現実」と対照的な内容を示す表現を、文中から二十五字で抜き出しなさい。

〔問八〕　本文の内容に合うものを、次のア～エの中から一つ選びなさい。

ア　「パパ」のせいでこの日仕事に戻れなかったことを、「ママ」は内心でずっと不快に感じていた。

イ　由紀は赤ちゃんのころから知能が高く、困ったときは人形を揺すって「ママ」を呼び寄せた。

ウ　「パパ」と「ママ」がこれまで精一杯がんばってきたその努力が報われ、由紀の熱が下がった。

エ　由紀の熱性けいれんがおさまり、「パパ」と「ママ」の気まずい雰囲気《ふんいき》もいったん落ち着いた。

〔問九〕 本文の表現の説明として最も適当なものを、次のア～エの中から選びなさい。

ア 父親が、成長した娘に語りかける形式で、赤ちゃんを育てる最中の夫婦の様子を描《えが》いている。

イ 父親と母親のそれぞれの視点に立って、思いやりながらもすれ違う夫婦の様子を描いている。

ウ 風景と会話の描写《びょうしゃ》をていねいにすることで、夫婦それぞれの心情を読者に想像させている。

エ 父親と母親の心情を交互に描くことで、夫婦が理解し合う難しさを、読者に想像させている。

三　〔問一〕～〔問四〕に答えなさい。

〔問一〕　次の会話の（　１　）～（　３　）に入る最も適当な言葉を、後のア～クの中からそれぞれ選び、記号で答えなさい。ただし、記号は一度しか使えません。

［友人を待つ二人の会話］

ハルさん　「アキさん来ないね。」
ナツさん　「もうすぐ約束の時間だけど、忘れてしまったのかな。」
ハルさん　「アキさんに限って、（　１　）そんなことはないはずだよ。」
ナツさん　「そうだよね。アキさんは、（　２　）時間におくれることはないからね。」
ハルさん　「道に迷っているのかな……。もう少し待ってみようか。」
ナツさん　「（　３　）約束の時間に来なかったら、電話してみよう。」

ア　なぜ　　イ　まさか　　ウ　ひたすら　　エ　どうぞ　　オ　やっと
カ　やや　　キ　もし　　ク　めったに

〔問二〕　次のⅠ・Ⅱの――線部ア～エの中から、言葉の使い方が適切で**ない**ものをそれぞれ一つ選び、正しく書き直しなさい。

Ⅰ［卒業生から母校の先生への手紙］

先生はお変わりなくアお過ごしでしょうか。先生からイもらったお手紙は、今でも大切に保管し、時折読み返しております。その度《たび》に、あのころはウ分からなかったけれど、先生からは勉強だけでなくもっと大切なことを教わったのだ、と実感する日々をエ過ごしております。

Ⅱ［書店でのやりとり］

客　　「『海の宝物』という本をア探しているのですが、どちらにありますか。」
店員　「お調べします。作者のイ名前はご存じですか。」
客　　「それが分からなくて。本の題名はウ調べれたのですが。」
店員　「検索《けんさく》してみると『海の宝物』という題名の本は、小説で単行本と文庫本、写真集、エこの三種類ございます。」

〔問三〕 次の①～⑤につながる言葉を後のア～オの中から、その意味として最も適当なものをA～Eの中から、それぞれ選びなさい。

① あぶ蜂《はち》　② 勝ってかぶとの　③ 明日は明日の　④ 雨だれ　⑤ 氏《うじ》より

ア 緒《お》を締《し》めよ
イ 風が吹く
ウ 育ち
エ 取らず
オ 石をうがつ

A どんなことでも根気よく続ければ成功する。
B 同時にしようとして、どちらもだめになる。
C 成功したからといって油断してはいけない。
D 人は血筋より環境に影響《えいきょう》されるところが多い。
E 先々のことをあれこれ思いなやむことはない。

〔問四〕 次の①～⑮の――線部のカタカナを漢字に直しなさい。

① ビルをケンセツする。
② 工場から発送されたセイヒンが届く。
③ タンポポがワタゲを飛ばす。
④ エンギのじょうずな子役がいる。
⑤ ホウフな知識を身につける。
⑥ キャンプで固形ネンリョウを使う。
⑦ アンショウ番号を忘れてあわてる。
⑧ 客の興味のタイショウを調べる。
⑨ 日本列島をジュウダンする。
⑩ 運動会でコウキを持って先頭に立つ。
⑪ 大臣の発言が注目をアびる。
⑫ 木の葉が赤みをオびてきた。
⑬ 紙でていねいにツツむ。
⑭ 正しい姿勢でラケットをカマえる。
⑮ 用事をスませて帰る。

近畿大学附属和歌山中学校

令和四年度

近畿大学附属和歌山中学校入学試験問題（午前）

国　語

（60分）

注意事項

一、「はじめ」の合図があるまで開いてはいけません。

二、解答用紙の決められたわく内に受験番号を算用数字で記入し、その番号の◯をぬりつぶしなさい。

三、解答は必ず解答用紙の決められたところに記入しなさい。

四、試験が終わったら問題用紙を持って帰りなさい。

（例）

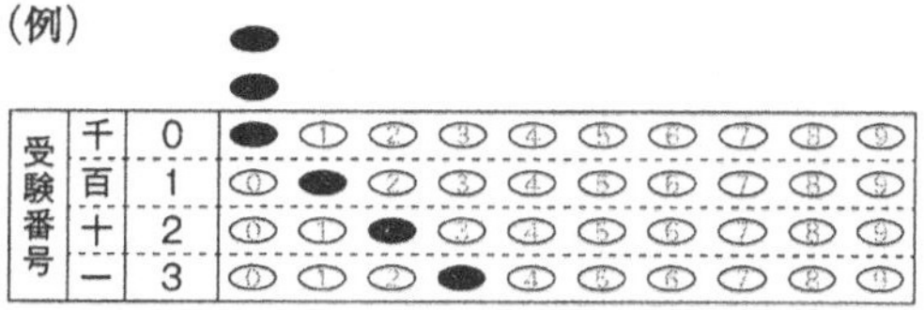

一　次の文章を読んで、後の〔問一〕～〔問九〕に答えなさい。ただし、字数制限のある問題は、句読点や括弧《かっこ》なども全て一字に数えます。

きのう、家族旅行から帰ってきました。おみやげをたくさん買ってきましたが、いつもお世話になっているおとなりの人にも、お菓子《かし》を買ってきました。そのお菓子はとても有名なお菓子で、あまくておいしいし、ねだんもけっこう高いのです。これを母がおとなりに持っていきました。そのとき母はこう言いました。

「あの、これ、Ⅰたいへんつまらないものですけれど、ほんのお口よごしにどうぞ」

母はこのお菓子が、有名でおいしくて、ねだんが高いということを知っています。それでも「たいへんつまらないもの」と言ったのです。「ほんのお口よごしに」というのは、くわしく説明すると、「じっくり味わったりするようなごちそうではなくて、口をよごす程度の量のまずいものです」ということです。①母はどうしてこんな言い方をするのでしょうか。わざとウソをついたのでしょうか。

今日、となりの奥《おく》さんと道で会いました。するととなりの奥さんはこんなあいさつをしてくれました。

「昨日は、Ⅱたいへんけっこうなお品をありがとうございました。家族全員でさっそくおいしくいただきました」

ちょっと皮肉な話ですが、私はとなりのご主人があまいものがにがてなのを知っています。だから、「家族全員でおいしくいただいた」というのは、明らかにウソです。それでも、となりの奥さんはにこにこしていて、とてもウソをついているというふうには見えませんでした。

外国人が日本人のこういう会話を聞いてふしぎに思うことは、どうしてこんなにすぐわかるようなウソを、おたがいにつくのだろうかということだそうです。おいしいとわかっているものを「つまらないもの」と言い、きらいなのに「おいしかった」と言うのは、たしかに正直ではありません。②なぜ、正直に言わないのでしょう。とてもふしぎです。

「これはとても有名でおいしいお菓子なんです。ねだんもけっこう高かったんです。でも、あなたのためにとくべつに買ってきてあげました」

「きのういただいたお菓子、私はとてもおいしいと思ったんですけれど、主人があまいものがきらいなので、あまり食べませんでした」

正直に言うとこうなりますね。正直に言わない場合と、正直に言った場合とで、どこがちがうのでしょうか。

結局それは、言う側の気持ちではなく、言われる側の気持ちがちがうのです。言う側は正直に言うほうがすっきりするかもしれません。ほんとうに高いお金を出して買ったものなら、「高かったんです」と言ったほうが、自分の気持ちとしてはすっきりするでしょう。

（　A　）、③言われたほうはどうでしょう。「そんなに高いものを悪いなあ」と思うんじゃないでしょうか。「お返しをしないといけないかもしれない」と思うかもしれません。それから「きらいだから食べませんでした」と言われたら、せっかく相手のために買ってきてあげたのにとがっかりするでしょう。（　Ｂ　）、よけいなことをしなければよかったと、おみやげを買ってきたこと自体をこうかいしてしまうかもしれません。（　Ｃ　）、つぎからはまずおみやげを買ってこなくなります。用がないかぎり気軽に口をきく機会もへってしまうでしょう。悪くすると、おとなりの家とはこれから先、あまりつきあいをしなくなってしまうかもしれません。

　ほんとうのことを言ったために、相手を傷つけたり、それから先のつきあいがとだえてしまったりするのはとても残念です。（　Ｄ　）、たとえウソをついても、相手の気持ちを思いやって、相手の負担にならないように、相手がこうかいしないようにと心をくばり、これから先もなかよくつきあいをつづけていかれたほうがよいでしょう。きっと、私たちの先祖《せんぞ》はこんなふうに考えて、「つまらないもの」などという言い方を発明してきたのだと思います。

　相手のことをとてもよく知っている場合には、正直に言ったからといって、それから先のつきあいがとだえてしまうなどということはないかもしれません。でも、相手のことをあまりよく知らなかったり、相手がおこらせたらまずい目上のえらい人だったりした場合には、とくにこれから先のつきあいをつづけていかれるかどうかということには、心をくばらなければなりません。相手をおこらせないためには、相手に敬意を表して持ちあげておくのがいちばんです。その反対に、自分のことはけんそんして下げておけば、まちがいがありません。

　相手に関するものごとはすばらしいと持ちあげて表現し、自分に関するものごとはつまらないダメなものとけんそんして言うのは、じつは日本語の敬語の大きな原則の一つになっているのです。敬語の中の「尊敬語」というのは、相手側のものごとや行動をすばらしいと持ちあげて言う表現ですし、「けんじょう語」というのは、自分側のものごとや行動をぜんぜんダメだとけんそんして言う表現のことです。

　あまり親しくない人と話をするときはもちろん、とくにそういう人に手紙を書くときには、相手のことをほめることばと自分のことをけんそんすることばが決まっていて、そのことばをつかうことによって、自動的に敬意を相手に伝えることができるようになっています。

（中略）

「粗《そ》」は質が悪いという意味で、④「粗品《そしな》」は質の悪い品物という意味です。「弊《へい》」はやぶれてボロボロになっているという意味で、⑤「弊屋《へいおく》」はやぶれてボロボロの家という意味です。ピッカピカの新築の家でも、とてもえらい人への手紙で「自分の家へ来てください」というときには、

「お近くへおいでの節《せつ》は、ぜひ弊屋へお立ちよりいただきたく、……」

などと書くのです。

　なんだかわざとらしい感じもしますね。じっさい、親しい人の間では、こういう形式的なウソは［　　　］でいやだと感じる人も多いので、正直に、

「すごい豪華《ごうか》な家を建てたから、今度ぜひ、遊びに来てね」

と書きます。これは⑥アメリカ人の表し方と同じだといえるでしょう。

　アメリカ人にとって自分がいちばんおいしいと思うのは、母親のつくったものだそうです。それで、お菓子をあげるときには、

「これ、うちのママがうでによりをかけてつくったんです。とってもおいしいですから、あなたもきっと好きになりますよ」

というそうです。けんそんなどしないで、はっきり、

「うちのママのつくったクッキーは世界一おいしいんです」

というのです。そうやって、相手のために心をこめて働いたということをことばで表すのが、アメリカ人の思いやりの気持ちの表し方なのです。

　逆にいえば、もしそのクッキーが相手の人にとってまずかったとしたらどうしよう、と考えるのが日本人なのですね。まずいクッキーをじまんしたりしたらはずかしい。バカにされるのもくやしい。相手の人が悪いと思ったらこまる。そんなふうに、相手のことをいろいろ先回りして考えて、そしていちばんまちがいのない方法として日本人が選んだのが、相手側のものごとを持ちあげて表現し、自分側のものごとをけんそんして下げて表現する方法だったのではないでしょうか。

　だから、みんながわかっている当たり前のことであっても、いちいちことばに出して、ほんとうのことを言いません。みんながわかっているからこそ、相手側のものごとはすばらしいとほめ、自分側のものごとはぜんぜんダメだとけんそんすることによって、相手への敬意を表そうとしたのでしょう。

　お母さんのわざとらしいウソの中を探検してみたら、こんな思いやりの気持ちがかくれていたのですね。

（浅田秀子《ひでこ》『日本語にはどうして敬語が多いの？』による）

〔問一〕 文中の――線部①「母はどうしてこんな言い方をするのでしょうか」とありますが、「母」が「こんな言い方」をする理由として最も適当なものを、次のア～エの中から選び、記号で答えなさい。

ア　相手が「お返し」をしやすいように、高価なものではないと印象づけようとしたから。

イ　正直に言うことは相手を傷つけることになり、それは日本人として恥《は》ずべきことだから。

ウ　となりのご主人にとってあまいものはつまらないだろう、という同情の気持ちから。

エ　本当のことを言って相手がいやな思いをしないように、という思いやりの気持ちから。

〔問二〕 文中の――線部②「なぜ、正直に言わないのでしょう」とありますが、「正直に言」うとどうなると筆者は考えていますか。解答欄《らん》に合う形で本文から探し、三十字程度で抜《ぬ》き出して答えなさい。

〔問三〕 文中の～～線部Ⅰ「たいへんつまらないもの」・Ⅱ「たいへんけっこうなお品」について、

（1） これらの表現は「尊敬語」ですか、それとも「けんじょう語」ですか。それぞれ答えなさい。

（2） また、「尊敬語」と「けんじょう語」はそれぞれどのような表現だと言えますか。本文から探し、それぞれ三十字以内で抜き出して答えなさい。

〔問四〕 文中の（　A　）～（　D　）に入る語の組み合わせとして最も適当なものを、次のア～エの中から選び、記号で答えなさい。

ア　A　でも　　B　なぜなら　　C　そして　　D　それならば

イ　A　でも　　B　そして　　C　そうすると　　D　それならば

ウ　A　そうすると　　B　そして　　C　したがって　　D　つまり

エ　A　そして　　B　でも　　C　そのうえ　　D　なぜなら

〔問五〕　文中の ―― 線部③「言われたほうはどうでしょう」の「れ」と同じ使い方をしているものを、次のア〜エの中から一つ選び、記号で答えなさい。

ア　気の毒に思われてならない。
イ　先生が家庭訪問に来られた。
ウ　運動場が水浸《みずびた》しで、走れなかった。
エ　市役所の場所を聞かれたので、案内した。

〔問六〕　文中の ―― 線部④「粗品」・⑤「弊屋」は相手に対する敬意の伝え方が同じ言葉です。これらと敬意の伝え方が同じ言葉を、次のア〜カの中から二つ選び、記号で答えなさい。

ア　佳品《かひん》
イ　御礼《おれい》
ウ　拝見
エ　貴君
オ　薄謝《はくしゃ》
カ　貧者

〔問七〕　文中の □ に入る四字熟語として最も適当なものを、次のア〜エの中から選び、記号で答えなさい。

ア　他人行儀《たにんぎょうぎ》
イ　八方美人
ウ　優柔不断《ゆうじゅうふだん》
エ　以心伝心

〔問八〕　文中の ―― 線部⑥「アメリカ人の表し方」とありますが、それはどのような表し方ですか。本文の言葉を用いて、四十字以内で答えなさい。

〔問九〕　この文章に次のような題名をつけました。（　ｉ　）（　ⅱ　）に反対の意味の漢字を一字ずつ入れて、題名を完成させなさい。

「相手を（　ｉ　）に、自分を（　ⅱ　）に」

二　次の文章を読んで、後の〔問一〕～〔問十〕に答えなさい。ただし、字数制限のある問題は、句読点や括弧《かっこ》なども全て一字に数えます。

明良《あきら》がキャプテンをつとめるバスケットボール部に強豪《きょうごう》校から転校してきた小杉《こすぎ》が入部した。コーチが明良と小杉だけを熱心に指導し、他の部員を軽くあつかうことに対して部員の吉田《よしだ》が怒《いか》りを爆発《ばくはつ》させる。

怒りがおさまって、吉田がようやく落ち着きをとりもどしたところだった。

メンバーは、一年もふくめて全員が吉田を囲むようにして座り込《こ》んでいた。そうすることで、吉田の気持ちを理解しているという意思表示をしているつもりらしかった。

そんな①友情ごっこにつきあいながら、明良はあきれるのを通り越して、怒りに近い感情を胸でくすぶらせていた。

もちろん、コーチの態度はよくない。だけど、そんな態度をとらせているのが自分たちだと、どうしてだれも気づかないのか。どうしても勝ちたい、だから徹底《てってい》的にしごいてくださいという態度でのぞめば、コーチだって本気で指導してくれるはずなのだ。コーチの態度がくやしかったら、キレるんじゃなくて、プレイで見返してやればいいのに、どうしてだれもそういう発想をしないのか。

「小杉く～ん、帰るのかよぉ」

ひとり体育館をでていこうとする小杉に、和田が　A　声をあげる。

「あのコーチ、小杉くんのために、呼ばれてるんだけどなぁ。オレたちだけなら、コーチはこなかったわけだしさぁ」

谷口が、大声でぼやいてみせる。だけど小杉は、なにもいわずにそのまま体育館をでていってしまった。

「あら、いっちゃったわ」

久野が場をなごませようとするかのように、　B　声をあげたけど、そのあと全員が不満そうなため息をついているのを見て、明良はだれよりも深くため息をついた。

どうして、小杉がきたことを、チャンスだと思わない？　どうして。小杉のおかげでバスケを知りつくしているコーチがきてくれたと思わない？

愛想をつかされて当然だと思った。小杉が、こんな生ぬるい友情ごっこにつきあうわけないのだ。

「なんだよ、あいつ……」

しかし吉田は、ため息程度ではおさまらなかった。

「調子にのってんじゃねーよ」

やっと静まった怒りに再び火がついたかと、一瞬《いっしゅん》みんなに緊張《きんちょう》が走る。

「いいよ、放っておこうよ」

すると、真野が［C］声でいった。そして、吉田の肩《かた》に手を置くと、顔をのぞきこんで続けた。

「仲間割れしたって、いいことないだろ？」

あきれるでもなく、怒るでもない真野の言葉に、だれもがホッとしているのがわかった。

そんな真野の気持ちにこたえるように、吉田はそれ以上なにもいわなかった。うつむいて、クッとくちびるをかんで、怒りをおさえている。だけど、今度は和田の我慢《がまん》がきかなかった。

「あれが、仲間なのかなぁ」

もう、限界だった。

こんな友情ごっこに、つきあってられるか！

明良は、おもわず立ち上がった。

「後藤《ごとう》？」

真野が、心配そうに明良を見上げる。

「てめえら、いい加減にしろよ！　悪いのは、おまえらじゃないか。やる気がないなら、強くなりたいと思わないなら、バスケ部なんてやめろ！　雑魚《ざこ》のくせに、真剣《しんけん》にやりたいオレや小杉の邪魔《じゃま》すんじゃねーよ！」

②とっさに浮かんだ本音は、だけど、声にはならなかった。

そして気がつくと、明良は［D］口調でこういっていた。

「オレ、ちょっと、小杉と話してみるよ」

急ぎ足で歩きだす自分を、みんなが目で追いかけているのがわかった。だけど明良は、③本音を見やぶられていないか不安で、だれとも目をあわせることができなかった。

「キャプテン、よろしく！」

体育館をでるとき、唯一《ゆいいつ》真野が、声をかけてくれた。ちらりと見ると、期待に満ちた目で手を上げている。明良は小さくうなずくとかけだした。

心臓がばくばくしていた。

おもわずキレそうになった自分にどぎまぎしていた。あんなことといったら、今までうまくやってきた努力が、水の泡《あわ》だ。

明良は歩調をゆるめると、しみじみと安堵《あんど》のため息をついた。

しかし、もう、我慢の限界がきていることもわかっていた。

だって、本当なら自分は小杉側の人間なのだ。

コーチに選ばれた、大きな可能性を秘《ひ》めたプレイヤーなのだ。

もう、身体《からだ》ならし程度じゃ満足できない。おもいっきり練習して、うまくなって、試合に勝つ快感を味わいたい。それが、小杉とならできるのだ。

小杉となら……。

明良は足を止めた。

たとえば……。

自分が本気でバスケをやっているのだと知ったら、小杉はどう思うのだろう。

今のチームに満足していないこと。高校はインターハイ常連校である里中高《さとなかこう》をねらっていること。できればプロ選手になりたいと思っていること。

こんな告白をしたら、小杉は自分を仲間と認めてくれるんじゃないだろうか。

唯一、コーチに認められている自分なら、いっしょにがんばってみようと思ってくれるんじゃないだろうか。そのために、メンバーとうまくやってもいいと、心を入れ替《か》えてくれるんじゃないだろうか。

明良は再び走りだした。

そうなれば、コーチがいなくなっても、せめてふたりのコンビプレイは強化できる。普段《ふだん》は、チームのノリに適当にあわせつつ、こっそりふたりで自主トレをするのもいい。実現すれば、ふたりは最強になる。今のチームでも、地区大会で上位にくいこむぐらいまではいけるかもしれない。

校門をでて、最初の信号をわたったところで、小杉の後ろ姿を見つけだす。

「小杉！」

明良は小杉の背中を叩《たた》くように声をはり上げた。小杉が足を止めると同時に、ちょうど明良も小杉に追いつく。ふり向いた小杉が、無表情のまま明良を見る。

「あのさ、おまえ、うちのチームでバスケ続けるんだろ？」

明良はそんな小杉の顔色をさぐりながら、早速《さっそく》きりだした。

「だったら、チームメイトともっとうまくやったほうがいいと思うんだ」

なにを考えているのかさっぱりわからない顔だ。首筋に流れる汗《あせ》を手の甲《こう》でふいているばかりで、明良ときちんと視線をあわせようとしない。

「練習が終わったあともすぐに帰ったりしないで、体育館に残ってみんなと交流深めるとかしてさ」

明良もまた手の甲で鼻の下の汗をぬぐいながら、話を核心《かくしん》に近づけた。

「バスケ、続けたいんだろ？」

明良の言葉に、小杉は顔色ひとつ変えなかった。

「オレも続けたいんだよ」

だけど明良には、自信があった。

「だから、オレはみんなにあわせてる」

そして、一番いいたかった言葉。

「里中高で本格的にバスケやるために、身体ならしておきたいからさ」

ともに自分たちを高めあおう。

「だから、いっしょにうまくやろうよ」

コンビプレイを強化させよう。

「なんなら、こっそりふたりで自主トレしてもいいしさ」

ふたりでNBA(注1)選手を目指そう。

「なるほどな」

すると、ようやく小杉が声をだした。

令和４年度

近畿大学附属和歌山中学校入学試験問題（午前）

算　　　数

（60分）

注　意　事　項

1．「はじめ」の合図があるまで開いてはいけません。
2．解答用紙の決められたわく内に受験番号を算用数字で記入し、
　　その番号の◯をぬりつぶしなさい。

（例）

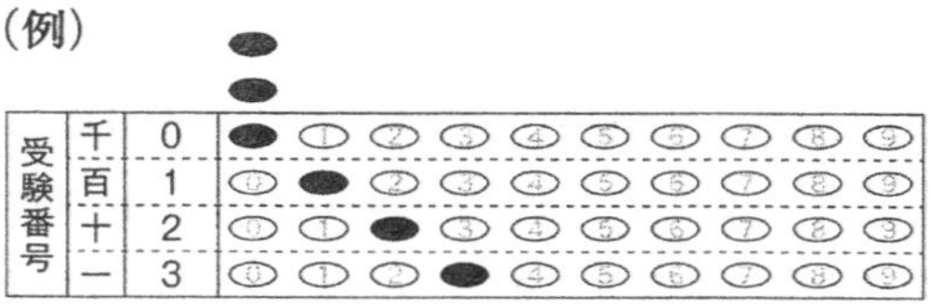

3．解答は必ず解答用紙の決められたところに記入しなさい。
4．試験が終わったら問題用紙を持って帰りなさい。

1　次の □ にあてはまる数を入れなさい。

(1)　$0.5 \times \frac{14}{3} + \frac{4}{25} \times \left(2.125 - \frac{1}{4}\right) = \square$

(2)　$\left(0.75 - \frac{1}{8}\right) \times \left(\square - \frac{8}{25} \div 0.025\right) = \frac{3}{8}$

(3)　ある数を 2 倍して 5 をたすともとの数より 10 大きくなります。もとの数は □ です。

(4)　何人かの子どもにおかしを分けます。1 人に 4 個ずつ分けると 2 個余り，1 人に 5 個ずつ分けると 5 個不足します。このとき子どもの人数は □ 人です。

(5)　ある列車が，長さ 500 m の鉄橋を一定の速さでわたり始めてからわたり終わるまでに 3 分 50 秒かかります。また同じ速さでこの鉄橋の 2 倍の長さのトンネルを走り抜けるとき，列車がトンネルにすべてかくれて見えない時間は 4 分 30 秒です。この列車の長さは □ m です。

(6)　ある商品に原価の 20% の利益を見込んで定価をつけました。しかし売れないので，定価の 20% 引きで売ったところ，500 円の損をしました。この商品の原価は □ 円です。

（7） ひろし君は木を何本か持っています。また A 地点と B 地点は 1000 m はなれています。ひろし君は A 地点に最初の 1 本目の木を植えて，その後同じ間かくで木を植えていき，持っている木を全て使いきることにしました。木の間かくを 20 m おきにすると，最後の木の植えた場所は B 地点から 200 m 手前のところになりました。また木の間かくを □ m おきにすると，最後の木がちょうど B 地点のところになりました。

（8） 図のように四角形 ABCD があります。AE は角 A を二等分していて，BE は角 B を二等分しています。このとき，図の角アの大きさは □ 度です。

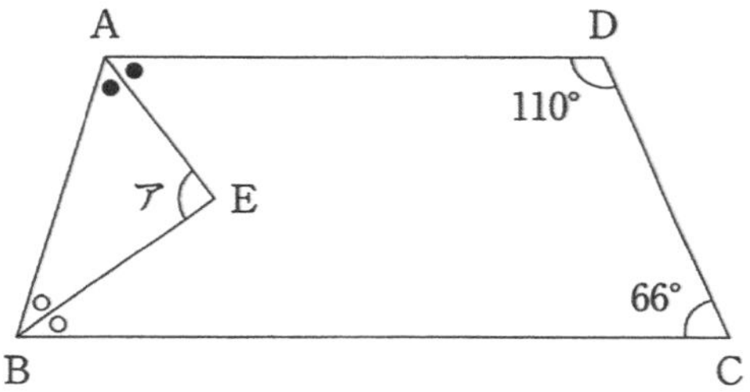

（9） 図のように半径が 10 cm で中心角が 90° のおうぎ形の中に半径が 5 cm の半円が 2 つ入っています。このとき図の色のついた部分の面積は □ cm^2 です。ただし円周率は 3.14 とします。

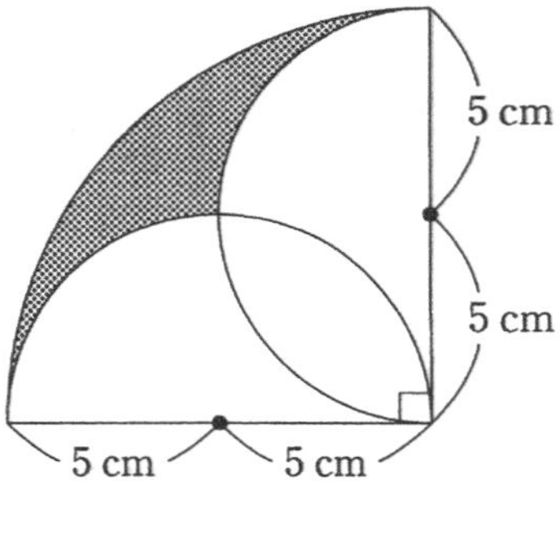

2 （1） 次の［　　］にあてはまる数を求めなさい。
ある容器には10％の食塩水が500ｇ入っています。この容器に20％の食塩水を［ア］ｇ入れると［イ］％の食塩水ができます。しかし，まちがえて［ア］ｇの水を入れてしまったので，８％の食塩水ができました。

（2） ある中学校では５人の委員から委員長と副委員長をそれぞれ１人ずつ選びます。

① 選び方は何通りありますか。

② 委員の中には，男子が３人で女子が２人います。男子と女子を１人ずつ選ぶようにすると，何通りの選び方がありますか。

（3） 正六角形 ABCDEF の面積は 120 cm^2 です。点 M は辺 DE のまん中の点です。また，AD と CM の交わる点を O とします。このとき，次の問いに答えなさい。

① 三角形 ACD の面積を求めなさい。

② CO：OM を最も簡単な整数の比で表しなさい。

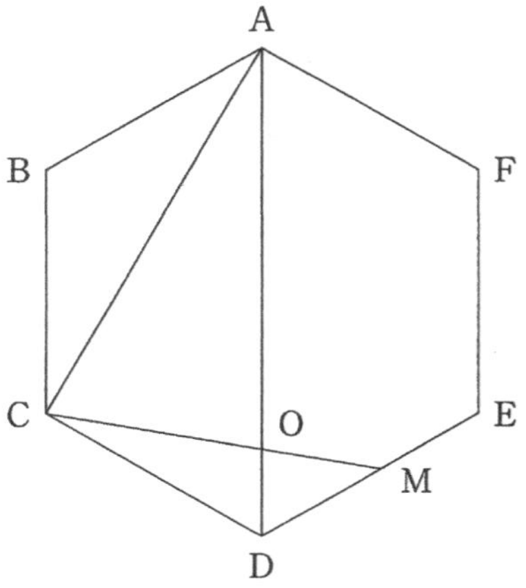

令和４年度

近畿大学附属和歌山中学校入学試験問題（午前）

理　　　科

（40分）

注　意　事　項

1．「はじめ」の合図があるまで開いてはいけません。

2．解答用紙の決められたわく内に受験番号を算用数字で記入し、
その番号の◯をぬりつぶしなさい。

（例）

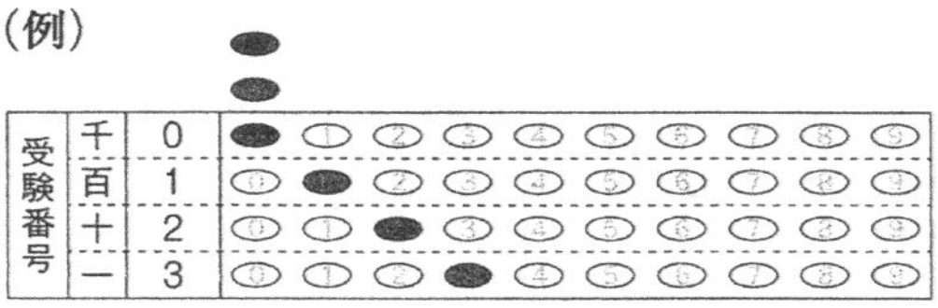

3．解答は必ず解答用紙の決められたところに記入しなさい。

4．試験が終わったら問題用紙を持って帰りなさい。

1　次の表は，A～Fの動物がもつ特徴《とくちょう》①～⑤についてまとめたものです。その特徴をもつ場合は○，もたない場合は×としています。次の問１～問５に答えなさい。

	A	B	C	D	E	F
特徴①：背骨をもつ	○	○	○	○	○	×
特徴②：体温は一定である	○	×	×	×	○	×
特徴③：一生，肺で呼吸する	○	○	×	×	○	×
特徴④：子は母の体内で育って産まれる	○	×	×	×	×	×
特徴⑤：からだがうろこやこうらでおおわれている	×	○	○	×	×	×

問１　A～Eにあてはまる動物を，次の（ア）～（カ）からそれぞれ１つ選び，記号で答えなさい。

（ア）イヌ　（イ）ニワトリ　（ウ）ヘビ　（エ）カエル　（オ）メダカ

（カ）カブトムシ

問２　特徴①について，次の問いに答えなさい。

（１）背骨をもつ動物のことを何といいますか。

（２）背骨をもたない動物Ｆには昆虫があてはまります。その昆虫のからだのつくりを，次に示す図形から必要なものを組み合わせ，あしを直線であらわして解答欄《らん》に記しなさい。

問３　特徴②について，次の問いに答えなさい。

（１）気温が変化しても体温を一定に保つことができる動物のことを何といいますか。

（２）次の文章の（ア），（イ）に「表面積」もしくは「体積」を入れなさい。

クマの仲間どうしを比べると，寒い地域にすんでいる種類のクマは，暖かい地域にすんでいる種類のクマよりからだが大きい傾向《けいこう》があります。これはからだの（　ア　）あたりの（　イ　）が小さくなり，気温が低くても，体温を一定に保ちやすいためです。

問4　特徴③について，次の問いに答えなさい。

（1）右の表は，あるヒトが吸う息とはく息に含まれている酸素の体積の割合について調べたものです。

1分間の呼吸回数が22回で，1回の呼吸で吸う息とはく息の体積をそれぞれ500 cm^{3}とすると，1分間に肺から血液中に取り込まれる酸素の体積は何cm^{3}ですか。

	酸素の体積の割合
吸う息	21%
はく息	16%

（2）動物の中には，肺ではなくえらで呼吸をしているものもいます。生きている動物のえらの色はふつう何色ですか。次の（ア）～（オ）から1つ選び，記号で答えなさい。

（ア）黒色　（イ）黄色　（ウ）赤色　（エ）茶色　（オ）灰色

問5　特徴④について，表のB～Fはすべて卵を産む動物です。1度に産む卵の数が最も少ない動物はどれですか。表のB～Fから1つ選び，記号で答えなさい。また，その理由を答えなさい。

2 次の実験の説明文を読んで，次の問１～問８に答えなさい。

炭酸水素ナトリウムは，重そうやベーキングパウダー（ふくらし粉）に含まれる白色の固体です。試験管Ａに炭酸水素ナトリウム84ｇを入れ，次の図のようにガスバーナーで加熱して，全ての炭酸水素ナトリウムを反応させました。加熱開始後，しばらくしてから発生する気体Ｘを，試験管Ｂに入れた石灰水に通すと，白くにごりました。また，加熱後の試験管Ａの底には白色の炭酸ナトリウムの固体だけが53ｇ残り，口の部分には水ができていました。できた炭酸ナトリウムをさらに加熱しても変化はありませんでした。ただし，図にはスタンドは書いていません。

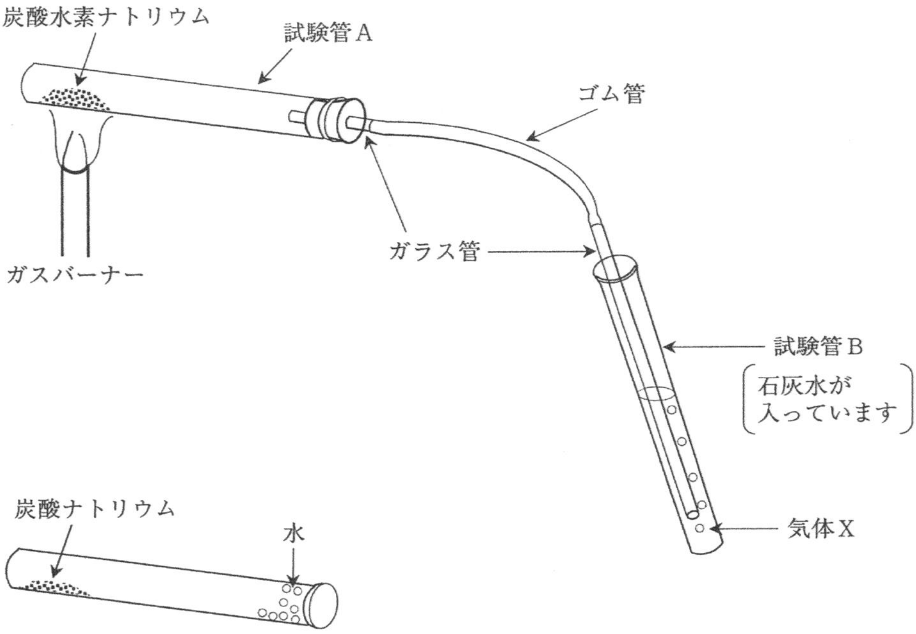

問１　発生した気体Ｘは何ですか。漢字で答えなさい。

問２　気体Ｘの集め方として適当な方法を，次の（ア）～（ウ）から２つ選び，記号で答えなさい。
（ア）水上置換《かん》法　　（イ）上方置換法　　（ウ）下方置換法

問３　この実験以外で，反応によって気体Ｘを発生させるのに必要な物質を，次の（ア）～（ケ）から２つ選び，記号で答えなさい。
（ア）水酸化ナトリウム水溶《よう》液　（イ）塩酸　（ウ）アンモニア水　（エ）オキシドール
（オ）アルミニウム　（カ）マグネシウム　（キ）二酸化マンガン　（ク）石灰石
（ケ）亜鉛《あえん》

問４　下線部のように操作する理由を答えなさい。

問５　この実験では，試験管Ａの口を少し下げて加熱しました。その理由を答えなさい。

問６　加熱前の炭酸水素ナトリウムと，加熱後の炭酸ナトリウムは両方とも白色の固体で見た目には区別がつきません。そこで，同じ重さの炭酸水素ナトリウムと炭酸ナトリウムを，別々の試験管に入った同じ体積の水に溶《と》かし，それぞれの試験管にフェノールフタレイン溶液を数滴《てき》入れると，表のような結果になりました。

	フェノールフタレイン溶液を数滴加えた結果	水溶液の性質
炭酸水素ナトリウムを溶かした試験管	うすい赤色になった	（１）
炭酸ナトリウムを溶かした試験管	濃《こ》い赤色になった	（２）

この結果から，表中の（１）と（２）に適する性質は次の（ア）～（オ）のどれですか。それぞれ１つ選び，記号で答えなさい。ただし，同じ記号を２回使ってはいけません。

（ア）強い酸性　（イ）弱い酸性　（ウ）中性　（エ）強いアルカリ性
（オ）弱いアルカリ性

問７　炭酸水素ナトリウム 200 g を加熱し，実験の途中《とちゅう》で加熱をやめて重さをはかると，138 g になっていました。ただし，試験管，気体Ｘ，水の重さは含《ふく》みません。

（１）反応によって生じた炭酸ナトリウムは何 g ですか。

（２）反応せずに残っている炭酸水素ナトリウムは何 g ですか。

問８　炭酸水素ナトリウムと炭酸ナトリウムの混合物 300 g を加熱すると，加熱後には炭酸ナトリウムだけが 207 g 残っていました。ただし，試験管，気体Ｘ，水の重さは含みません。

（１）炭酸水素ナトリウムからできた炭酸ナトリウムは何 g ですか。

（２）混合物 300 g 中には，炭酸ナトリウムが何 g ありましたか。

3 図１は，山から海へ流れる川のようすを表したものです。流れる水のはたらきについて，次の問１～問５に答えなさい。

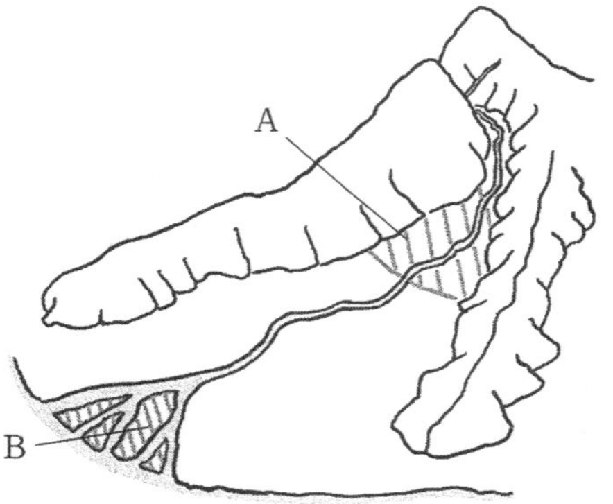

図１

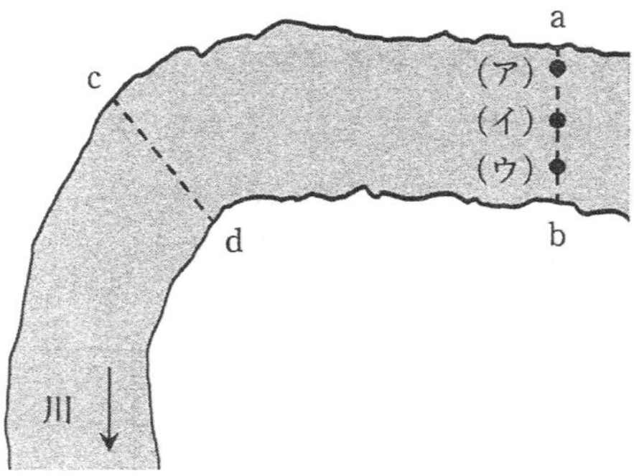

図２

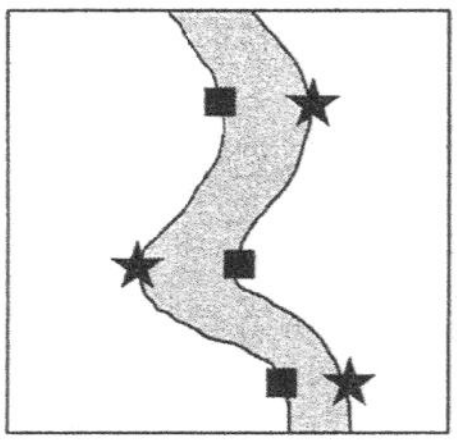

図３

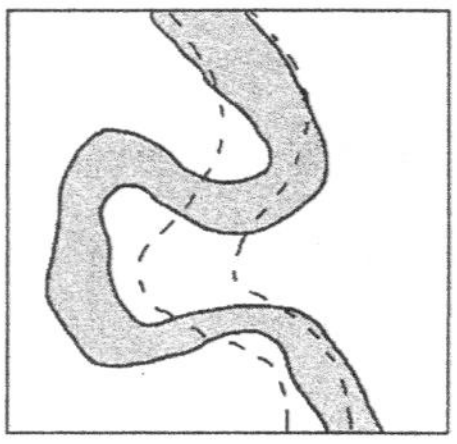

図４

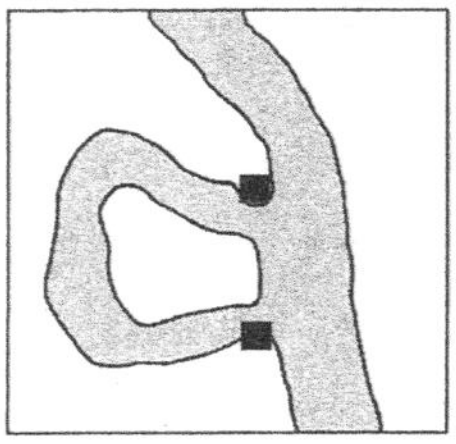

図５

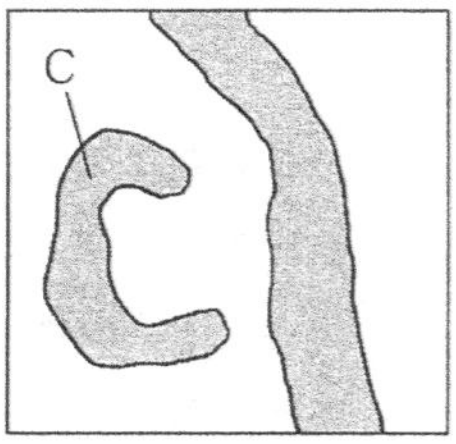

図６

問１　（１），（２）のはたらきについてあてはまるものを，次の（ア）～（ウ）からそれぞれ選び，記号で答えなさい。ただし，（１）は１つ，（２）はあてはまるものをすべて選びなさい。

（１）川の下流域で大きくなるはたらき

（２）流れる水が速いと大きくなるはたらき

（ア）しん食　　（イ）運ぱん　　（ウ）たい積

問２　図２は，図１の川の一部分を拡大したものです。矢印は川の流れを表しています。

（１）川がまっすぐ流れているａ－ｂ間の（ア）～（ウ）の地点のうち，流れる水の速さが最も速いのはどこですか。（ア）～（ウ）から１つ選び，記号で答えなさい。

（２）川が曲がって流れているｃ－ｄ間の川底のようすを，特徴《とくちょう》がわかるように解答用紙に書きなさい。ただし，解答用紙の太線は陸地を，破線は水面を表しています。

と考えている。

〔問九〕

i

ii

〔問七〕

5

10

15

5

正

誤

正

2

3

4

5

採点欄

3

(1)	分	(2)	分
(3)	分後		

4

(1)	円	(2)	分をこえて　　　分までの間
(3)			

5

(1)		秒後	
(2)	①	秒後	
	②	(ア)	(イ)

3	
4	
5	

g	g	g	g

3

問1（1）	問1（2）	問2（1）	問2（2）

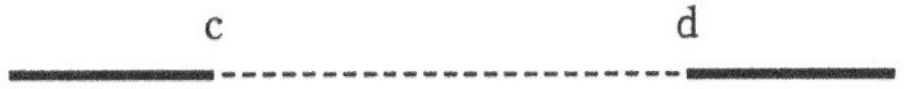

問3　①	問3　②	問3　③	問3　④	問3　⑤

問4（1）	問4（2）■	問4（2）★	問4（3）

問5

4

問1	問2	問3

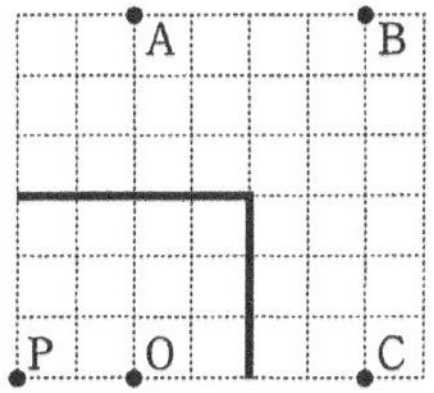

問4	問5	問6

問7	問8	問9	問10
cm	g	g	cm

3	
4	

教英出版

令和４年度　近畿大学附属和歌山中学校入学試験（午前）　解答用紙

理科

氏名	

受験番号											
千		0	1	2	3	4	5	6	7	8	9
百		0	1	2	3	4	5	6	7	8	9
十		0	1	2	3	4	5	6	7	8	9
一		0	1	2	3	4	5	6	7	8	9

採点欄

合計	

※100点満点
（配点非公表）

1	

1

問１　A	問１　B	問１　C	問１　D	問１　E

問２（１）	問２（２）	問３（１）
		問３（２）　ア
		問３（２）　イ

問４（１）	問４（２）
cm³	

問５　記号	問５　理由

2

問１	問２	問３

問４

問５

【解答

令和４年度　近畿大学附属和歌山中学校入学試験（午前）　解答用紙

算数

氏名	

受験番号											
千		0	1	2	3	4	5	6	7	8	9
百		0	1	2	3	4	5	6	7	8	9
十		0	1	2	3	4	5	6	7	8	9
一		0	1	2	3	4	5	6	7	8	9

※200点満点
（配点非公表）

1

(1)		(2)		(3)	
(4)		(5)		(6)	
(7)		(8)		(9)	

2

(1)	(ア)	(イ)
(2)	①　通り	②　通り
(3)	①　cm^2	②
(4)		

採点欄	
合計	
1	

【解答

令和４年度　近畿大学附属和歌山中学校入学試験（午前）　解答用紙

国語

氏名

受験番号		
千		⓪ ① ② ③ ④ ⑤ ⑥ ⑦ ⑧ ⑨
百		⓪ ① ② ③ ④ ⑤ ⑥ ⑦ ⑧ ⑨
十		⓪ ① ② ③ ④ ⑤ ⑥ ⑦ ⑧ ⑨
一		⓪ ① ② ③ ④ ⑤ ⑥ ⑦ ⑧ ⑨

合　計

※200点満点（配点非公表）

一

〔問一〕

〔問二〕

〔問三〕

（１）

Ⅰ

Ⅱ

（２）

尊敬語

けんじょう語

〔問四〕

〔問五〕

〔問六〕

〔問七〕

〔問八〕

二

〔問一〕

〔問二〕

〔問三〕

〔問四〕

〔問五〕

〔問六〕

〔問八〕

X

Y

〔問九〕

〔問十〕

三

〔問一〕

1　2　3

6　7　8

11　12　13

〔問二〕

1　誤　正

2　誤　正

3　誤　正

〔問三〕

1　2　3　4　5

〔問四〕

【解

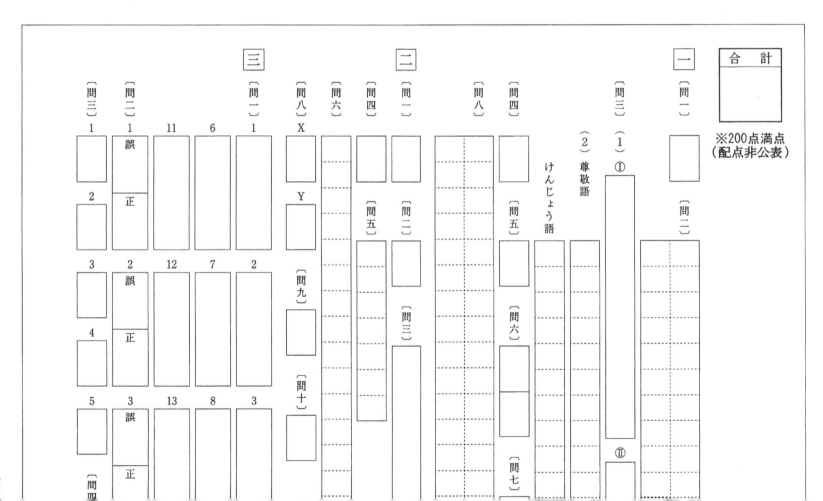

問３　次の文章の（　①　）～（　⑤　）にあてはまる語句を答えなさい。ただし，（　②　）・（　③　）・（　⑤　）は，（ア）・（イ）からそれぞれ１つ選び，記号で答えなさい。

図１のＡとＢはともに流れる水が土砂を運ぶはたらきによってできた地形である。Ａは（　①　）とよばれ，山から出たところにあるため，川の流れが急にゆるやかになる。よって，粒《つぶ》の（　②（ア）大きな　（イ）小さな　）土砂が積もるため，（　③（ア）水はけがよく　（イ）水はけがあまりよくなく　），果樹園として利用されることが多い。また，Ｂは（　④　）とよばれ，川が平野をゆるやかに流れている。よって，粒の（　⑤（ア）大きな　（イ）小さな　）土砂が積もるため，水のはけ具合を考えると，水田として利用されることが多い。

問４　図３～図６は，図１の川の一部分を拡大したもので，図３，図４，図５，図６の順に川の形の変化を表しています。川は図の上から下に流れているものとし，図４の破線はもと（図３）の川の形を表しています。

（１）図６のＣの湖は何といいますか。

（２）図３・図５の■と★は，それぞれ流れる水の同じはたらきをする地点を表しています。■・★の地点でのはたらきについてあてはまるものを，次の（ア）～（ウ）からそれぞれ１つ選び，記号で答えなさい。

（ア）しん食　　（イ）運ぱん　　（ウ）たい積

（３）図４から図５に変わった原因として考えられることを答えなさい。

問５　図１のある川原には，まわりの石よりも極めて大きな重い石がいくつかありました。その理由として考えられることを答えなさい。

4　次の〔Ⅰ〕,〔Ⅱ〕,〔Ⅲ〕の問１～問10に答えなさい。

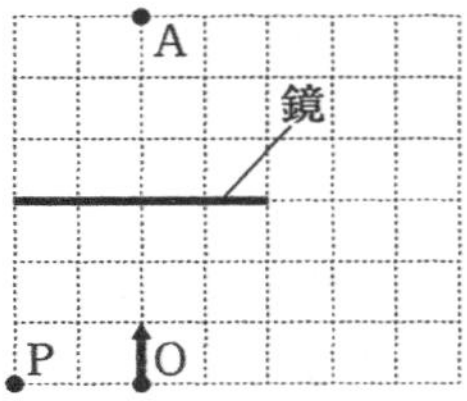

〔Ⅰ〕右図のように，鏡の前の点Oに物体を置きました。点Pで観測したところ，点Oだけでなく，点Aにも物体があるように見えました。

問１　点Oに KINDAI と書いた紙を図の矢印の向きに向けました。点Pではどのように見えますか。あてはまるものを次の（ア）～（エ）のうちから１つ選び，記号で答えなさい。

（ア） KINDAI　（イ） 　（ウ） IADNIK　（エ） 

問２　点Aに物体があるように見えるのは，点Oから出た光がどのような道すじで点Pに届くからですか。あてはまるものを次の（ア）～（ウ）のうちから１つ選び，記号で答えなさい。

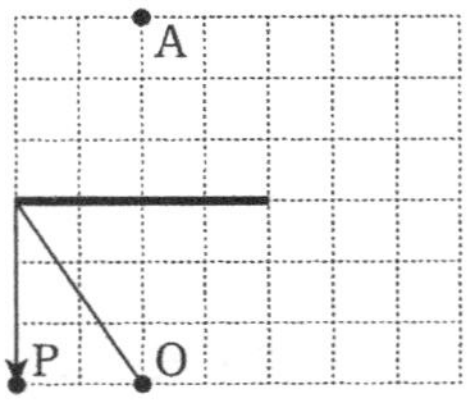

（ア）

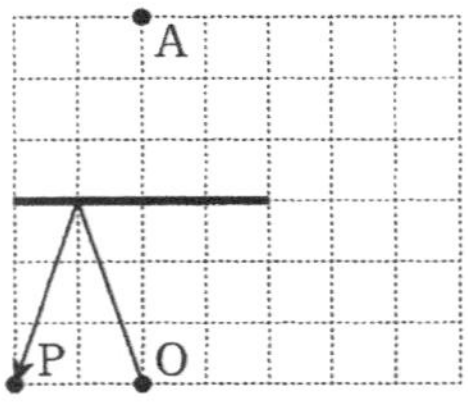

（イ）

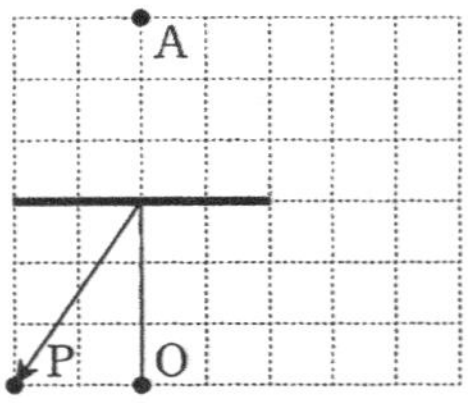

（ウ）

問３　右図のように，L字形の鏡の前の点Oに物体を置き，点Pで観測したところ，点Oだけでなく，点A，点B，点Cにも物体があるように見えました。点Bに物体があるように見えるのは，点Oから出た光がどのような道すじで点Pに届くからですか。その道すじを解答欄《らん》中の図に書きなさい。

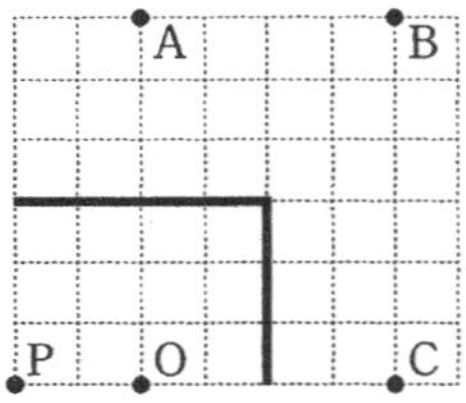

〔Ⅱ〕右図のように，電球A，B，Cとかん電池をつなぎました。

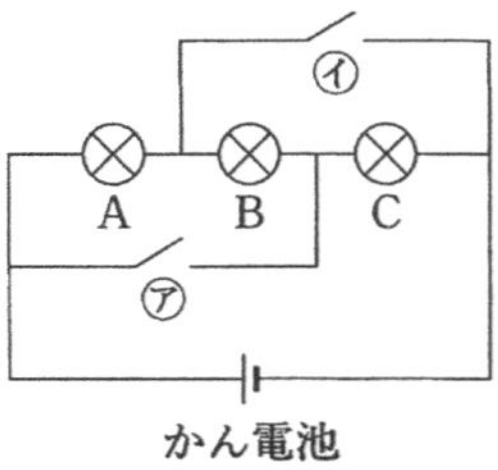

問４　スイッチ㋐，㋑が開いているとき，光っているものを電球A，B，Cの中からすべて選び，その記号を答えなさい。

問５　スイッチ㋐を閉じたとき，光っているものを電球A，B，Cの中からすべて選び，その記号を答えなさい。

問６　スイッチ㋐，㋑を閉じたとき，電球Bにはどちら向きに電流が流れますか。「右向き」「左向き」「流れない」のうちから選び，答えなさい。

〔Ⅲ〕おもり，棒，糸，ばねはかり，滑車《かっしゃ》を組み合わせて水平につりあわせました。ただし，棒，糸，ばねはかり，滑車の重さは考えないものとします。

問7　図1のように，おもりと100 cmの棒をつないで水平につりあわせました。図中の①の長さは何cmですか。

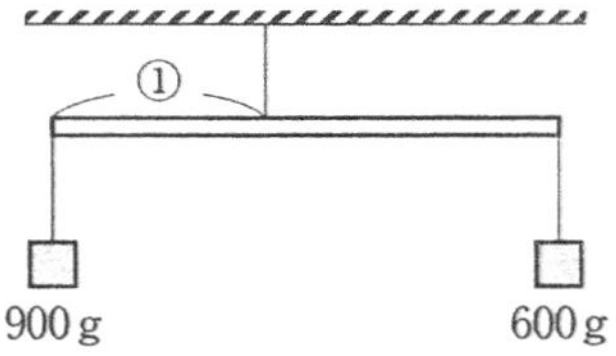

図1

問8　図1の600 gのおもりをはずし，図2のように，おもりのついた滑車をつないで水平につりあわせました。おもりアは何gですか。ただし，図3のように900 gのおもりを滑車につるすと，ばねはかりのめもりの値はそれぞれ450 gとなります。

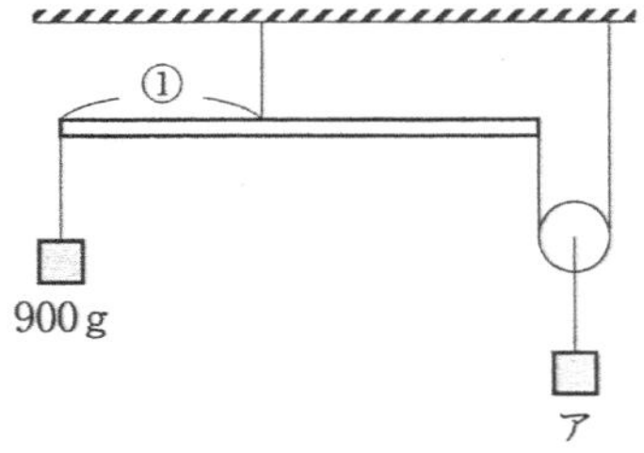

図2

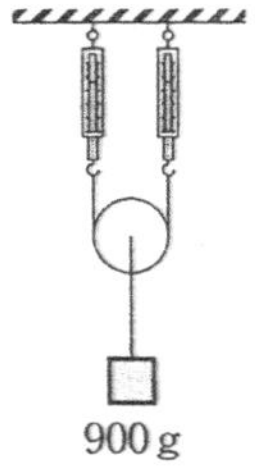

図3

問9　図4のように，おもり，滑車，100 cmの棒，糸を組み合わせて水平につりあわせました。このときのばねはかりのめもりの値は何gですか。

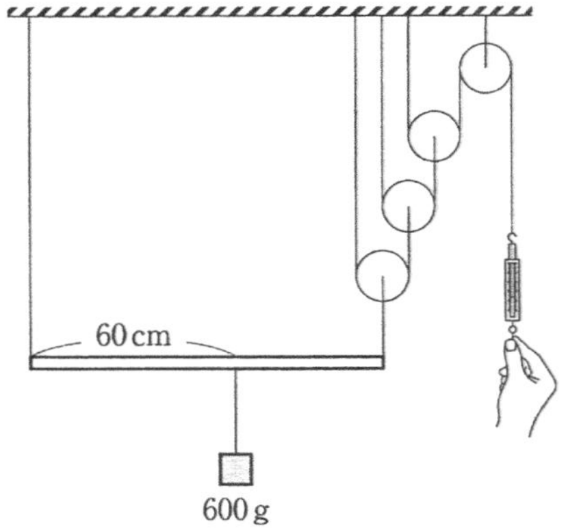

図4

問10　図5のように，おもり，100 cmの棒，糸を組み合わせて水平につりあわせました。図中の②の長さは何cmですか。

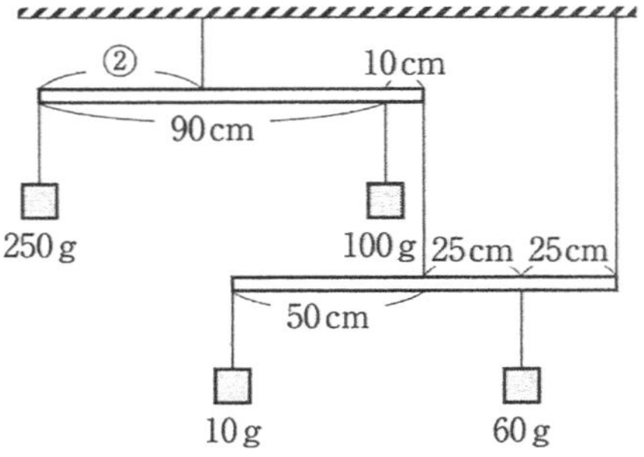

図5

2022(R4) 近畿大学附属和歌山中
K 教英出版

（4） 図のような三角形 ABC において辺 BC と辺 AC 上にそれぞれ BE：EC＝2：3，AF：FC＝4：5 となる点 E と点 F をとります。さらに四角形 DECF の面積と三角形 DBE の面積の比が 5：3 となるような点 D を辺 AB 上にとります。このとき，AD：DB を最も簡単な整数の比で表しなさい。

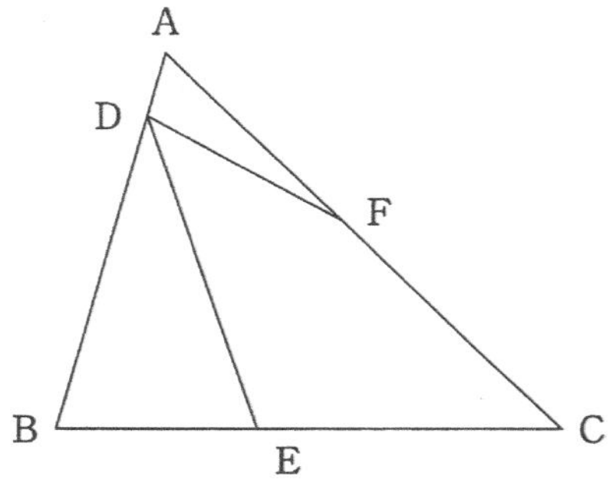

（5） 次のように分数がある規則にしたがって並んでいます。

$\frac{1}{1}$，$\frac{1}{2}$，$\frac{2}{2}$，$\frac{1}{3}$，$\frac{2}{3}$，$\frac{3}{3}$，$\frac{1}{4}$，$\frac{2}{4}$，$\frac{3}{4}$，$\frac{4}{4}$，$\frac{1}{5}$，$\frac{2}{5}$，$\frac{3}{5}$ ……

① 初めから数えて 100 番目の数は何ですか。

② $\frac{10}{11}$ は初めから数えて何番目の数ですか。

3 ある仕事をするのにＡ君とＢ君の２人ですると12分かかり，Ｂ君とＣ君の２人ですると10分かかり，Ａ君とＣ君の２人ですると15分かかります。このとき，次の問いに答えなさい。

（1） この仕事をＡ君とＢ君とＣ君の３人ですると何分かかりますか。

（2） この仕事をＡ君１人ですると何分かかりますか。

（3） この仕事をＡ君とＢ君とＣ君の３人で同時に始めました。ところが途中でＣ君が帰ったので，残りの仕事をＡ君とＢ君の２人ですることになりました。その結果，この仕事を３人で始めてから仕上げるまで10分かかりました。３人で仕事を始めてから何分後にＣ君は帰りましたか。

4　1台あたりのA駐車場の駐車料金は，駐車し始めてから60分までの間は常に500円の料金がかかります。さらに駐車し始めてから60分をこえると20分ごとに150円の追加料金がかかります。例えば，図のように駐車し始めてから60分をこえて80分までの間は常に650円の料金がかかり，80分をこえて100分までの間は常に800円の料金がかかります。

［図］A駐車場　駐車料金図

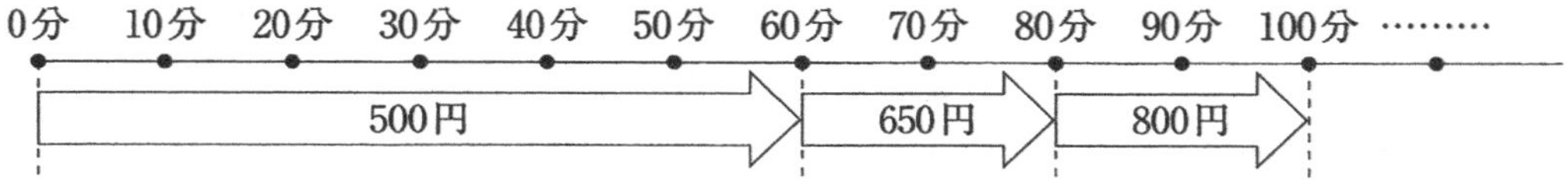

このとき，次の問いに答えなさい。

（1）　1台の車をA駐車場に210分駐車したときの駐車料金はいくらですか。

（2）　駐車料金が2150円であったとき，A駐車場に1台の車を駐車していた時間は，駐車し始めてから何分をこえて何分までの間かを求めなさい。

（3）　1台あたりのB駐車場の駐車料金は，駐車してから60分までの間は常に700円ですが，60分をこえると15分ごとに100円の追加料金がかかります。いま，A駐車場とB駐車場にそれぞれ1台の車を同時に駐車したとします。このとき，これら2台の車の駐車料金が同じである時間は，駐車し始めてから何分をこえて何分までの間ですか。すべて求めなさい。ただし，求める時間は駐車し始めてから240分までの間とします。

5 図のように正方形 ABCD があり，正方形 ABCD の 2 つの対角線 AC と BD の交わる点を O とします。さらに，点 O を中心にして正方形 ABCD を $\frac{1}{2}$ 倍に縮小した図形が正方形 EFGH です。点 P は頂点 A から出発して，正方形 ABCD の辺上を反時計回り（A → B → C → D → A → …）に一定の速さで周り続けます。点 Q は頂点 A から出発して，正方形 ABCD の辺上を時計周り（A → D → C → B → A → …）に一定の速さで周り続けます。点 R は頂点 E から出発して，正方形 EFGH の辺上を反時計回り（E → F → G → H → E → …）に一定の速さで周り続けます。3 点 P，Q，R の移動する速さの比はそれぞれ 6：9：5 です。また，点 P が正方形 ABCD を 1 周するのにかかった時間は 60 秒でした。このとき，次の問いに答えなさい。

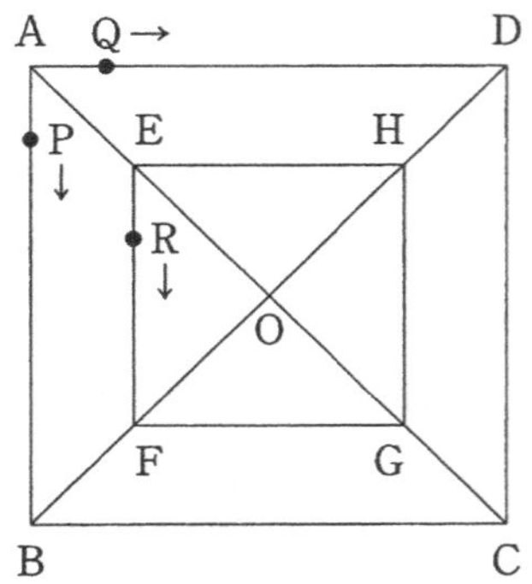

（1） 2 点 P，Q が頂点 A から同時に動き始めるとします。このとき，これら 2 点が初めて出会うのは，点 P と点 Q が動き出してから何秒後ですか。

（2） 2 点 P，R がそれぞれの正方形の辺上を同時に動き始めるとします。

① 2 点 P，R が初めて同時に対角線 AC 上にならぶのは，点 P と点 R が動き出してから何秒後ですか。

② 次の ［　　］ にあてはまる数を求めなさい。ただし，［ア］ と ［イ］ に入る数字は 10 以上の数とします。
点 R が動き始めてから正方形 EFGH を 1 周するまでの間に，三角形 RBC の面積が三角形 PEH の面積の 2 倍となるのは，点 R が点 E を出発してから ［ア］ 秒後から ［イ］ 秒後です。

「おまえは、そういうつもりでやってるんだ」

明良には、そういった④小杉の顔が少しほころんだように見えた。そのいいきざしに、明良は調子をよくして続けた。

⑤「うちのチームは雑魚の集まりだし、いい顧問《こもん》(注2)もいないし、今はあきらめてる。でも高校は里中高にいって、本格的にやるつもりだよ」

明良は、こんな風に本音を告白できる相手に出会えたことを、心からうれしく思った。里中高にすすまなきゃできないと思っていた⑥「一生の友だち」に、めぐりあえてしまったのだ。

しかし小杉は、今度はフッと鼻で笑うといった。

「雑魚の集まりか……」

その言葉を、明良はうまく受け止められなかった。

「おまえ、キャプテンでも、チームをまとめる気ないだろ」

ようやく明良の顔をまともに見た小杉から、軽蔑《けいべつ》の視線が送られる。

「まあ、チームまとめる気があったら、コーチのあんなやり方にしたがってるわけないもんな」

ほころんだと思って見ていたその顔が、実はあざ笑っていたことに気づく。

⑦「おまえ、最低だな」

顔が、カーッと熱くなる。

「なっ、なんで……」

思ってもみなかった反応《はんのう》に、明良はショックをかくせなかった。

「なんで……オレが最低?」

そんな風に見ていたのか。コンビとして信頼するどころか、そんな風に軽蔑していたのか?

「だったら……だったら、おまえだって最低じゃないか」

おどろきが、いっきに怒りに変わった。

「おまえだって、コーチのいうとおり、オレとコンビプレイしてるじゃないか」

しかし必死で、反撃《はんげき》してみても、相手を叩きのめせるような、うまい言葉は浮かばなかった。

「オレはただコーチの指示に従っているだけだ」

いい返されたとたん、Xぐうの音もでない。

「キャプテンのおまえとは立場がちがう」

小杉はそういうと、うんざりだという顔をして大きく息を吐《は》いた。そして、そのまま《　　》、歩きだしてしまった。

「じゃあ、なんのために、バスケやってるんだよ!」

それでも明良は、あきらめがつかなかった。

「どうして、こんな弱小チームの練習に真面目《まじめ》に参加してるんだよ!」

納得《なっとく》がいかなかった。

すると、小杉は立ち止まり、ゆっくりふり向いた。そして、怒ったような表情で明良をYいちべつすると、ボソリといった。

「おまえにはいいたくない」

そしてまた、ゆっくりと《　　　　　　》はなれていく小杉を、明良はただ呆然《ぼうぜん》と見送ることしかできなかった。

「なんだ、あいつ……」

くやしさで、身体がふるえていた。

「なんで、オレが最低なんだよ……」

にわかに信じがたくて、明良は、いつまでもその場に立ちつくしていた。⑧強い陽《ひ》射《ざ》しにじりじりと頭をこがされても、暑いとさえ感じなかった。

「オレが、最低……？」

明良は、受け入れがたいその言葉を、くり返すばかりだった。

（草野たき『リリース』による）

（注）1　ＮＢＡ…アメリカのプロバスケットボール協会

2　顧問……部活動を担当する先生

〔問一〕　文中の ―― 線部①「友情ごっこ」、⑥「一生の友だち」とありますが、その違いを明良はどのように考えていますか。最も適当なものを、次のア～エの中から選び、記号で答えなさい。

ア　仲間を思いやる素振《そぶ》りをみせることが「友情ごっこ」であるのに対して、本当の気持ちを理解し合えるのが「一生の友だち」だと考えている。

イ　コーチを共通の敵にするのが「友情ごっこ」であるのに対して、コーチに不満はあっても共にがんばるのが「一生の友だち」だと考えている。

ウ　たとえ嫌《きら》いな相手でも仲良くするのが「友情ごっこ」であるのに対して、嫌いなら嫌いと言い合えるのが「一生の友だち」だと考えている。

エ　友だちが一番大切だと思うのが「友情ごっこ」であるのに対して、バスケットボールを最優先するのが「一生の友だち」だと考えている。

〔問二〕　文中の A ～ D に入る言葉の組み合わせとして最も適当なものを、次のア～エの中から選び、記号で答えなさい。

ア　A　不満そうな　B　泣きそうな　C　おだやかな　D　激しい

イ　A　おだやかな　B　おどけた　C　不満そうな　D　泣きそうな

ウ　A　不満そうな　B　おどけた　C　明るい　D　おだやかな

エ　A　おどけた　B　明るい　C　激しい　D　おだやかな

〔問三〕　文中の ―― 線部②「とっさに浮かんだ本音は、だけど、声にはならなかった」とありますが、「声にならなかった」理由を、明良はこの後どうとらえていますか。それを表す一文を本文から探し、抜き出して答えなさい。

〔問四〕　文中の ―― 線部③「本音を見やぶられていないか不安で」とありますが、明良の「本音」として適当でないものを、次のア～エの中から一つ選び、記号で答えなさい。

ア　下手なチームメイトは自分と小杉の練習の邪魔だということ。

イ　チームメイトにもっと小杉と仲よくしてもらいたいということ。

ウ　自分はもっと本格的にバスケットボールをやりたいということ。

エ　コーチの態度がよくないのはチームメイトのせいだということ。

〔問五〕　文中の ―― 線部④「小杉の顔が少しほころんだように見えた」とありますが、実際はどうだったのですか。本文から探し、七字で抜き出して答えなさい。

〔問六〕　文中の ―― 線部⑤「うちのチームは雑魚の集まりだし」と言っていますが、チームが「雑魚の集まり」であるのに対して、明良は自分自身と小杉はどのような存在だと考えていますか。本文から探し、二十五字以内で抜き出して答えなさい。

〔問七〕　文中の ―― 線部⑦「お前、最低だな」とありますが、小杉が明良を「最低だ」といった理由として最も適当なものを、次のア～エの中から選び、記号で答えなさい。

ア　コーチのやり方にただしたがっているだけで、チーム全体のことを考えようとしないから。

イ　たいした実力も無いくせに、ＮＢＡの選手になりたいという身の程《ほど》知らずの夢を持っているから。

ウ　キャプテンとしてチームをまとめようとしないだけでなく、チームメイトを見下しているから。

エ　小杉とコンビプレイをしてもついてこられないのに、弱小チームの中でいい気になっているから。

〔問八〕　文中の ═══ 線部X「ぐうの音もでない」、Y「いちべつする」の本文での意味として最も適当なものを、次のア～エの中からそれぞれ選び、記号で答えなさい。

X「ぐうの音もでない」

ア　一言も反論ができない
イ　おどろいて息がつまる
ウ　気のきいたことが言えない
エ　返事をする気がなくなる

Y「いちべつする」

ア　無視する
イ　にらみつける
ウ　じっくり見つめる
エ　ちらりと見る

〔問九〕　文中の二か所の《　　　　》に共通して当てはまる言葉として最も適当なものを、次のア～エの中から選び、記号で答えなさい。

ア　頭をかかえて
イ　きびすを返して
ウ　肩を落として
エ　歯を食いしばって

〔問十〕　文中の ―― 線部⑧「強い陽射しにじりじりと頭をこがされても、暑いとさえ感じなかった」とありますが、その理由として最も適当なものを、次のア～エの中から選び、記号で答えなさい。

ア　小杉がチームでうまくやっていけるようにアドバイスをした結果、反抗的《はんこうてき》な態度を取られたことがくやしく腹が立ったから。

イ　今までキャプテンとしてチームメイトからの信頼《しんらい》を集めていたのに、最低だと言われたことが意外で信じられなかったから。

ウ　これからも小杉とコンビプレイを続けるために、最低だと言われた理由を解き明かさなければならないという思いで胸が一杯《いっぱい》だったから。

エ　自分の思いを打ち明ければ親友になれると思っていた小杉から軽蔑された上に、その理由もわからず、大きなショックを受けたから。

三 〔問一〕～〔問四〕に答えなさい。

〔問一〕 1～12の ―― 線部のカタカナは漢字に直し、13～15の ―― 線部の漢字は読み方をひらがなでそれぞれ答えなさい。

1 手先がキヨウだ。
2 商品のセンデンを依頼する。
3 人のケハイがする。
4 燃料をホキュウする。
5 出場をジタイする。
6 機械をソウサする。
7 店をカイソウする。
8 毛がチヂれている犬。
9 災害からフッコウする。
10 会社にツトめる。
11 乗り越《こ》し運賃をセイサンする。
12 オウライの激しい道。
13 国境に連なる山々。
14 冷水を浴びせる。
15 直ちに出発しなさい。

〔問二〕 1～5の各文中には漢字の誤りが一か所ずつあります。その漢字を抜き出して正しい漢字を書きなさい。

1 競技に破れて泣く。
2 アンケートの解答用紙。
3 注文の品を収める。
4 正統な理由もなく欠席する。
5 百メートル競争に出場する。

〔問三〕　1～5の□に入る言葉として最も適当なものを、後のア～オの中からそれぞれ選び、記号で答えなさい。ただし、同じものは二度選べません。

1　いたずらっ子たちは、先生の姿を見て□逃げ去った。
2　朝の電車は□混雑していた。
3　閉会式後の会場からは□人がいなくなった。
4　その写真を見たとき、思い出が□うかんだ。
5　宝くじで当てた大金を□使い果たした。

ア　湯水のように
イ　走馬灯《そうまとう》のように
ウ　潮が引くように
エ　いもを洗うように
オ　くもの子を散らすように

〔問四〕　1～5の□に体の一部を表す漢字一字を入れ、（　　）内の熟語と同じ意味を表す慣用句にしなさい。

1　□がさわぐ（不安）
2　□にかける（自慢《じまん》）
3　□がすべる（失言）
4　□をくくる（覚悟）
5　□を組む　（協力）

近畿大学附属和歌山中学校

令和三年度　附属中学校入学試験問題（午前）

国　語

（60分）

注意事項

一、「はじめ」の合図があるまで開いてはいけません。
二、解答用紙の決められた太いわく内に受験番号・氏名を記入しなさい。
三、解答は必ず解答用紙の決められたところに記入しなさい。
四、試験が終わったら問題用紙を持って帰りなさい。

一　次の文章を読んで、後の〔問一〕～〔問十〕に答えなさい。ただし、字数制限のある問題は、句読点や括弧《かっこ》なども全て一字に数えます。

イタリアはナポリの臨海実験所アントン・ドールンのグラツィアーノ・フィオリト博士とレッジョカラブリア大学のピエトロ・スコット博士は、マダコで巧妙《こうみょう》な実験を行なった。

まず、水槽《すいそう》の中で、一尾《いちび》のマダコに赤玉と白玉を同時に見せる。ここでタコは赤玉を攻撃《こうげき》すると餌《えさ》がもらえ、白玉を攻撃すると電気ショックを受ける。つまり、［　A　］ということで、この訓練を繰《く》り返すとタコはやがて二つの球が目の前に提示されると赤玉を攻撃するようになる。赤玉を攻撃することを学習したのだ。

［　B　］、人間によってこのような学習訓練を施《ほどこ》されたマダコを水槽の片側に、もう片側には何の訓練も施されていないマダコを入れる。両者は透明《とうめい》な仕切りで隔《へだ》てられており、互《たが》いを見ることができる。

［　C　］、学習訓練を受けたタコを①デモンストレーター（実演者）、何の訓練も受けていないタコを②オブザーバー（観察者）と名づける。デモンストレーターに赤玉と白玉を見せると、赤玉の方に泳いで行ってこれを攻撃する。このように学習させられたのだから、これは驚《おどろ》くに当たらない。

［　D　］、注目すべきはオブザーバーだ。隣《となり》のタコが赤い色の球を攻撃する様子を、なんだ、なんだという様子で熱心に見始める。頭部を動かして熱心に見る。

［　E　］、デモンストレーターを水槽から取り上げ、水槽の透明な仕切りも外す。水槽に残るのはオブザーバーだけだ。ここで、オブザーバーに赤玉と白玉を同時に見せる。すると、なんとオブザーバーは赤玉を攻撃する。オブザーバーのタコは、餌と電気ショックを使って赤玉を攻撃するように人間に訓練されてはいない。ただ、隣にいるデモンストレーターのタコが赤玉と白玉が出た時に赤玉を攻撃する様子を見ていただけだ。

同種他個体のやることを見て学ぶ学習を観察学習または見まね学習という。オブザーバーのタコは、デモンストレーターのタコのやることを見て、学んだ。つまりは観察学習をしたと考えられる。フィオリト博士とスコット博士がマダコで行なったこの実験の成果は、科学雑誌の『サイエンス』に一九九二年に掲載《けいさい》された。

※

③観察学習はヒトでは普通《ふつう》に見られるものだ。お手本があり、それを見て同じようにする。

私が小学生の頃《ころ》、初めて野球をやりだしたとき、スポーツマンの叔父《おじ》に投球と打撃を教わった。投げるときには肘《ひじ》を曲げ、打つときには脇《わき》を締める。それを叔父が実際にやって見せてくれて、私はそれを見て④同じようにした。これを繰り返すうちに、それらしく球を投げ、打つことができるようになった。もっとも、打撃はそれなりのものになったが、守備がダメだったのでプロ野球には進めなかった。

ヒトは大人になっても観察学習を行なう。私用で大阪から宝塚《たからづか》方面に向かう列車に乗ったが、その列車は降車時に乗客が自分で扉《とびら》を開けるものだった。夏場のことで、降車する客がいない扉まで一斉《いっせい》に開けたのでは冷房《れいぼう》が勿体《もったい》ない。降りる扉だけセルフで開けてくれというわけで、節電対策だ。

ただ、これに乗り慣れていない者にとっては⑤状況《じょうきょう》がよくわからない。私は、降りる人が扉近くのボタンを押《お》すのを見て、なるほどあそこを押せば良いのかと X合点《がてん》し、降車駅に着くと手慣れた感じでボタンを押した。そして、電車の扉を自分で開けたことに少し感動して駅に降り立った。

観察学習はヒトでは普通に見られる当たり前の能力のように思われるが、実は他の動物で観察学習はそうそう見られない。ヒトに系統的《けいとうてき》に近いとされるチンパンジーでも観察学習は難しい。相当に高度な学習なのだ。無脊椎動物《むせきついどうぶつ》（背骨などを持たない動物）では観察学習の報告例はない。それをマダコがやってのけたというのだ。

ところで、観察学習という高度な能力をマダコは何に用いているのだろう。同種の個体を観察するという行為《こうい》は、そもそも同種の個体が近くにいなければ起こり得ない。その意味では、同種他個体と集団を作る社会性の動物でこそ観察学習は想定でき、機能すると考えられる。

しかし、マダコは単独性とされる動物だ。仲間と一緒《いっしょ》に暮らしていないのに、仲間の行動を見てまねるという学習は Y無用の長物に思える。一体、タコは観察学習を何に用いるというのか？　この点については、フィオリト博士とスコット博士も「不明である」と述べている。

マダコが自然界で観察学習の能力を何に用いているかはよくわからない。そもそも、マダコに限らず、私たちは動物の自然界での真の姿を（　Z　）正確に、詳細《しょうさい》に把握《はあく》しているわけではない。

観察学習は、同種他個体の行ないを観察することが前提だ。しかも、熱心に観察することが必要だ。論文の中で触《ふ》れられているが、オブザーバーのタコはそのように仕向けられたわけではないのに、隣《となり》にいるデモンストレーターのタコが赤玉を攻撃し始めると興味深そうにそれを見ていたという。そうすることでどうなるかなど何もわからないのに、このタコは隣人《りんじん》の振《ふ》る舞《ま》いを熱心に眺《なが》めていたのだ。これは⑥マダコの強い好奇心《こうきしん》を表しているのではないだろうか。

外界環境《かんきょう》への強い好奇心。これは、タコが元来もっている特性ではないだろうか。周囲をよく観察する行為。それを通じて得られる情報。時には、その情報は餌に関わることであったり、外敵に関することであったり、あるいは住処《すみか》になりそうな場所に関することであったりするのかもしれない。

そうであれば、タコは見ることにより、自身の生残の可能性を高くする有効な情報を得ることができる。これは、単独で暮らしていても意味があることだ。いや、単独であり、自分しかおらず他に頼ることができないからこそ、なおさら自分の眼でしっかりと見て情報を得ることが必要になるのではないだろうか。

（池田譲『タコの知性』朝日新聞出版による）

教英出版

〔問一〕　文中の ═══ 線部X「合点し」、Y「無用の長物」の本文での意味として最も適当なものを、次のア～エの中からそれぞれ選び、記号で答えなさい。

X「合点し」

ア　感動し
イ　確認し
ウ　納得《なっとく》し
エ　想像し

Y「無用の長物」

ア　機能がよくわからないもの
イ　あっても役に立たないもの
ウ　利用するのが難しいもの
エ　無いのと変わらないもの

〔問二〕　文中の（　Z　）に入る言葉として最も適当なものを、次のア～エの中から選び、記号で答えなさい。

ア　もしも
イ　少しも
ウ　まだしも
エ　必ずしも

〔問三〕　文中の［　A　］に入る言葉として最も適当なものを、次のア～エの中から選び、記号で答えなさい。

ア　赤玉なら安心、白玉なら不安になる
イ　赤玉なら賞賛、白玉なら非難される
ウ　赤玉なら自由、白玉なら制約される
エ　赤玉なら報酬《ほうしゅう》、白玉なら罰《ばつ》を受ける

〔問四〕 文中の B ～ E に入る言葉の組み合わせとして最も適当なものを、次のア～エの中から選び、記号で答えなさい。

ア　B　次に　C　ここで　D　さて　E　その後
イ　B　まず　C　そして　D　次に　E　だから
ウ　B　そこで　C　かりに　D　ゆえに　E　そして
エ　B　だから　C　それで　D　また　E　その上

〔問五〕 文中の―――線部①「デモンストレーター（実演者）」、②「オブザーバー（観察者）」は、共に「赤玉を攻撃する」が、その理由が違《ちが》っています。①と②の、赤玉を攻撃する理由として考えられるものを、次のア～カの中からそれぞれ選び、記号で答えなさい。

ア　赤玉を攻撃しないといやな目にあうことになるから。
イ　赤玉より白玉の方を大事に思って守ろうとするから。
ウ　赤玉は攻撃する価値があると信じさせられているから。
エ　自分と同じタコのまねをすると良いことがあるのだろうと思ったから。
オ　自分と同じタコがしているのを見て無意識に体が動いてしまったから。
カ　自分と同じタコがするのだから自分もしなければならないと考えたから。

〔問六〕 文中の―――線部③「観察学習はヒトでは普通に見られるものだ」とありますが、本文で筆者（私）が「オブザーバー」となった二つの例について、「デモンストレーター」はだれですか。それぞれ答えなさい。

〔問七〕 文中の―――線部④「同じようにした」とありますが、どのようにしたのですか。それを示した一文を、本文から探し、最初の五字を抜《ぬ》き出して答えなさい。

〔問八〕 文中の―――線部⑤「状況がよくわからない」とありますが、ここでいう「状況」とはどのようなことですか。本文の言葉を用いて二十字以内で答えなさい。

〔問九〕　文中の ―― 線部⑥「マダコの強い好奇心」とありますが、それが表現された部分を、本文の前半（※より前の部分）から探し、二十字程度で抜き出して答えなさい。

〔問十〕　マダコは、観察学習という高度な能力を何のために用いていると筆者は考えていますか。「ため。」に続く形で、本文から二十五字以内で抜き出して答えなさい。

二　次の文章を読んで、後の〔問一〕～〔問八〕に答えなさい。ただし、字数制限のある問題は、句読点や括弧《かっこ》なども全て一字に数えます。

　小学六年生のオレ（タカ）とマイちゃんは、ピアノを習っている。マイちゃんが大会に出るのをやめたいと言いだしたので、オレ（タカ）は友人の光平《こうへい》・彩音《あやね》とともに、事情を知っていそうな木下老人の家を訪ねた。そこへ突然《とつぜん》、マイちゃんがやって来て、次のように話し始めた。

「あたし、木下さんに言われちゃったの。あたしのピアノは上手いだけだって」
「ピアノって、上手けりゃいいんじゃないの？」
　首をひねる光平の横で、オレもその言い方が気になった。上手いだけ？　どういう意味なんだろう。
「ちがうの。タカくんみたいに弾《ひ》かなくちゃ。木下さんにもほめられたでしょ？」
　ここでどうしてオレのことが出るんだ。X面くらうオレを、木下さんが見た。
「いや。よく覚えてるよ。学校では、伴奏《ばんそう》もしていたな。聞いていると楽しくなってきた。なかなかよかったよ」
　予想もしない突然のほめ言葉だ。思わず、にやついたら、マイちゃんと目が合った。①オレは、急いで笑いを引っこめた。
「上手いとは言われるけど、あたしは、タカくんみたいに、よかったって言われたことはない。それはきっと、いつも意地になってピアノを弾いてるからなんだよね。合唱コンの時だって、いじわるされたのがくやしくて、ムキになって弾いてた気がする。ドイツでもママが、せっかくのチャンスなんだから、ドイツ語をもっとしゃべりなさい、勉強しなさい、友だちをたくさん作りなさい……。そんなことばっかり。言われるたびに、もううるさくて仕方なかった。それでピアノに逃《に》げたんだと思う。気がつくといつも必死にやってた。それが、②あたしのピアノになっちゃったみたい」
　オレの中で、発表会や合唱コンの時のマイちゃんのピアノの音がよみがえった。
　あんなに上手なのに、緊張感《きんちょうかん》が先走って、どこか切羽《せっぱ》つまって響《ひび》いてきた音色。あれが、マイちゃんのなにかから逃げたい気持ちから来ていたのを知って、オレは、がく然とした。思わず口走った。
「でもそれじゃ、全然楽しくないよね」
　マイちゃんは、悲しそうにほほえんだ。
「うん。そんなふうに弾いているうちに、あたしは競争することだけを考えるようになっちゃったのかもしれない。このまま東京大会に出ても、結局、ピアノへの気持ちは変わらないんじゃないか……」
　彩音が、確かめるようにきいた。
「だから東京大会に出るのをやめるって言ったわけ？」
「そう。あたしは今までだれからもピアノが『上手いだけ』って、言われたことはなかったから、木下さんに言われて、ものすごくショックだった。だけど、よく考えたら、それで、あたしがずっと、もやもやしながらピアノを弾いていた理由がはっきりしたんだよね。だから、木下さんからも教わろうと思ってここに来たの。木下さんは、ピアノの先生だったし、娘《むすめ》さんもピアノをやっているって言うから……」

「木下さん、娘さんがいるの？」

「今はドイツにいるけど、子どものころの娘さんとあたしが、似てるんだって。ね」

マイちゃんは、木下さんと顔を見合わせた。

「マイくんを杉山《すぎやま》神社で見かけた時は、娘と感じがよく似ていたので、本当にびっくりしたよ。しかも、マイくんもドイツにいたっていうじゃないか」

「うちはケルンだったけど、娘さんはベルリンに住んでいるんだって」

「当時はまだ、西ベルリンだったがね。ドイツが、第二次世界大戦のあと、政治的な影響《えいきょう》で西と東に分断されていたが、娘が行ってから、じきに統一《とういつ》されたんだよ」

ドイツが昔、ふたつの国に分かれていたのは、オレもニュースとかで聞いたことはある。

いつだったか休みの日に、父さんがドキュメンタリー番組を見ていた。東西を真っ二つに隔《へだ》てていたベルリンの壁《かべ》を、統一されたあと、市民がハンマーとかで、ガンガン壊《こわ》している映像を、オレもちらっと見た。

マイちゃんは、ドイツに住んでいたから、娘さんに《　　　》を持ったのかもしれない。なつかしむように言った。

「あたしがいた時はもう、ドイツが東西に分かれていたなんて、想像もできなかったけど、娘さんは、そんな歴史的な変化があったころにピアノを勉強しに行ったんだね。激動の時代に、ひとりで行ったんだもん。すごいよね」

「……激動の時代か。③世の中が、目まぐるしく変わるせいで、そこに暮らす人間も変わってしまうのかもしれん」

ひとりごとみたいにつぶやいた木下さんに、マイちゃんはきょとんとした。

「変わる？　それって、娘さんのこと？　あたしは、娘さんが、どんなふうにピアノのことを考えて、ドイツへ留学して、勉強したのかをきいてみたいと思ってる」

「あ、ああ、娘がベルリンの音楽大学にピアノ留学したのは本当だ。死んだ妻《つま》といっしょに、この家から送りだした。だが、あの子は、結局、ピアノをやめた」

「どういうこと？」

「パン職人になったんだ。娘は、東ドイツの男と知り合ってね。彼《かれ》ももともとは、音楽家、バイオリニストを目指していたらしいが……」

木下さんは、娘さんのたどった道を、オレたちに、とつとつと話した。

統一される前の東ドイツは、社会主義とかで、国民には自由があんまりなかったらしい。食べ物なども、みんなで平等に、ってことで配分されていたから、食べたいだけのものは手に入らなかった。

音楽の道を目指していた娘さんの彼は、そんな状況《じょうきょう》の中で悩《なや》んだようだ。音楽で、人のお腹《なか》を満

令和３年度　附属中学校入学試験問題（午前）

算　数

（60分）

注　意　事　項

1．「はじめ」の合図があるまで開いてはいけません。
2．解答用紙の決められた太いわく内に受験番号・氏名を記入しなさい。
3．解答は必ず解答用紙の決められたところに記入しなさい。
4．試験が終わったら問題用紙を持って帰りなさい。

1　次の □ にあてはまる数を入れよ。

（1）$1-\left(0.75\div\dfrac{3}{2}-1.2\times\dfrac{1}{3}\right)-\dfrac{8}{45}\times0.125=\square$

（2）$\dfrac{3}{2}+\square\times\dfrac{3}{14}-\dfrac{11}{8}\div\dfrac{7}{4}=\dfrac{27}{28}$

（3）ある品物の定価は 4000 円です。定価から 20% 割り引いて売ると，仕入れ値の 25% の利益になります。このとき仕入れ値は □ 円です。

（4）分母と分子の和が 132 で，約分すれば $\dfrac{7}{15}$ になる分数があります。この分数の分母は □ です。

（5）同じ長さの棒を 100 本用意しました。この棒をすべて使って正三角形と正方形を合わせて 29 個作りました。このとき，正三角形は □ 個できます。ただし一辺は 1 本の棒で作ることとします。また棒の太さは考えないものとします。

(6)　容器 A には濃度が 20% の食塩水を 100 g 入れています。また容器 B には濃度が 2% の食塩水を 100 g 入れています。いま，容器 A から 20 g 取り出し容器 B へ入れてよく混ぜ，そこから 20 g 取り出して容器 A に入れます。

このとき，容器 A の濃度は □ % になります。

(7)　同じ半径の 2 つの半円が図のように直径のなす角が 45° になるようにあります。2 つの円の中心を P と Q とし，2 つの半円の円周部分の交点を R，直径と円周の交点を S，T とします。このとき，図の角度アの大きさを求めると □ 度になります。

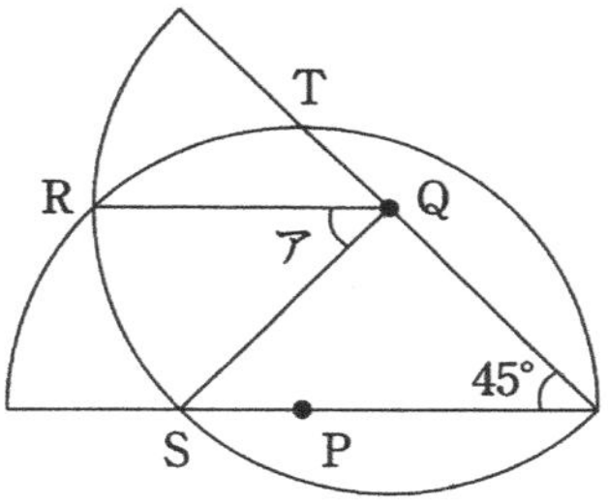

(8)　家からプールまでの道のりは 3600 m です。かつひろ君は自転車で家からプールまで行きました。かつひろ君の弟は歩いて家からバス停に行き，バスでプールに行きました。バス停での待ち時間は 7 分間でした。自転車の速さは歩く速さの 3 倍で，バスの速さは自転車の速さの 2 倍です。2 人は家を同時に出発したところ，かつひろ君の方が 12 分早く着きました。歩く速さは毎分 80 m です。

このとき弟が歩いた道のりは □ m です。

2 次の各問いに答えなさい。

（1）

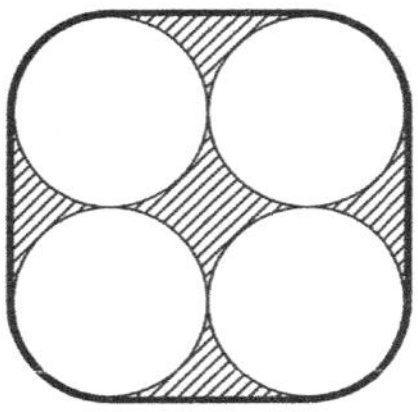

上の図のように，半径 5 cm の 4 つの円を並べました。これらの円の中心を結ぶと，1 辺の長さが 10 cm の正方形になりました。ただし円周率は 3.14 とします。

（ア）外側の周りの長さ（太線部）を求めなさい。

（イ）斜線部分の面積を求めなさい。

（2）

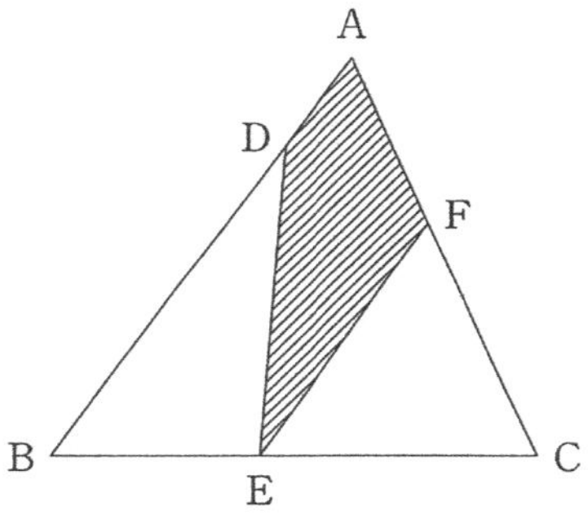

図のように，三角形 ABC の辺 AB，BC，CA 上にそれぞれ点 D，E，F を取りました。AD：DB ＝ 2：7，BE：EC ＝ 3：4，AF：FC ＝ 5：7 のとき，斜線部分の面積は三角形 ABC の面積の何倍になりますか。

令和３年度　**附属中学校入学試験問題（午前）**

理　　　　科

（40分）

注 意 事 項

1.「はじめ」の合図があるまで開いてはいけません。
2. 解答用紙の決められた太いわく内に受験番号・氏名を記入しなさい。
3. 解答は必ず解答用紙の決められたところに記入しなさい。
4. 試験が終わったら問題用紙を持って帰りなさい。

1 次の［Ⅰ］，［Ⅱ］の問１～問９に答えなさい。

［Ⅰ］春になると，サクラやアブラナなどいろいろな植物の花がさき，それらの花はやがて実や種子になります。いまアブラナの花のつくりを調べるために，１つの花を①～④の部分に分解して観察しました。下の表はその結果をまとめたものです。

部分	観察の結果
①	先が黄色でふくろ状をしているものが，６本ついていた。
②	根もとがふくらんでいるものが，１本ついていた。
③	緑色のものが，４枚ついていた。
④	③よりも大きく，黄色で平らなものが，４枚ついていた。

問１　春に花がさく植物はどれか，次の（ア）～（キ）から２つ選び，記号で答えなさい。
（ア）ヘチマ　（イ）アサガオ　（ウ）オオイヌノフグリ　（エ）コスモス
（オ）ホウセンカ　（カ）イネ　（キ）チューリップ

問２　表の①と③の部分をそれぞれ何といいますか。

問３　表の①～④の部分は，花の中心から外側に向かってどのような順でついていますか。①～④を正しい順に並びかえなさい。

問４　アブラナとは違い，①～④の部分がすべてそろっていない植物を，次の（ア）～（オ）から１つ選び，記号で答えなさい。
（ア）エンドウ　（イ）カボチャ　（ウ）タンポポ　（エ）ツツジ　（オ）ユリ

問５　アブラナの花粉はこん虫によって運ばれますが，マツやスギなどの花粉は風によって運ばれます。花粉が風によって運ばれる花のつくりの特ちょうを答えなさい。

問６　受粉によってできる種子は，植物の種類によって大きいものから小さいものまでいろいろあります。種子を大きくする利点を答えなさい。

［Ⅱ］私たちが日ごろ見かける動物も，ふつう，同じなかまのおすとめすによって子どもをつくります。ヒトの赤ちゃんは，お母さんのおなかにある子宮の中で育ちます。その中には [A] という液体があり，赤ちゃんを守っています。子宮のかべには [B] があり，ここを通して赤ちゃんはお母さんから養分などをもらっており，赤ちゃんと [B] はへそのおによってつながっています。

問7　[A] と [B] に当てはまる語句を答えなさい。

問8　ヒトの場合，受精してからうまれるまでの日数は約何日か，次の（ア）～（オ）から1つ選び，記号で答えなさい。

（ア）約 180 日　　（イ）約 210 日　　（ウ）約 270 日
（エ）約 360 日　　（オ）約 420 日

問9　ヒトとはちがい，ヘビやニワトリは，殻《から》のある受精卵を体の外に産みます。受精卵の殻にはどのようなはたらきがありますか。「内部をしょうげきから守る，他の動物に食べられないようにする」以外で答えなさい。

2　いろいろな性質の水溶液《すいようえき》について調べた［Ⅰ］～［Ⅲ］の問１～問９に答えなさい。

［Ⅰ］試験管Ａ～Ｅに同じ濃度《のうど》の塩酸を 10 cm^3 ずつ入れました。これに，同じ濃度の水酸化ナトリウム水溶液を表のような体積で加えると，Ｃだけが中性になりました。

試験管	A	B	C	D	E
塩酸の体積〔cm^3〕	10	10	10	10	10
水酸化ナトリウム水溶液の体積〔cm^3〕	6	8	12	15	18

問１　試験管Ａ，Ｃ，ＥにＢＴＢ液を加えたときの色はどうなりますか。正しい組み合わせを（ア）～（カ）から１つ選び，記号で答えなさい。

試験管	（ア）	（イ）	（ウ）	（エ）	（オ）	（カ）
A	青色	青色	緑色	緑色	黄色	黄色
C	黄色	緑色	青色	黄色	緑色	青色
E	緑色	黄色	黄色	青色	青色	緑色

問２　ＢＴＢ溶液を加えた試験管Ａ，Ｅと同じ色を示す水溶液を，次の（ア）～（カ）から２つずつ選び，記号で答えなさい。

（ア）炭酸水　（イ）アンモニア水　（ウ）さとう水　（エ）石灰水
（オ）食酢　（カ）食塩水

問３　試験管Ａ～Ｅにスチールウール（鉄）を入れたとき，気体を発生して溶《と》けるのはどの試験管ですか。Ａ～Ｅからすべて選び，記号で答えなさい。

問４　試験管Ａ～Ｅのうちから２本を選んで混ぜると，中性になるのはどれですか。正しい組み合わせを（ア）～（カ）から１つ選び，記号で答えなさい。

（ア）ＡとＣ　（イ）ＡとＤ　（ウ）ＡとＥ　（エ）ＢとＣ
（オ）ＢとＥ　（カ）ＣとＥ

［Ⅱ］次の図は，混合液が中性になるときの塩酸X，Yの体積〔cm^3〕と，水酸化ナトリウム水溶液の体積〔cm^3〕の関係を表したグラフです。

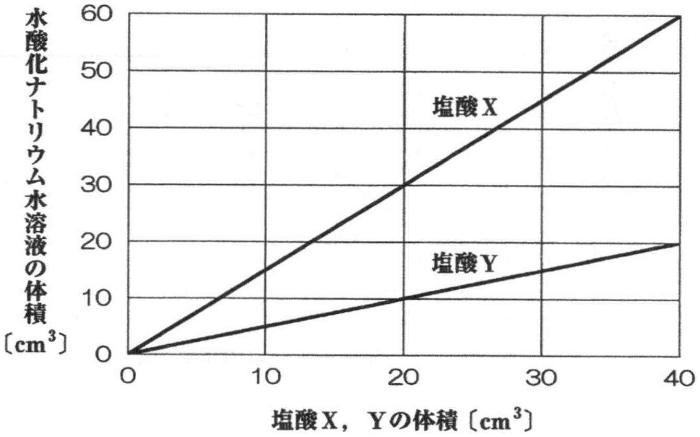

問5　塩酸X 50 cm^3を中性にするのに必要な水酸化ナトリウム水溶液の体積は何cm^3ですか。

問6　塩酸Yの濃度は，塩酸Xの濃度の何倍ですか。（ア）～（ケ）から1つ選び，記号で答えなさい。

（ア）5倍　（イ）4倍　（ウ）3倍　（エ）2倍　（オ）1倍

（カ）$\frac{1}{2}$倍　（キ）$\frac{1}{3}$倍　（ク）$\frac{1}{4}$倍　（ケ）$\frac{1}{5}$倍

問7　塩酸X 60 cm^3と水酸化ナトリウム水溶液 120 cm^3を混ぜると，アルカリ性の水溶液になりました。このアルカリ性の水溶液を中性にするのに必要な塩酸Yの体積は何cm^3ですか。

［Ⅲ］次の図は，ある濃度の塩酸 100 cm^3 に入れたマグネシウムの重さ〔g〕と，発生した水素の体積〔cm^3〕の関係を表したグラフです。

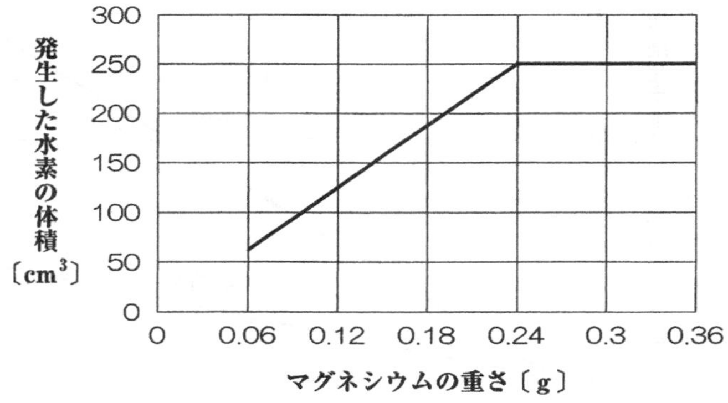

問8　図と同じ濃度の塩酸 250 cm^3 にマグネシウムを 0.75 g 加えると，マグネシウムの一部が溶け残りました。反応せずに残ったマグネシウムの重さは何 g ですか。また，このとき発生した水素の体積は何 cm^3 ですか。

問9　塩酸の濃度を図のときの２倍にしてマグネシウムと反応させました。マグネシウム 0.12 g がすべて反応するのに必要な２倍の濃度の塩酸の体積は何 cm^3 ですか。また，このとき発生した水素の体積は何 cm^3 ですか。

採点欄

〔問四〕

〔問五〕

①

②

ため。

の心が、（ii

）気持ちから、

）気持ちに変わった。

4

5

6

10

11

12

3

〔問四〕

1

2

3

4

5

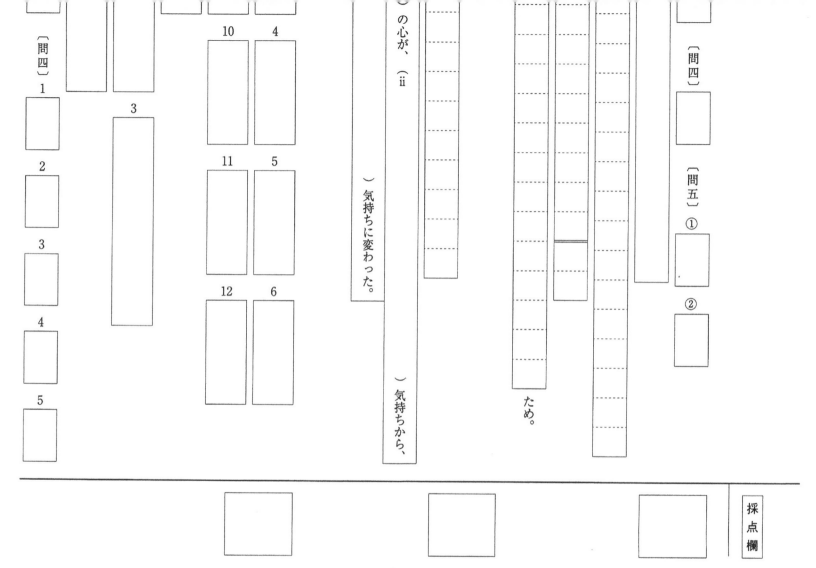

(4)	(ア)	(イ)	

2	

3

(1)	分　　秒後まで	(2)	cm^2
(3)			

3	

4

ア	イ
ウ	エ

4	

5

(1)	倍	(2)	倍
(3)	日間	(4)	頭

5	

問8　マグネシウム	問8　水素	問9　塩酸	問9　水素
g	cm^3	cm^3	cm^3

3

問1　①	問1　②	問1　③

問2

問3　A	問3　B	問4	問5	問6	問7

問8

4

問1　A	問1　B	問2	問3

問4	問5	問6	問7
秒	秒		

問8	問9	問10
秒	cm	秒

受 験 番 号	
氏 名	

採 点 欄

※100点満点
（配点非公表）

令和３年度 附属中学校入学試験（午前） 理 科 解 答 用 紙

1

問１	問２ ①	問２ ③	問３
			中心 → → → 外側

問４	問５

問６

問７ A	問７ B	問８

問９

2

問１	問２ A	問２ E	問３	問４

【解答

受験番号	
氏名	

令和３年度　附属中学校入学試験（午前）　算数　解答用紙

採点欄

合計	

※200点満点
(配点非公表)

1

(1)		(2)		(3)	
(4)		(5)		(6)	
(7)		(8)			

1	

2

(1)	(ア)　　cm	(イ)　　cm^2
(2)	倍	

【解答

受験番号	
氏名	

令和3年度　附属中学校入学試験（午前）　国語　解答用紙

合計

※200点満点
（配点非公表）

一

〔問一〕 X Y

〔問二〕

〔問六〕

〔問七〕

〔問八〕

〔問九〕

〔問十〕

二

〔問一〕 X Y Z

〔問二〕

〔問三〕 I

〔問四〕

〔問五〕 (i) (iii)

〔問六〕

〔問七〕

〔問八〕

三

〔問一〕 1 2 3 7 8 9 13 14 15

〔問二〕 1 2 4 5

〔問三〕 1 2 3 4

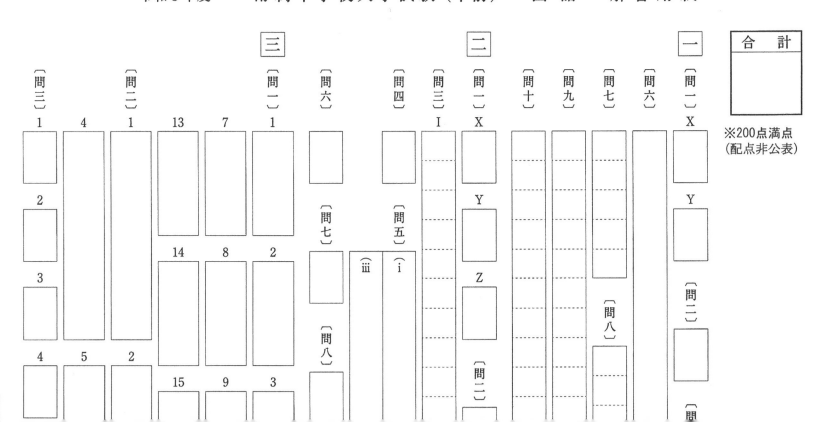

3　次の［Ⅰ］,［Ⅱ］の問1～問8に答えなさい。

［Ⅰ］現代では新聞やテレビ，インターネットで天気予報を見ることができます。日本の気象衛星「[①]」から送られてくる画像からは，雲の大きさや厚さを知ることができ，雲の動きを予測することができます。また，降水量，風速，気温などを観測するシステムである「[②]」のデータによって地域に合わせた細かい天気予報をすることができます。全国の約840ヶ所に設置されている[②]から気象庁へデータが送られ，このデータをスーパーコンピュータなどで処理することによって天気を分せきし，天気予報に役立てています。

日本の上空には[③]という風がふいているため，雲はおよそ西から東へ動きます。天気も，雲の動きにつれて変わっていくので，日本の天気は西から東へ移ることが多いです。このことから，「夕焼けが見えた次の日は晴れ」と言われているように，天気に関するデータが無くても明日の天気について予測することができます。

問1　上の文章中の[①]～[③]にあてはまる名称を答えなさい。

問2　上の文章中の下線部について，このように言われている理由を「雲」の語を用いて簡単に書きなさい。

問3　台風を説明した次の文章中の，[A]にあてはまる語を下の（ア）～（ウ）から，[B]にあてはまる数字を下の（エ）～（キ）からそれぞれ1つずつ選び，記号で答えなさい。

[A]付近の海上で発生した，最大風速が秒速17.2m以上の熱帯低気圧を台風といいます。台風の周辺で，平均風速が秒速25m以上の強い風のふくところを暴風域といい，右の図1の台風の暴風域は中心から半径150kmの範囲《はんい》でした。最も長く暴風域の中に入ることになる地点では，暴風域に入ってから出るまでに5時間かかったので，この台風は時速[B]kmの一定の速さで勢力を変えずに矢印に沿って進んだことになります。

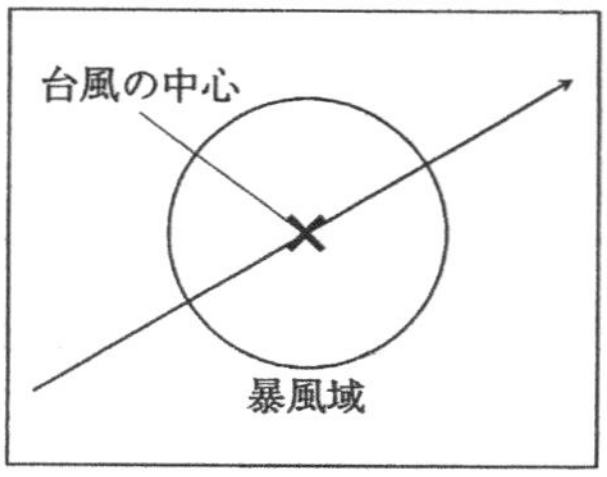

図1

（ア）北極　　（イ）南極　　（ウ）赤道
（エ）6　　（オ）12　　（カ）30　　（キ）60

問４　下の図２は，ある日の和歌山県で雨が降った様子を表しています。は雨が降った範囲を表し，午前９時の位置から矢印がさす方向へ移動し，午前11時の位置まで移動しました。午前９時から午前11時までの間，の範囲ではまんべんなく雨が降り続き，それ以外の場所では雨は降りませんでした。Ａ，Ｂ，Ｃ地点では，午前９時から午前11時までに降った雨をメスシリンダーに集め，この時間の雨の量を調べました。図３のメスシリンダーＸ，Ｙ，ＺはそれぞれＡ，Ｂ，Ｃ地点のいずれかのものです。雨を集めたメスシリンダーＸ，Ｙ，ＺとＡ，Ｂ，Ｃ地点の組み合わせとして正しいものを，あとの（ア）～（カ）のうちから１つ選び，記号で答えなさい。

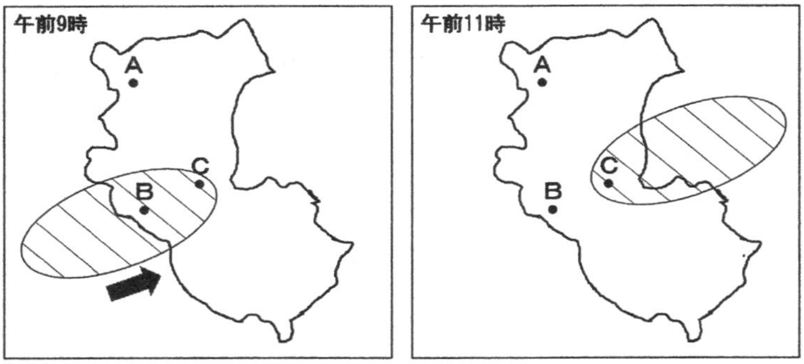

図２

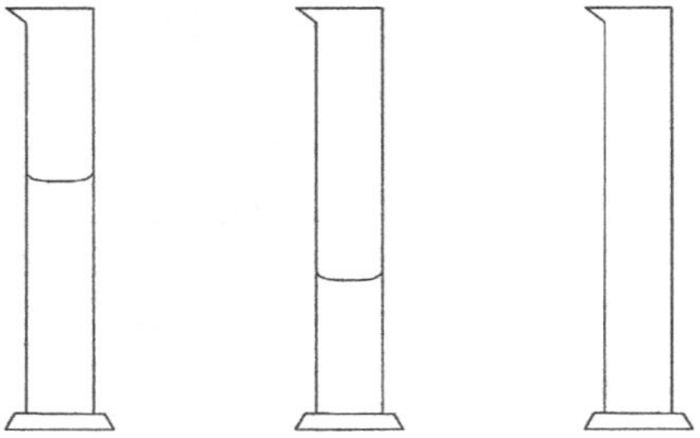

図３

	Ａ地点	Ｂ地点	Ｃ地点
（ア）	X	Y	Z
（イ）	X	Z	Y
（ウ）	Y	X	Z
（エ）	Y	Z	X
（オ）	Z	X	Y
（カ）	Z	Y	X

［Ⅱ］2012年5月21日午前7時30分頃に近畿大学附属和歌山高等学校・中学校から太陽を観察すると，ある現象が見られました。このとき，太陽の中心部分は見えなくなっていました。右の図4はそれを撮影《さつえい》したものです。

図4

問5　このような現象を何と言いますか。漢字2文字で答えなさい。

問6　この日の太陽と地球と月の位置関係を次の（ア）～（ウ）から1つ選び，記号で答えなさい。
（ア）太陽－地球－月　　（イ）太陽－月－地球　　（ウ）月－太陽－地球

問7　右の図5は同じ日に撮影した写真です。次の中から撮影時刻に最も近いものを次の（ア），（イ）から1つ選び，記号で答えなさい。ただし，地球から見て，太陽と月が地球の周りを1周するのにかかる時間は，太陽は約24時間で，月は約24時間45分です。
（ア）午前7時　　（イ）午前8時

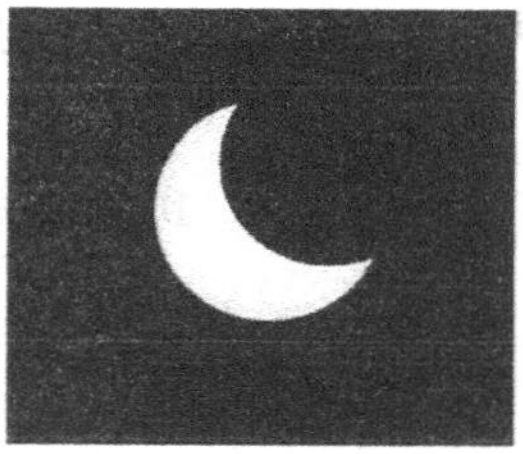

図5

問8　右の図6は2012年6月6日午前10時20分頃に近畿大学附属和歌山高等学校・中学校から撮影した太陽です。太陽面の左上の矢印で示した●は，金星です。地球から見たときの太陽の大きさは図4と図6でほぼ同じですが，半径が月の3倍以上も大きい金星が，月に比べてはるかに小さく見えています。この理由を簡単に書きなさい。

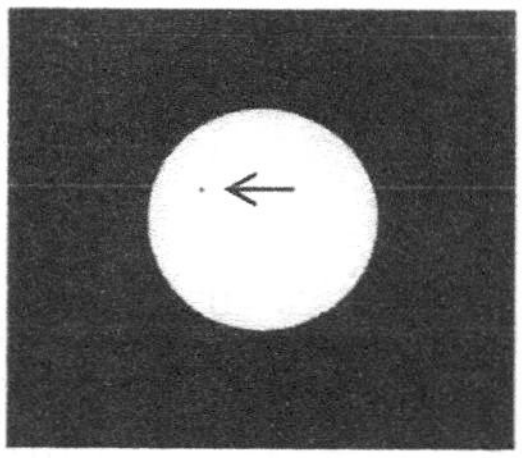

図6

4 次の［Ｉ］，［Ⅱ］の問１～問10に答えなさい。

［Ｉ］電磁石について，次の問いに答えなさい。

問１　右図のＡ，Ｂの位置に方位磁針を置くと，Ｎ極はどこを指しますか。次の（ア）～（エ）から１つ選び，記号で答えなさい。

（ア）上　　（イ）下　　（ウ）左　　（エ）右

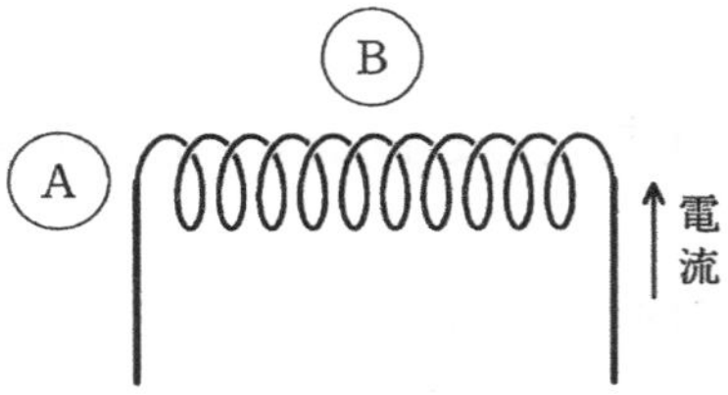

問２　電磁石の鉄くぎを引きつける力が最も強いのはどれですか。正しいものを，次の（ア）～（カ）から１つ選び，記号で答えなさい。

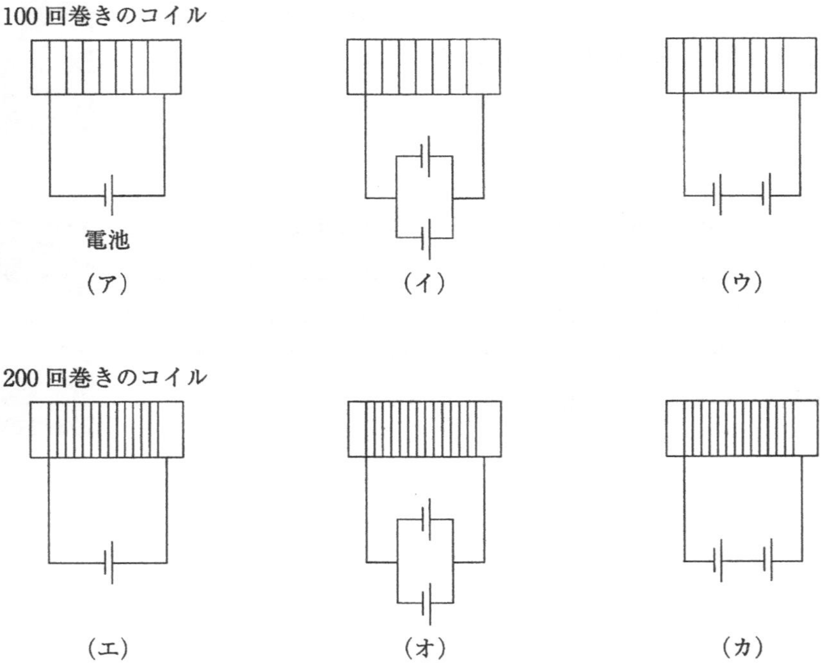

問３　コイルの中に入れるもので，電磁石につく鉄くぎの数が多くならないのはどれですか。あてはまるものを，次の（ア）～（エ）からすべて選び，記号で答えなさい。

（ア）ガラス棒《ぼう》　　（イ）鉄の棒　　（ウ）木の棒　　（エ）アルミニウムの棒

［Ⅱ］図1のような装置を用いて，ふりこの性質を調べました。表は，実験結果をまとめたものです。ただし，糸と天井や，糸とくぎのまさつは考えなくてよい。

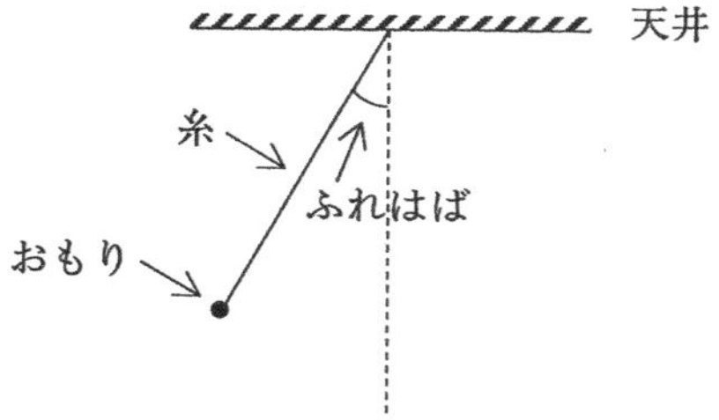

図1

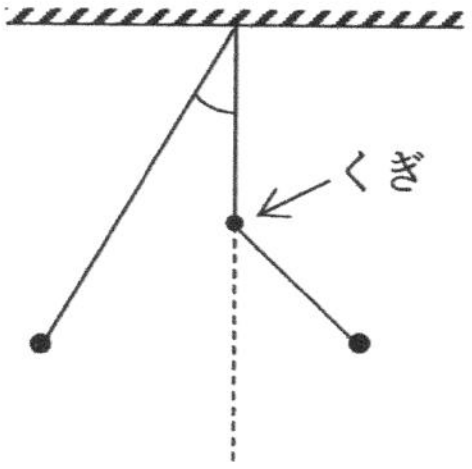

図2

実験記号	①	②	③	④	⑤	⑥	⑦	⑧
ふれはば〔°〕	15	20	20	10	15	30	15	10
ふりこの長さ〔cm〕	25	25	25	80	100	100	120	400
おもりの重さ〔g〕	50	100	150	200	100	100	200	200
おもりが10往復する時間〔秒〕	10	10	10	18	20	20	22	40

問4　おもりが1往復する時間を周期といいます。実験①の周期は何秒ですか。

問5　実験⑤について，ふれが最大のところから，はじめて最下点を通過するまでの時間は何秒ですか。

問6　ふれはばと周期の関係は，実験①～⑧のどれとどれを比べればわかりますか。

問7　ふりこの長さと周期の関係は，実験①～⑧のどれとどれを比べればわかりますか。

図2のように，天井からある長さの位置にくぎをうち，周期を調べました。このとき，糸がくぎにふれている間も糸はたるまずに，ふりこの運動を続けていました。

問8　実験⑦と同じ条件で，くぎを天井から20 cmのところにうつと，周期は何秒になりますか。

問9　実験⑧と同じ条件で，周期を2.9秒にするためには，くぎを天井から何cmのところにうつとよいですか。

問10　実験⑧と同じ条件で，くぎを天井から280 cmのところにうち，左側のふれが最大のところから静かにおもりをはなしました。おもりが，右側のふれが最大のところに達したときに，天井から300 cmのところに2本目のくぎをうちました。この1往復にかかった時間は何秒になると考えられますか。

（3）　白，赤，黒，青，黄の5個のさいころがあります。
これら5個のさいころを投げて出た目の和について考えます。

（ア）和が6になるような目の出方は何通りありますか。

（イ）和が7になるような目の出方は何通りありますか。

（4）　しんじ君は，奇数を1から順に足していくときに次のような規則を見つけました。
$1+3=2\times2$，$1+3+5=3\times3$，$1+3+5+7=4\times4$，$1+3+5+7+9=5\times5$

（ア）1から99までの奇数の和 $1+3+5+7+\cdots+99$ を計算しなさい。

（イ）33から99までの奇数の和 $33+35+37+\cdots+99$ を計算しなさい。

3 一辺の長さが 5 cm の正方形 ① と底辺の長さが 9 cm の直角二等辺三角形 ② が図のように直線 ℓ 上にあります。最初，図のように ① の頂点と ② の頂点が重なっています。図の位置から ① は毎分 1 cm の速さで右方向に移動し，② は毎分 2 cm の速さで左方向に移動します。ただし ① と ② は直線 ℓ にそって同時に動き始めるものとします。

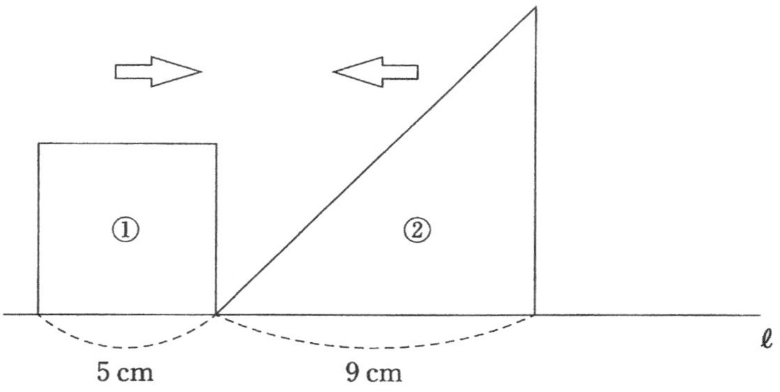

（1） ① と ② の重なった部分の図形が三角形になるのは動き始めてから何分何秒後までですか。

（2） 動き始めてから 2 分後の ① と ② の重なった部分の面積を求めなさい。

（3） ① と ② の重なった部分の面積が $8\,\text{cm}^2$ になるのは動き始めてから何分何秒後ですか。すべて答えなさい。

4 ある店で買い物をすると，現金で払った金額の 4% 分が 1 ポイントとしてもらえます。持っているポイントは，次回からの買い物に 1 ポイントを 1 円として使うことができます。いま，A さん，B さん，C さんはそれぞれポイントを 1500 ポイントずつ持っています。このとき次の [　　] にあてはまる数値を答えなさい。

（1） A さんが 1 つ 25 円のお菓子を 314 個買いました。代金を全て現金で払いました。このとき次回から使えるポイントは最初に持っていたポイントと合わせて [ア] ポイントになりました。

（2） B さんが 1 つ 25 円のお菓子を 314 個買いました。代金を現金で 7650 円と持っているポイントのうちの 200 ポイントで払いました。このとき次回から使えるポイントは残ったポイントと合わせて [イ] ポイントになりました。

（3） C さんが 1 つ 25 円のお菓子を 314 個買いました。代金を現金で [ウ] 円と持っているポイントのうちの [エ] ポイントで払いました。このとき，次回から使えるポイントは残ったポイントと合わせて 826 ポイントになりました。

5 ある牧場に牧草が生えています。10 頭の牛を放牧すると 20 日間で牧草を食べつくしました。14 頭の牛を放牧すると 12 日間で牧草を食べつくしました。ただし，牧草は毎日一定の割合で生えるものとし，またどの牛も 1 日で食べる牧草の量は同じであるとします。

また放牧する前の牧場の状態は，いつも同じ状態であるとします。

（1） 1 日に生える牧草の量は，牛 1 頭が 1 日に食べる牧草の量の何倍ですか。

（2） 放牧する前に生えている牧草の量は，牛 1 頭が 1 日に食べる牧草の量の何倍ですか。

（3） 24 頭の牛を放牧すると何日間で牧草を食べつくしますか。

（4） はじめに 3 頭の牛を放牧して，11 日目から何頭か増やしたところ，それから 5 日間で牧草を食べつくしました。牛を何頭増やしたのでしょうか。

たすことはできない。バイオリンを弾くことに、意味があるんだろうか。それよりも、現実として、思う存分パンを食べられるほうが人々の役に立つのではないか、と自分の気持ちをどんどん追いつめてしまったらしい。

ドイツが統一されたあとは、東にいた人たちも、自由な暮らしができるようになったけど、彼はそのままパン職人になった。知り合った娘さんも、そんな彼の思いに共感して、バイオリン同様、ピアノを、音楽をとてもぜいたくなものだと思うようになってしまった……。

「彼といっしょにパン職人になりたい、と手紙をよこしたんだ。わたしは反対したが、無駄《むだ》だった。さっさと音楽大学をやめてしまった。アルバイトをしながら、パンのマイスターを養成する職業学校に入り、修業《しゅぎょう》を続けたようだ。パン職人になった。無論、ふたりが考えていることは、頭では理解できる。食べることは、生きるための基本だ。わたし自身、戦争中から戦後にかけての食糧難《しょくりょうなん》のきびしさは、子ども心にも覚えている。だからこそ娘には、自由な時代に自由に音楽をやってほしかった。それなのに、せっかくドイツまで行って、ピアノを捨てなくたっていいじゃないか」

にがいものでも食べたみたいに、木下さんは顔をゆがませた。

「ふたりでパン屋を開くのをずっと目標にしていたらしいが、やっと店を持てた。それから、毎年クリスマスになると決まって送ってくる。あのケーキをね。だが、どうしても食べる気にはなれんのだよ」

あのケーキって、シュトーレンのことだ。

それで初もうでの時、マイちゃんにいろいろときいてきたのか。

④マイちゃんは、声をうわずらせた。

「どうして最初に話してくれなかったの？　娘さんがピアノをやめたこと。だまってるなんて、おかしいよっ」

光平と彩音もくってかかる。

「ちゃんとパン屋さんも開けたんだから、いいんじゃねえの？」

「そうですよ。それって、親の身勝手というか、押《お》しつけだと思います」

「そうだよ。木下さんは、勝手なことばっかり言ってると思う。それじゃ娘さんがかわいそう。娘さんはドイツでちゃんと考えて、自分の力でパン屋さんになったんでしょ。お父さんに食べてもらいたくて、シュトーレンを作って送ってくるんだよ。なのにどうして、そういう子どもの気持ちを無視するの？　そんなのひどいよっ」

マイちゃんは、レッスンバッグをつかんで部屋をとびだした。

「待って！」

追いかける彩音のあとを、「自分も！」と、光平もバタバタと足音だけ残していった。

あっという間の展開だった。急に静かになった居間で、オレは、木下さんとふたりだけになってしまった。気まずい雰囲気《ふんいき》の中で、なんとかとりつくろおうと考えた。

Y

そうだ。ピアノコンサートのチケットのお礼を、まだ言っていなかった。

「この前はありがとうございました。寒川修《さむかわおさむ》、すばらしかったです」

「それはよかった。寒川くんは、わたしの教え子でね」

あんなにすごいピアニストを育てたのかと目を見はったら、木下さんはふっと笑った。

「教えたのは、寒川くんがまだ小学校に入ったころだよ。だが、当時から、彼の弾く力は抜《ぬ》きんでていたので、専門的に指導する先生のところへ行くことを強く勧《すす》めたんだ。期待通り、寒川くんは、東京の音大を出たあと、娘と同じ時期にドイツへ留学して、コンサートピアニストになった。とても優《やさ》しい子でね。今でもたまに連絡をくれる。今回のチケットも送ってくれた。もちろん行くつもりだった。だが、彼にはすまないが、あの時は、どうしても行く気にはならなくてねえ……」

木下さんは、肩《かた》を落とした。

「行ったらどうしても、思い出してしまう。彼は、ピアニストになったのに、娘はピアノを捨ててしまった。いや、そんなのは、親のエゴだというのは、よくわかっているよ。子どもが、自分の意志で自分の居場所を見つけたのに、みとめようとしないんだからねえ」

「……」

無言で聞くしかなかった。

「そんな気持ちをいつまでも捨てられないでいるせいだな。杉山神社でマイくんを初めて見かけた時、娘と重ねあわせてしまったんだ。昔、家族で毎年、杉山神社に初もうでに来ていたことも思いだした。あそこの一本松の手入れをさせてもらっているのも、当時に帰れるような気がしてねえ。娘は、あの松が好きだったんだ」

なつかしい気持ちは、わかるような気がする。

「だからつい、声をかけてしまった。マイくんがシュトーレンを持っていたのも、なんだかひどく不思議な気がした。しかも、そのあとも、友人のお孫さんが通っているピアノ教室の発表会へ行ってみたら、マイくんがいるじゃないか。それはもうおどろいた。演奏に聞き入ってしまった」

木下さんは、ピアノに近づくと、すじばった手でそっとなでた。

「だがね。マイくんと学校で話したのは、単に昔がなつかしいと思っただけではない。彼女《かのじょ》のピアノを聞いて感じたんだ。みごとに弾きこなしているのに、どこか［A］。音が内向きになってしまっている。もっと［B］なるはずだ。マイくんだけが弾けるピアノを、聞く人たちに伝えてほしい。わたしも聞いてみたい。なに、決して押しつけようとしたんじゃない。彼女の音が変われば、わたし自身も前を向いて、このピアノとまた向きあえると思っただけだ」

前を向いて、ピアノと向き合う。

それは、もう一度、ピアノの力を信じたいってことかもしれない。

弾く楽しさ。聞いてもらう喜び。美しい響《ひび》き。心を揺さぶるメロディ。胸に染《し》みてくる音色……。オレが、自分の意志で弾きたいと思いはじめてから気がついた、並べていったらきりがないほどのピアノの力だ。この先だって、まだまだあるかもしれない。

それをみつけるために、前をむいて進んでいく。合唱コンで伴奏した『明日輝《かがや》け！』の歌のように。

（横田明子『四重奏デイズ』による）

〔問一〕　文中の ══ 線部X「面くらう」、Y「とりつくろおう」、Z「エゴ」の本文での意味として最も適当なものを、次のア～エの中からそれぞれ選び、記号で答えなさい。

X「面くらう」

ア　照れくさがる
イ　驚《おどろ》きあわてる
ウ　おそろしがる
エ　けんそんする

Y「とりつくろおう」

ア　話をつなげよう
イ　話を終わらせよう
ウ　その場をおさめよう
エ　その場をはなれよう

Z「エゴ」

ア　自分の利益ばかり考える心
イ　変化を受け入れられない心
ウ　余計な心配ばかりする心
エ　決断を先のばしにする心

〔問二〕　文中の ── 線部①「オレは、急いで笑いを引っこめた」とありますが、それはどうしてですか。その理由として最も適当なものを、次のア～エの中から選び、記号で答えなさい。

ア　実力以上にほめられたので、木下さんの話を信じてはいけないと思ったから。
イ　自分だけがほめられたので、マイちゃんを傷つけてはいけないと思ったから。
ウ　木下さんにほめられたので、みんなにきらわれてはいけないと思ったから。
エ　みんなの前でほめられたので、得意そうに見えてはいけないと思ったから。

〔問三〕　文中の ―― 線部②「あたしのピアノ」とありますが、それは、（Ⅰ）どのような気持ちで弾いているため、（Ⅱ）どのように聞こえるピアノですか。解答欄《らん》に合う形で、それぞれ十字以内で本文から抜《ぬ》き出して答えなさい。

上手だが、（　　Ⅰ　　）気持ちで弾いているため、（　　Ⅱ　　）聞こえるピアノ。

〔問四〕　文中の《　　　》に入る言葉として最も適当なものを、次のア～エの中から選び、記号で答えなさい。

ア　親近感
イ　劣等感《れっとうかん》
ウ　優越感《ゆうえつかん》
エ　不信感

〔問五〕　文中の ―― 線部③「世の中が、目まぐるしく変わるせいで、そこに暮らす人間も変わってしまうのかもしれん」とありますが、木下さんは、（ⅰ）だれの心が、（ⅱ）どんな気持ちから、（ⅲ）どんな気持ちに変わったと言っていますか。解答欄に合う形で、具体的に説明しなさい。

（　　ⅰ　　）の心が、（　　ⅱ　　）気持ちから、（　　ⅲ　　）気持ちに変わった。

〔問六〕　文中の――線部④「マイちゃんは、声をうわずらせた」とありますが、それはどうしてですか。その理由の説明として最も適当なものを、次のア～エの中から選び、記号で答えなさい。

ア　自分と共通点が多いと思っていた木下さんの娘さんに、ピアノの才能がなかったことを知って、ショックを受けたから。

イ　自分には何でも話してくれていた木下さんが、娘さんのことで自分に秘密を持っていたと知って、ショックを受けたから。

ウ　自分にピアノを教えてくれると思っていた木下さんが、娘さんには教えられなかったと知って、ショックを受けたから。

エ　自分の気持ちをわかってくれると思った木下さんが、娘さんの意志はみとめていないと知って、ショックを受けたから。

〔問七〕　文中の［A］・［B］に入る言葉の組み合わせとして最も適当なものを、次のア～エの中から選び、記号で答えなさい。

ア　A　空々しい　―　B　はなやかに

イ　A　痛々《いたいた》しい　―　B　のびやかに

ウ　A　騒々《そうぞう》しい　―　B　さわやかに

エ　A　弱々しい　―　B　にぎやかに

〔問八〕　本文の登場人物の説明として最も適当なものを、次のア～エの中から選び、記号で答えなさい。

ア　マイちゃんは、木下さんにピアノの上手さをほめてもらえなかったため、木下さんに実力をみとめさせようと練習をしている。

イ　木下さんは、自由に音楽をするのがよいと考えているため、パン屋の仕事にしばられて自由を失った娘さんに腹を立てている。

ウ　木下さんの娘さんは、パン作りのすばらしさに気付き、親の言いなりにはならないことを示そうとして、パンを送り続けている。

エ　オレ（タカ）は、ピアノに対する気持ちがひとによってさまざまであることに気付き、自分なりの向き合い方を探し始めている。

三　〔問一〕～〔問四〕に答えなさい。

〔問一〕　1～12の――線部のカタカナは漢字に直し、13～15の――線部の漢字は読み方をひらがなでそれぞれ答えなさい。

1　イネが朝鮮半島《ちょうせんはんとう》をケイユして日本に入った。
2　ヘイイな表現にあらためる。
3　ケイキが回復する。
4　安全ホショウ条約を結ぶ。
5　キョヨウ量をこえた仕事の注文が来た。
6　難しいコースを見事にソウハした選手。
7　株が値下がりしてソンシツをかかえる。
8　ヒリョウを加えて土地改良をする。
9　年功ジョレツの社会に不満がある。
10　父は四十年間ツトめた会社を退職した。
11　チャンピオンとして不動の地位をキズく。
12　野鳥を森にハナす。
13　作文を練り上げる。
14　ポスターを百枚刷る。
15　豊かな感性を育む。

〔問二〕　1～5の――線部は使い方に誤りがあります。正しく言い換《か》えなさい。

1　お客様、おそれ入りますが、あちらでおうかがいください。
2　おみやげ、ありがとうございます。家族みんなでめしあがります。
3　これはめったに見れない花です。
4　子どもには食後にできるだけ早く薬を飲まさせましょう。
5　「もしもし、佐藤さんはいらっしゃいますか。」「失礼ですが、何様ですか。」

〔問三〕　1～5の□に入る言葉として最も適当なものを、次のア～オの中からそれぞれ選び、記号で答えなさい。ただし、同じものは二度選べません。

1　彼《かれ》とは十年来の友人なので、私にとっては□存在だ。
2　「□」というから、他人には親切にしよう。
3　あの人は、□ような節約生活をしている。
4　地球温暖化は、もはや□などと言っていられない。
5　なめらかにしゃべる様子は、まさに□といった感じだ。

ア　気の置けない
イ　対岸の火事
ウ　立て板に水
エ　つめに火をともす
オ　情けは人のためならず

〔問四〕　1～5の熟語の成り立ちとして最も適当なものを、次のア～キの中からそれぞれ選び、記号で答えなさい。ただし、同じものは二度選べません。

1　読書
2　売買
3　入試
4　日没
5　不足

ア　意味が反対になる漢字を組み合わせたもの。
イ　意味が似ている漢字を組み合わせたもの。
ウ　上の漢字が下の漢字を否定する意味を表すもの。
エ　上の漢字が下の漢字を説明する意味を表すもの。
オ　上の漢字が主語、下の漢字が述語の関係にあるもの。
カ　下の漢字が上の漢字の目的や対象を表すもの。
キ　長い熟語を省略《しょうりゃく》したもの。

近畿大学附属和歌山中学校

令和二年度　附属中学校入学試験問題（午前）

国語

（60分）

注意事項

一、「はじめ」の合図があるまで開いてはいけません。
二、解答用紙の決められた太いわく内に受験番号・氏名を記入しなさい。
三、解答は必ず解答用紙の決められたところに記入しなさい。
四、試験が終わったら問題用紙を持って帰りなさい。

教英出版

一　次の文章は、「日本型社会システム論」という題で上田紀行が講演したものです。これを読んで後の〔問一〕〜〔問十〕に答えなさい。ただし、字数制限のある問題は、句読点や括弧《かっこ》なども全て一字に数えます。

私たちの命というのは、何も生命機能のことだけではない。もっと大きなものを含んでいると思います。物質的な肉体だけでなくて、私たちの生き方などを含んでいる「 A 」ですよね。日本語で「身体」とか「身」という場合、こういった命という意味合いを含んでいることが多い。たとえば「身を焦《こ》がすほどの恋《こい》」といいますが、本当に身体を焦《こ》がしちゃったら、ただのやけどをするだけですからね（笑）。

ほかには、X「身を粉にして働く」ともいいますが、この場合も、実際に身体が粉《こな》になるわけじゃないですね。「身を立てる」は、座《すわ》ってないで、立つということではない。「出世する」とかそういう意味があるわけですよ。

「身」とひと言で言っても、そこには私たちの魂《たましい》であるとか、存在感というものが前提にされている。生命や身体をそれ自体単なる肉体だと思ってきたことが、近代社会が発展する上では重要だったとしても、それが臨界(注1)状態になっているいま、私たちはこれまでないがしろにしてきたものをふたたび見つめ直さなくてはいけない。私が「癒《いや》し」ということをいうようになったのも、こういう反省があったからなのです。

もう亡《な》くなりましたが、私が尊敬している中川米造《なかがわよねぞう》という大阪大学の先生がいました。自分が医学部に入学して、病理学の先生にいわれた言葉が衝撃《しょうげき》だったという話を中川先生は話していたことがあります。「君たちは医学生となった。これからは人間をこういうふうに見なければならない。たとえば患者《かんじゃ》さんがドアから入ってくる。しかし、患者《かんじゃ》が入ってきたのではない。病気を持った肉体がドアを開けたのだと思いなさい」

そういわれて、本当にびっくりした、と。これからは人間のことを、 B として見なければいけない。そんなことできるだろうか、と。しかしながら、医学の発展はこういう視点に拠《よ》っているわけです。その人の抱《かか》えている悩《なや》みなどの人間的な部分には目を瞑《つむ》り、ホルモン(注2)の分泌《ぶんぴつ》の変調を突《つ》き止め、人間を機械的に見ていくことによって、これだけ高度な医学ができあがっているわけです。

そして、ここからが今日お話ししている日本の社会システムとも似ているところですが、かなりの高度化を果たしたけれども、システムばかりが高度に発達してしまい、そのシステムに従っていると、どうも①自分たちが疎外《そがい》されているような実感を抱《いだ》いてしまう。私たちの存在が疎外《そがい》されているという印象を否応《いやおう》なく持ってしまうんです。

ですから、そのようななかで、いかにしてそれを取り戻すかということで、「癒《いや》し」という言葉が生まれてきました。しつこいようですが、「癒《いや》し」といっても、心の傷ついた人をいかに癒《いや》すかという狭《せま》い医療《いりょう》の問題だけに限らず、ある意味で「人間の存在感の取り戻し」というより広い意味で、私は定義しています。すると、日本型の社会システムをどう癒《いや》すかということに、医療《いりょう》の話から繋《つな》がってくることがわかるかと思います。

私は、②「繋《つな》がりによる癒《いや》し」と「断《た》ち切りによる癒《いや》し」の二種類があるのではないかと思っています。まず、「繋《つな》がりによる癒《いや》し」というのは、ひと言でいえば、「人間は孤独《こどく》になると病み、そして他者との繋《つな》がりによって癒《いや》される」ということです。

伝統的な医療《いりょう》や宗教では、ほとんどが「繋《つな》がりによる癒《いや》し」を行っています。たとえばスリランカでも、悪魔祓《あくまばら》いによって病気を治すということをやっていて、病院では治らなかった病が治るんです。悪魔祓《あくまばら》いといっても、徹夜《てつや》で太鼓《たいこ》を叩《たた》いたり、踊《おど》ったり、洒落《しゃれ》をいい合ったりして、ものすごく楽しい悪魔祓《あくまばら》いなんですが、「なんでこれで治るんですか？」と聞いたら、「心がわくわくしないと治らないよ」といわれて、③そのときは意外に思ったんです。

スリランカでは、「孤独《こどく》な人に悪魔《あくま》が憑《つ》く」「孤独《こどく》な人に悪魔《あくま》の眼差《まなざ》しが来る」といわれていて、つまり、周囲の視線が冷たいと私に悪魔《あくま》が憑《つ》いてしまうわけです。そこで、悪魔祓《あくまばら》いをやって、自分のために村人が全員来てくれて、お父さん、お母さんも自分のために、たくさんお金を使ってくれて、楽しく笑い合っていると、自然に病気が治ってしまう、と。周囲との繋《つな》がりが回復することで、病気が治り、癒《いや》されることがあります。これが「繋《つな》がりによる癒《いや》し」です。

しかし、そういう他者との繋《つな》がりが抑圧的《よくあつてき》に働いてしまうときもあります。（注3）共依存的《きょういぞんてき》な親子関係や、権威《けんい》による抑圧《よくあつ》などから病《や》んでしまう場合には、それらを断《た》ち切る必要が出てくる。これが「断《た》ち切りによる癒《いや》し」です。抑圧的《よくあつてき》な関係を断《た》ち切り、社会との正常な関係を回復することによって、癒《いや》される。ここで大事なのは、いろんなものを断《た》ち切るためには、深いところで自分が世界と繋《つな》がり、支えられているという強い確信がないと、また孤独《こどく》になって病《や》んでしまうということです。ですから、「繋《つな》がりによる癒《いや》し」と「断《た》ち切りによる癒《いや》し」の二つは、反対のことをいっているように思えるかもしれませんが、実は［　C　］の関係にあって、どちらの視点が欠けてもいけないものなんです。

ところで、私は日本社会というのは、これから二極分化していくだろうと思っています。一つは、いままであるようなシステム社会に過剰《かじょう》適応して、ある意味そこに食い込《こ》まれながら、人間の存在感をどんどん希薄化《きはくか》させていく方向。これが止まらずに、加速していくという方向が、まず考えられます。もう一つは、そういうことに気づいて、そこから抜《ぬ》け出ようとする方向も出てくるんじゃないかと思っています。近代化に対する反省から、もっと大きな世界観でもって世界と接していこうとする方向ですね。④私は、今後の日本社会は、この二つがバランスよく相互《そうご》に影響を与え合うというより、はっきりと二極分化していくと考えているんです。

ですから、私たちはそれぞれが、どちらを選択《せんたく》するかということを迫《せま》られているように思えます。いずれにせよ、どちらか一方ではなく、選択肢《せんたくし》が確保されている社会を考えたい。

それから、最近感じるのは、「最近の若い者はダメだ」といわれ続けた結果、若者は「自分たちはダメな世代なんだ」と思い込《こ》んでいるふしがある。先日、マスコミの人にもいいましたが、「ダメだ」ということを指摘《してき》するだけじゃなくて、面白《おもしろ》いことをやっている人たちもいるわけですから、視野をもっと広げて、そちらも同時に指摘《してき》することが重要だと思います。

私たちは、他人のY揚《あ》げ足取りが好きですから、どうしても叩《たた》くほうばかりに力を入れてしまいがちで、「いまの日本社会には可能性が［　D　］」とつい言ってしまう。しかし、可能性が［　E　］ことをやっている人たちを無視してはいけないし、それを正当に評価していかないと、本当にダメになってしまうだろうと思います。

（注1）臨界状態…物理的・化学的に変化を起こした物質が、ある状態から別の状態へと移っていく境目。

（注2）ホルモンの分泌《ぶんぴつ》…動物の器官や組織でつくられる化学物質が、動物の体の成長や働きなどを調整するために、体の内外に送り出されること。

（注3）共依存《きょういぞん》…自分と特定の相手が過剰《かじょう》に依存《いぞん》しており、その人間関係にとらわれていること。

〔問一〕　文中の ═══ 線部X「身を粉にして」、Y「揚《あ》げ足取り」の本文での意味として最も適当なものを、次のア～エの中からそれぞれ選び、記号で答えなさい。

X「身を粉にして」

ア　体を痛めるほど、心を病《や》んで
イ　大変な作業でも、力の限り強引《ごういん》に
ウ　苦労をいやがらずに、がんばって
エ　細かい内容を、注意深く確認して

Y「揚《あ》げ足取り」

ア　相手の言葉じりをとらえ、非難すること
イ　調子に乗って、相手の欠点を指摘《してき》すること
ウ　善悪の判断もなく、一方的に相手を責めること
エ　気がすむまで、とことん相手を攻撃《こうげき》すること

〔問二〕　文中の［A］に入る言葉を、本文から漢字一字で抜《ぬ》き出して答えなさい。

〔問三〕　文中の［B］に入る語句を、［B］より前の本文から十字以内で抜《ぬ》き出して答えなさい。

〔問四〕　文中の ―― 線部①「否応《いやおう》なく」とありますが、次のア～エの中から、この言葉の使い方が適当でないものを一つ選び、記号で答えなさい。

ア　近くにおいでの際は、否応《いやおう》なくお立ち寄り下さい。
イ　彼は知らないところへ、否応《いやおう》なく連れて行かれた。
ウ　不作だったので、野菜の値段が否応《いやおう》なく上がった。
エ　この道を行くと、駅に否応《いやおう》なくたどり着くだろう。

〔問五〕 文中の ―― 線部②「『繋《つな》がりによる癒《いや》し』と『断《た》ち切りによる癒《いや》し』」とありますが、A「繋《つな》がりによる癒《いや》し」と、B「断《た》ち切りによる癒《いや》し」の具体例として適当なものを次のア～エの中から一つずつ選び、それぞれ記号で答えなさい。

ア 五月五日に、国民が子どもの成長を祝った。

イ 野球の大会でチームが一丸となって戦い、優勝した。

ウ 満員電車でおなかが痛くなったが、痛みをこらえた。

エ 会社から休みをもらって、一人で温泉旅行に出かけた。

〔問六〕 文中の ―― 線部③「そのときは意外に思ったんです」とありますが、筆者の言う「そのとき」について、解答欄《かいとうらん》に合うように、本文の言葉を用いて二十五字以内で説明しなさい。

〔問七〕 文中の C に入る言葉として、最も適当なものを次のア～エの中から選び、記号で答えなさい。

ア 表裏一体《ひょうりいったい》　イ 以心伝心　ウ 一石二鳥　エ 共存共栄

〔問八〕 文中の ―― 線部④「私は、今後の日本社会は、この二つがバランスよく相互《そうご》に影響を与え合うというより、はっきりと二極分化していくと考えているんです」とありますが、「この二つ」について説明したものとして、最も適当なものを次のア～エの中から選び、記号で答えなさい。

ア 日本社会が必要以上に近代化してしまったことを反省することと、日本社会が近代化したことから抜《ぬ》け出ようとすること。

イ 日本社会が必要以上に世界の国々と歩調を合わせようとすることと、日本の存在感が世界で急速に薄《うす》れつつあること。

ウ 私たちがシステム社会でうまく生きていけるよう、身体を現在の日本社会の環境にあわせることと、私たち一人一人の存在感を、日本社会の内外に示すこと。

エ 私たちがシステム社会に従うあまり、自分の存在を一層感じられなくなることと、今の日本社会から離れ、視野を広げて様々なものを見つめようとすること。

〔問九〕 文中の D ・ E には、「ある」「ない」のいずれかが入ります。その組み合わせとして最も適当なものを次のア～エの中から選び、記号で答えなさい。

ア D ある　E ある
イ D ない　E ない
ウ D ない　E ある
エ D ある　E ない

〔問十〕 筆者が、本文全体で伝えようとしたことを説明したものとして、最も適当なものを次のア～エの中から選び、記号で答えなさい。

ア 「命」という言葉には、生き方や「身体」という意味が含まれている。その「身体」をしっかりと真剣《しんけん》に動かすことで、健全な魂《たましい》が人間には宿ると考えられる。

イ 日本の社会はこれから二極分化されていくことが予想される。この二極のうち、どういう方法で一方を選択《せんたく》し、どちらの社会で適応するかを考えていく必要がある。

ウ 近代社会が発展すればするほど、医療《いりょう》の技術も向上する。医学部の学生には、患者《かんじゃ》との精神的な繋《つな》がりを断《た》ち切り、高度な技術を身に付けることが求められる。

エ 「癒《いや》し」は心の傷を治すという医療《いりょう》の問題だけではなく、日本の社会や経済などにも繋《つな》がる。したがって、できるだけ「癒《いや》し」の機会を持つことが重要である。

二　次の文章を読んで、後の〔問一〕～〔問十〕に答えなさい。ただし、字数制限のある問題は、句読点や括弧《かっこ》なども全て一字に数えます。なお、設問の都合で本文を一部改めたところがあります。

東京に住む小学五年生の入江《いりえ》颯太《そうた》は、母親が出産の準備で入院したので、祖母の家がある佐渡《さど》で夏休みを過ごすことになった。佐渡《さど》では毎年夏休みに遠泳大会が開かれ、昨年はいとこの松木《まつき》あおいが優勝した。颯太《そうた》はビデオでそのレースを見て感動し、出場を決意する。海での泳ぎが得意でない颯太《そうた》は、佐渡《さど》の青年漁師・北島夏生《きたじまなつき》に泳ぎ方を教わり、ついに本番を迎《むか》えた。

「うわああああ！」

海にむかってほえた。

なんでぼく、こんなとこで、こんなしんどいことしてるんだ？

なんで、こんな大会に出ようと思ったんだっけ？

――つかれたら、休めばいいんだよ。

夏生《なつき》くんと海に浮《う》かんだときのことを思いだした。

おじさん(注1)に「だいじょうぶです」と伝えると、思いきって X あおむけになって浮《う》いてみた。

（あれっ……）

力が入っていたのがうそみたいに、波が体からつかれをすいとってくれる。

太陽がギラギラとまぶしく、目を閉じた。

まだ明るいまぶたの裏に、夏生《なつき》くんと見た、月と漁火《いさりび》が広がった。

（あれっ、なんで……？）

するとまた夏生《なつき》くんの声がきこえた。まるですぐ近くにいるように。

「颯太《そうた》(注2)も、種を、まいとるんだよな」

――そうだ、種だ。

病院でおなかをなでているお母さんの顔が浮《う》かんだ。

――ぼくも、少しでも変わりたいって思ったんだ……！

（夏生《なつき》くんが前にいると思って泳ごう）

高くなった波の間に、夏生《なつき》くんの日焼けした背中が浮《う》かんだりしずんだりしているように感じられた。

はじめて会ったときも、①イルカが泳いでいるみたいだなあって思ったっけ。

おなかにぐっと力を入れた。

リタイア(注3)した子もがんばって練習したんだろう。

ボートの上からまだみんなが泳いでいるのを見て……絶対くやしいにちがいない。

（ぼくはあきらめない！）

また体を［　a　］ひねり、頭を水中につっこんだ。

日にさらされてYほてった顔にあたる海水が、冷たくて気もちいい。

ずっとひとりで泳いでいる気がしていたけど、気がつくと先を泳いでいた選手たちの赤いキャップが、五メートルくらい先に見えるようになった。

（ぼくひとりじゃない。みんな苦しくてもがんばってる）

しばらくすると、横波の力が弱くなり、横島《よこしま》が近づいてきた。

横島《よこしま》は、釣《つ》りのスポットらしく、よく小さな釣《つ》り船が近くにつけているそうだ。

今日はそのかわりに、大きめの漁船が応援《おうえん》につけていた。

夏生《なつき》くん……。

ぼく……ここまできたよ。

もう、漁船の方に顔をむけられないほどつかれきっていた。

手も足もパンパンになって痛い。

顔を上げすぎていたのか、首も肩《かた》も痛い。

目にも海水が入って痛い。

もう、フォームも何もかもめちゃくちゃだった。

すると、漁船から、声がきこえた。

「颯太《そうた》――っ！」

泳いでいても、漁船のエンジン音がうるさくても。

きき逃《のが》すわけない。

「ラスト――っ。がんばれーっ！」

その声をきいたとたん、さっきまでがまんしていた②涙《なみだ》がじわっとあふれてきた。

立ち泳ぎをして、ゴーグルをはずす。

［　b　］してよく見えない。

「いけーっ！」

夏生《なつき》くんがどこにいるのか、わからなかった。

でも、その声でグンと体が軽くなった。

横島《よこしま》を旋回《せんかい》する。

「三十八分経過！　五十一番がんばれっ」

ライフガードのお兄さんが、拡声器で伝えてくれる。

もう、三十八分も泳いだのか……。

ぼく、その間ずっと泳いでたんだ……。

東京にいたら、絶対にできなかった。

体を完全に浜《はま》の方にむけると、潮《しお》の流れが変わった。

（波が後ろから、ぼくをおして運んでくれてる！）

キックも強く打てるようになった。

なぜかしんどくなくなって、③ふわーっと気分が良くなってきて、いくらでも泳げる気がしてきた。
（これが、夏生《なつき》くんのいってたランナーズハイみたいな状態!?）
さっきまで抵抗《ていこう》ばかりしていた海が、味方になってくれた。
そらっ、浜《はま》までいくぞっ、って後おししてくれる。
すごい！
［ A ］……！
顔を上げると、浜辺《はまべ》で応援《おうえん》の人たちがたくさん待っているのが見えた。
白くまぶしい浜《はま》。古くて赤い屋根の目立つ相川《あいかわ》の町並み。
その背中に、緑のこんもりとした山。
練習のときとちがうのは、浜辺《はまべ》のもりあがりだ。
みんな、こっちをむいて手をふったり、大漁旗《たいりょうばた》をふったりしている。
先頭の選手たちが泳いでいる海は、太陽の光で宝石みたいに輝《かがや》いている。
キラキラの波の中を泳ぐ選手たちの、浮《う》かぶ赤いキャップも、ふりあげた腕《うで》も、キックのしぶきも、すべて光って見える。
わあ……きれいだな……。
ぼくも、キラキラと泳いでいるんだろうか。
波がさらに、ぼくの背中をおす。
トクトクトクトクと胸が鳴る。全身にひびく。
［ B ］……！
海を泳ぐのって［ C ］んだ……！
ウミネコが羽をのびのびと広げ、すーっと前を横切る。
水温があたたかくなり、海の色が、変わった。
ドンドドンドドンドン……。
デンデデンデデンデデン、デンデデンデデンデデン……。

出むかえの太鼓《たいこ》の音がきこえた。

「颯太《そうた》ーっ、あと少しーっ、がんばれーっ!!」
な、夏生《なつき》くん……？
ゴーグルをとってZ目をこらす。
おばあちゃんと夏生《なつき》くんが大きく手をふっているのが見えた。
ぼくも手をふりたかったけど、だるくて重くて手が上がらない。
体も海面から出ると、［　c　］重力を感じた。
「いけっ……いくんだ……」
波打ち際まで進むと、夏生《なつき》くんが、いつもの黒いTシャツをぬいでふりまわしていた。
「颯太《そうた》、おつかれーっ、やったなーっ！」

令和２年度　附属中学校入学試験問題（午前）

算　　　数

（60分）

注　意　事　項

1．「はじめ」の合図があるまで開いてはいけません。
2．解答用紙の決められた太いわく内に受験番号・氏名を記入しなさい。
3．解答は必ず解答用紙の決められたところに記入しなさい。
4．試験が終わったら問題用紙を持って帰りなさい。

1 次の □ に最も適切な数を入れなさい。

（1） $\{23 \times 8 - (89 + 28) \div 9\} \div 76 \times 2 =$ □

（2） $\frac{11}{35} - \frac{17}{35} \times 0.25 \div \frac{63}{36} =$ □

（3） 450 cm^3 は □ Lの 60 ％ です。

（4） 湖を 1 周する道路を，ただし君は自転車で時速 10 km で走りました。まゆさんは時速 15 km で走りました。2 人のかかった時間を比べるとただし君の方が 15 分多くかかりました。この道路の 1 周は □ km です。

（5） あるクラスの生徒数は 35 人です。このクラスで犬を飼っている生徒の数は 17 人，猫《ねこ》を飼っている生徒の数は 22 人，どちらも飼っている生徒の数は 9 人です。

犬も猫《ねこ》も飼っていない生徒の数は □ 人です。

(6)　3 %の濃度の食塩水 500 g に 10 %の濃度の食塩水 250 g と水 □ g を入れると，5 %の濃度の食塩水になりました。

(7)　底面が直径 10 cm の円で，高さが 7 cm の円柱があります。この円柱の側面の面積は □ cm^2 です。円周率は 3.14 とします。

(8)　あるクラスで，算数のテストをしたところ，80 点が 8 人，70 点が □ 人，60 点が 7 人で，平均点が 70.5 点でした。

(9)　ひろし君はみかんを学校で配りました。4 個ずつ配ると 3 個余り，5 個ずつ配ると 1 個不足しました。ひろし君がみかんを配った人は全部で □ 人います。

2 次の問いに答えなさい。

（1） ともき君とひろし君の2人で仕事をします。2人が毎日いっしょに行うと6日間で終わります。また，同じ仕事をともき君が1人で2日間行い，残りをひろし君が1人で12日間行うと仕事が終わります。

この仕事をともき君が1人で行うと何日間で終わりますか。

（2） ABを直径とする半円の周上に点Pがある。直線APで折り曲げたとき，図のように円周と直径が半円の中心Oで交わりました。AB = 4 cmのとき，斜線をつけた部分の面積は何cm^2ですか。円周率は3.14とします。

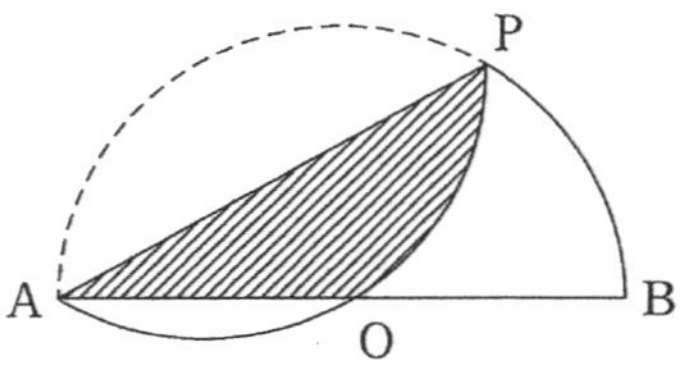

（3） 1 g，3 g，9 g，27 gの4種類の重さの重りがそれぞれ10個ずつあります。
これらの重りを使って重さを量ります。
ただし，使わない種類の重りがあってもよいものとします。
次の問いに答えなさい。

① 一番少ない個数で50 gを量るにはそれぞれの重りが何個ずつ必要ですか。
重りを使わない場合はその重りの個数は0個と答えなさい。

② 一番多い個数で50 gを量るにはそれぞれの重りが何個ずつ必要ですか。
重りを使わない場合はその重りの個数は0個と答えなさい。

（4） あるきまりにしたがって，下の図のように整数を表すことにしました。
次の問いに答えなさい。

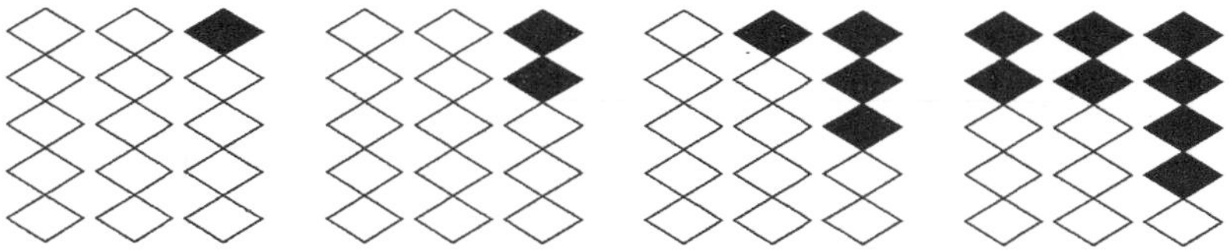

1　　　2　　　9　　　88

① 下の図の表す整数を求めなさい。

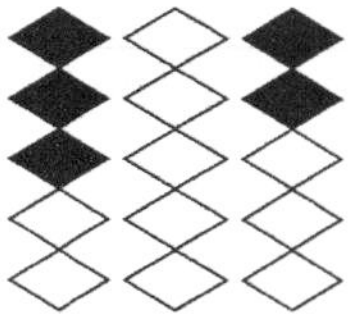

② 159 を表す図を作りなさい。

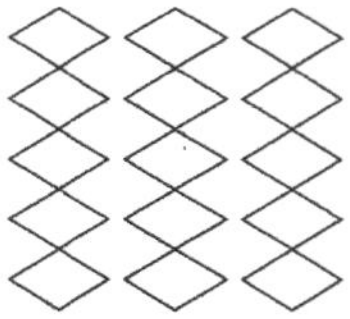

3 長方形 ABCD の辺 BC 上に点 E があります。長方形 ABCD の面積が 10 cm^2, 三角形 ABE の面積が 3 cm^2 とします。

次の問いに答えなさい。

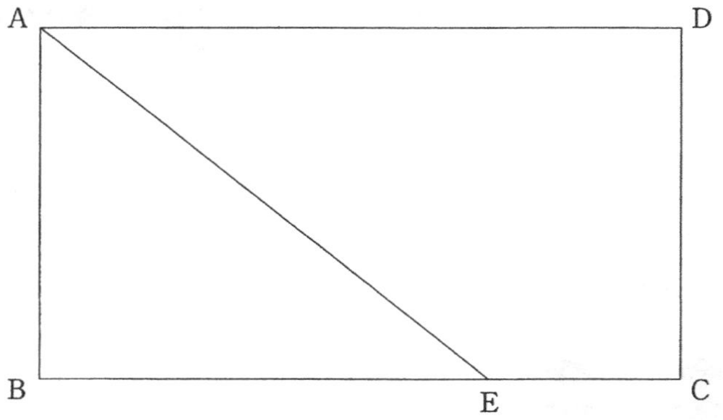

（1） BE：EC を最も簡単な整数の比で表しなさい。

（2） 三角形 ECD の面積は何 cm^2 ですか。

（3） 点 D を通り，直線 AE に平行な直線を引きます。この直線上に 2 点 F，G をとると，四角形 AEFG は長方形になりました。長方形 AEFG の面積は何 cm^2 ですか。

令和２年度　　附属中学校入学試験問題（午前）

理　　　　科

（40分）

注　意　事　項

1.「はじめ」の合図があるまで開いてはいけません。
2. 解答用紙の決められた太いわく内に受験番号・氏名を記入しなさい。
3. 解答は必ず解答用紙の決められたところに記入しなさい。
4. 試験が終わったら問題用紙を持って帰りなさい。

1　次の［Ⅰ］，［Ⅱ］の問１～問４に答えなさい。

［Ⅰ］地層について，次の問１，問２に答えなさい。

問１　次の図１～図４の地層について，（１）～（５）に答えなさい。

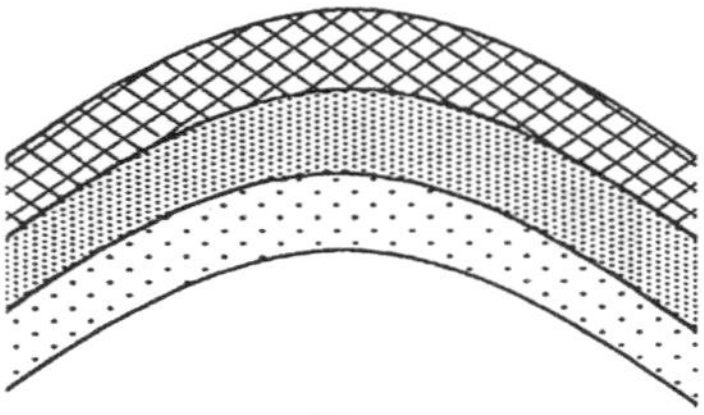
図１

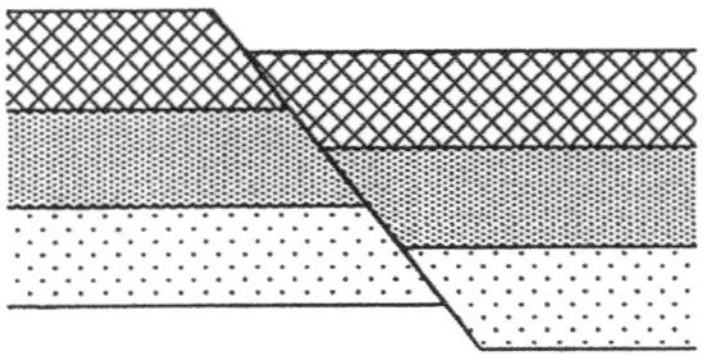
図２

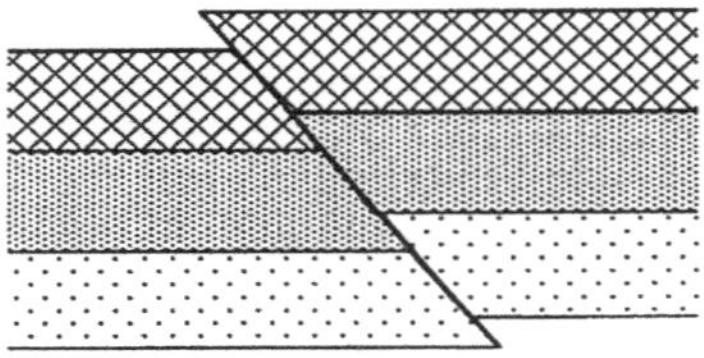
図３

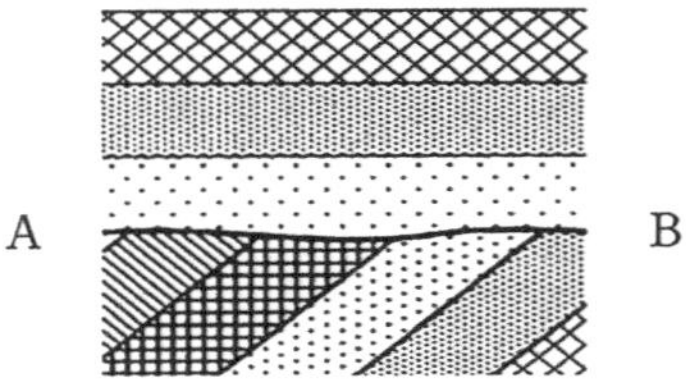

図４

（１）図１の地層は，もともと水平で平行になっていた地層が曲がったものです。このように地層が曲がることを何といいますか。

（２）図２，図３のように，地層にずれができていました。地層の中で見られるこのようなずれを何といいますか。

（３）図２，図３の地層のずれは，①「両側から引く力がはたらいた」または，②「両側から押す力がはたらいた」ことが原因でできたと考えられます。図２，図３の地層のずれができた原因として正しい組み合わせを，次の（ア）～（エ）から１つ選び，記号で答えなさい。

（ア）図２－①，図３－①　　（イ）図２－①，図３－②
（ウ）図２－②，図３－①　　（エ）図２－②，図３－②

（４）図４のような地層があり，ＡＢ面の上と下で，地層のできた時代がちがうことがわかりました。このような重なり方を何といいますか。

（５）図４の地層を調べたところ，ＡＢ面よりも上の地層でアンモナイトの化石が見つかりました。このとき，ＡＢ面よりも下の地層で見つかる可能性がない化石を，次の（ア）～（エ）からすべて選び，記号で答えなさい。

（ア）三葉虫　　（イ）マンモス　　（ウ）植物の葉　　（エ）サンゴ

問２　海底や湖の底でできる地層は，流れる水の３つの作用，（１）けずるはたらき，（２）運ぶはたらき，（３）つもらせるはたらき，に関係があります。（１）～（３）の作用をそれぞれ何といいますか。

［Ⅱ］緯度《いど》が和歌山市善明寺《ぜんみょうじ》と同じ北緯《ほくい》34.3 度で，経度が東経 150 度の太平洋上のＡ地点で，太陽の観察をします。地軸《ちじく》のかたむきを 23.4 度として，次の問３，問４に答えなさい。

問３　太陽が真東の水平線から昇《のぼ》り真西の水平線に沈《しず》む日が１年に２日あります。

（１）その日をそれぞれ何といいますか。

（２）その日の，Ａ地点での太陽の南中高度を答えなさい。

問４　太陽が水平線から昇ってから水平線に沈むまでの時間（昼間の時間）が１年のうちで最も長い日に観察します。

（１）その日を何といいますか。

（２）その日の，Ａ地点での太陽の南中高度を答えなさい。

（３）その日に，日本の東経 135 度の地点で太陽が南中する時刻がちょうど 12：00 だとすると，Ａ地点で太陽が南中するときの，日本での時刻を例にならって答えなさい。

例　9：30，15：00

（４）その日，北極点では太陽が１日中沈まず，太陽の高度は１日中同じ値になります。それは何度ですか。

2　気体の作り方や反応について，次の問1～問6に答えなさい。ただし，気体の体積は，同じ温度・同じ圧力で測定した値です。

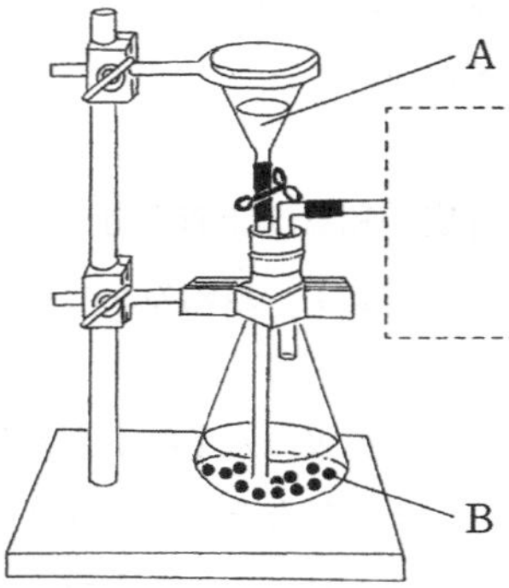

問1　右図のような装置で水素と酸素をそれぞれ発生させるとき，Aの液体とBの固体として何を使いますか。次の（ア）～（ク）から適《てき》する物質を1つずつ選び，記号で答えなさい。

（ア）食塩水　（イ）アンモニア水　（ウ）塩酸
（エ）過酸化水素水　（オ）石灰石　（カ）亜鉛《あえん》
（キ）塩化アンモニウム　（ク）二酸化マンガン

問2　水素と酸素は同じ集め方をします。右上図の［　　］に適する気体の集め方を表す図を，次の（ア）～（エ）から1つ選び，記号で答えなさい。ただし，矢印（→）は水素または酸素が入ってくる向きを示しています。

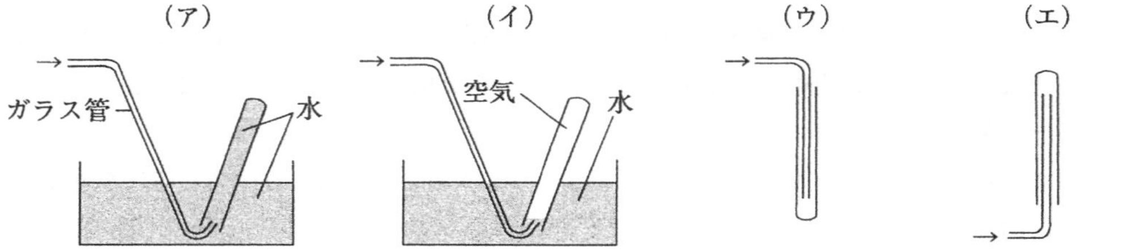

問3　水素と酸素の重さは，同じ体積の空気と比べると次のどれになりますか。（ア）～（エ）から1つ選び，記号で答えなさい。

（ア）水素も酸素も空気より軽い　（イ）水素は空気より重いが酸素は空気より軽い
（ウ）水素も酸素も空気より重い　（エ）水素は空気より軽いが酸素は空気より重い

問4　水素と酸素の混合気体に火をつけると，水ができます。次の表は，いろいろな体積の水素と酸素の混合気体に火をつけて反応させたときの実験結果をまとめた表です。

反応前の水素の体積	40L	50L	60L
反応前の酸素の体積	30L	25L	20L
反応後に残った気体とその体積	酸素が10L残った	水素も酸素も残らず全て反応した	（ ① ）が（ ② ）L残った
できた水の重さ	［　　］g	36g	［　　］g

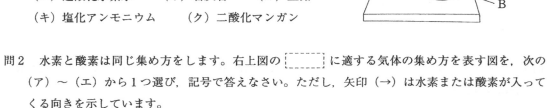

（1）この結果から，水素と酸素が過不足なくちょうど反応するときの体積比（水素：酸素）を，最も簡単な比で答えなさい。

（2）表中の①には水素または酸素のどちらが入りますか。また，②に適する値を答えなさい。

（3）表中の２つの［　　　］ｇには同じ値が入ります。この値を答えなさい。

問５　メタンと酸素の混合気体に火をつけると，二酸化炭素と水ができます。次の表は，メタンと酸素の混合気体に火をつけて反応させたときの実験結果の表です。

反応前のメタンの体積	25Ｌ
反応前の酸素の体積	50Ｌ
反応後に残った気体とその体積	メタンも酸素も残らず全て反応した
できた二酸化炭素の体積	25Ｌ
できた水の重さ	36ｇ

この結果から，メタンと酸素が過不足なくちょうど反応するときの体積比（メタン：酸素）を，最も簡単な比で答えなさい。

問６　水素がＸ〔Ｌ〕，メタンがＹ〔Ｌ〕，酸素が250Ｌの混合気体に火をつけると，水素もメタンも酸素も残らず全て反応しました。反応後には，二酸化炭素が100Ｌと水がＺ〔ｇ〕できていました。

（1）反応前の水素とメタンの合計体積Ｘ＋Ｙは何Ｌですか。その値を答えなさい。

（2）反応後にできた水の重さＺは何ｇですか。その値を答えなさい。

3　次の［Ⅰ］，［Ⅱ］の問１～問６に答えなさい。

［Ⅰ］ジャガイモやサツマイモなどの植物は，生命活動に必要なエネルギーを取り出すために，栄養分を［（1）］を使って分解する呼吸を行っています。また，植物は十分な光があたっているときには［（2）］と［（3）］から［（1）］や栄養分を合成する光合成も同時に行っています。光合成は緑色の葉や若い茎《くき》の一部でも行われており，合成された栄養分は根・茎・果実・種子に運ばれて，呼吸に使われたり蓄《たくわ》えられたりしています。

問１　文中の［（1）］・［（2）］は気体，［（3）］は液体です。［（1）］～［（3）］にあてはまる物質名を答えなさい。

問２　ジャガイモは茎が，サツマイモは根が肥大して栄養分を蓄えます。次の（ア）～（エ）の中でおもに栄養分を果実・種子に蓄えているものを２つ選び，記号で答えなさい。

（ア）アスパラガス　　（イ）カボチャ　　（ウ）ショウガ　　（エ）イネ

問３　葉で合成された栄養分は，一時的に水に溶《と》けない物質Ａに変えられた後，再び水に溶けやすい物質Ｂに変えられて，少しずつ根・茎・果実・種子に運ばれます。

（1）水に溶けない物質Ａは，よう素液で青紫色になります。物質Ａの物質名を答えなさい。

（2）水に溶けやすい物質Ｂは何というつくりを通って運ばれますか。そのつくりの名前を答えなさい。また，茎の一部分を表した解答欄《らん》の断面図で，物質Ｂが通る部分を黒く塗《ぬ》りつぶしなさい。

［Ⅱ］葉で行われている光合成によって合成される栄養分の重さ，呼吸によって分解される栄養分の重さ，根・茎・果実・種子へ移動する栄養分の重さを調べるために次のような実験を行いました。

【実験操作と結果】

ある植物を暗室に１日おいた後，十分に明るい場所で，同じ厚さで同じぐらいの大きさの葉①～葉④について表１のような操作を同時に行いました。

また，それぞれの操作のすぐ後に，同じ面積になるように葉を切り取り乾燥《かんそう》させて重さを測定したところ，表１の結果が得られました。

なお，葉③と葉④では右図の矢印（→）の部分を熱したことによって，葉の光合成によって合成された栄養分が根・茎・果実・種子に移動できなくなっていますが，呼吸や光合成には影響《えいきょう》がありません。

熱した場所 →

採点欄

十〕

とき。

b

c

d

e

九〕

〔問十〕

状態。

4

5

6

10

11

12

(4)	①	② 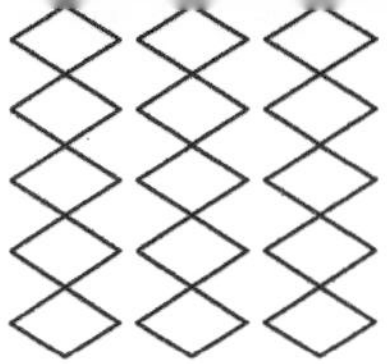	

2	

3

(1)	：	(2)	cm^2
(3)	cm^2		

3	

4

ア	イ
ウ　　時　　分	エ
オ　　時　　分	

4	

5

(1)	cm^3	(2)	cm^3

5	

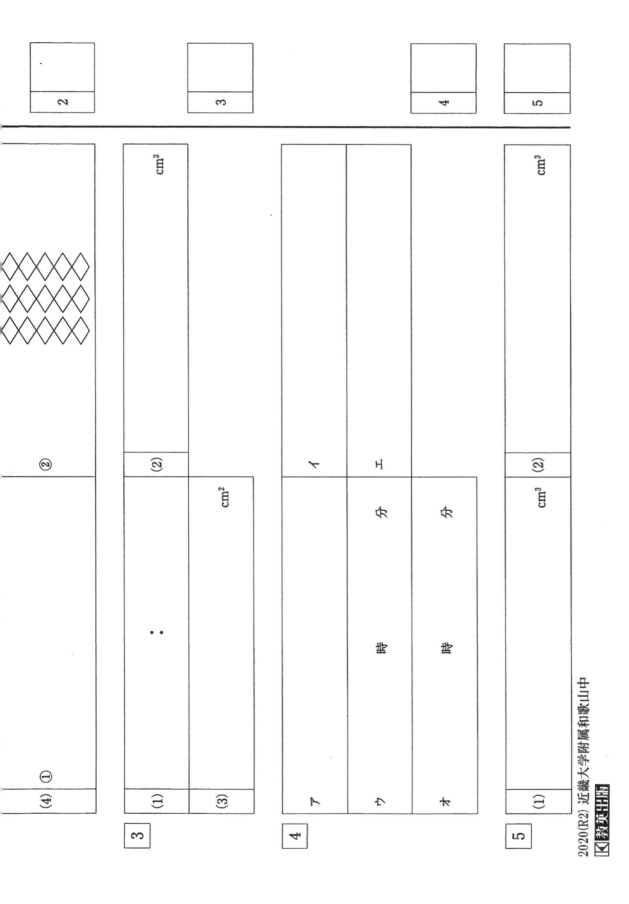

問4（3）	問5
g	メタン ： 酸素 ＝ ：

問6（1）	問6（2）
L	g

3

問1（1）	問1（2）	問1（3）	問2

問3（1）	問3（2）名称	問3（2）
		右図で物質Bが通る部分を黒く塗りつぶしなさい。

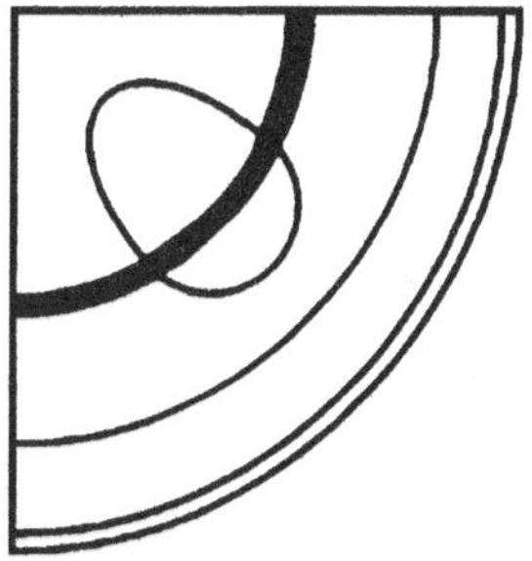

問4 C	問4 D	問5	問6

4

問1（1）	問1（2）	問1（3）	問2	問3
			g	面 重さ g

問4	問5	問6
cm	g	cm^3

受験番号	
氏名	

採点欄

※100点満点
（配点非公表）

令和２年度　附属中学校入学試験（午前）　理科　解答用紙

1

問１（1）	問１（2）	問１（3）	問１（4）

問１（5）	問２（1）	問２（2）	問２（3）
	作用	作用	作用

問３（1）		問３（2）
		度

問４（1）	問４（2）	問４（3）	問４（4）
	度		度

2

問１　水素	問１　酸素	問２	問３
A　　B	A　　B		

問４（1）	問４（2）

【解答

受験番号	
氏　名	

令和２年度　附属中学校入学試験（午前）　算　数　解答用紙

採点欄	
合計	

※200点満点
(配点非公表)

1

(1)		(2)		(3)	
(4)		(5)		(6)	
(7)		(8)		(9)	

1	

2

(1)	日間	(2)	cm^2
(3)	① 1g（　　）個　3g（　　）個　9g（　　）個　27g（　　）個		

【解答

受験番号	
氏名	

令和2年度　附属中学校入学試験（午前）　国語　解答用紙

合計

※200点満点
(配点非公表)

一

〔問一〕X　Y

〔問二〕

〔問四〕

〔問五〕A　B

〔問六〕

〔問七〕

〔問八〕

〔問九〕

二

〔問一〕X　Y　Z

〔問二〕

〔問三〕

〔問四〕

〔問五〕

〔問六〕

〔問七〕

〔問八〕

三

〔問一〕1　2　3

7　8　9

13　14　15

〔問二〕（1）①　②　③

（2）①　②

〔問三〕1　2　3　4

【解答

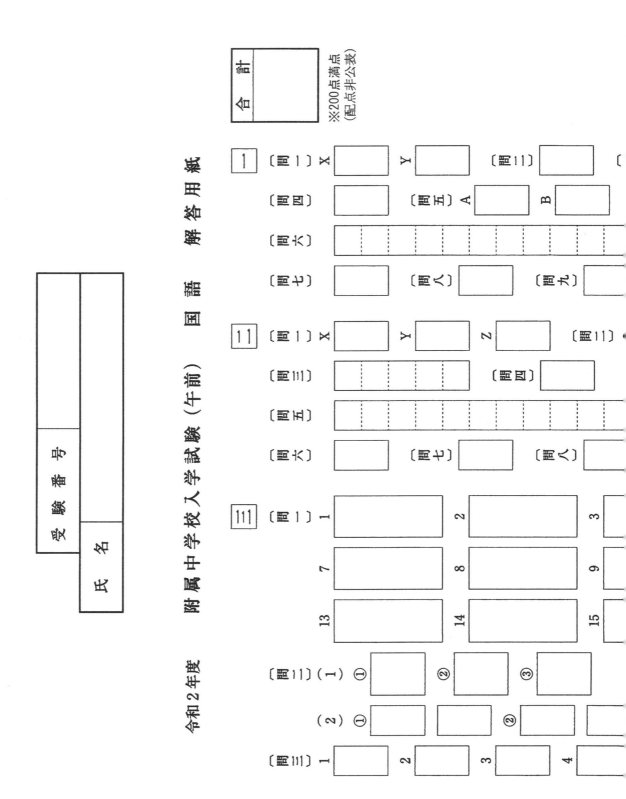

表　１

	実験の操作	実験結果 乾燥後の重さ〔ｇ〕
葉①	実験開始時に葉を茎から切り離《はな》す。	Ａ
葉②	８時間光を当てた後，葉を茎から切り離す。	Ｂ
葉③	葉の矢印の部分を熱してから８時間光を当てた後，葉を茎から切り離す。	Ｃ
葉④	葉の矢印の部分を熱してから８時間光があたらないようにアルミはくでおおった後，葉を茎から切り離す。	Ｄ

問４　光合成によって合成された栄養分の重さをＸ〔ｇ〕，呼吸によって分解された栄養分の重さをＹ〔ｇ〕，葉から根・茎・果実・種子へと移動していった栄養分の重さをＺ〔ｇ〕としたとき，表１の乾燥後の重さ Ｂ〔ｇ〕は，Ａ＋Ｘ－Ｙ－Ｚと表すことができます。Ｃ〔ｇ〕，Ｄ〔ｇ〕は，どのように表すことができますか。次の（ア）～（カ）から１つずつ選び，記号で答えなさい。

（ア）Ａ＋Ｘ－Ｙ　　（イ）Ａ＋Ｘ－Ｚ　　（ウ）Ａ－Ｙ－Ｚ
（エ）Ａ＋Ｘ　　（オ）Ａ－Ｙ　　（カ）Ａ－Ｚ

問５　実験している間に葉の呼吸で分解された栄養分の重さＹ〔ｇ〕を，表１の乾燥後の重さＡ～Ｄを使って表すとすると，どのように表すことができますか。次の（ア）～（シ）から１つ選び，記号で答えなさい。

（ア）Ａ－Ｂ　　（イ）Ａ－Ｃ　　（ウ）Ａ－Ｄ
（エ）Ｂ－Ａ　　（オ）Ｂ－Ｃ　　（カ）Ｂ－Ｄ
（キ）Ｃ－Ａ　　（ク）Ｃ－Ｂ　　（ケ）Ｃ－Ｄ
（コ）Ｄ－Ａ　　（サ）Ｄ－Ｂ　　（シ）Ｄ－Ｃ

問６　実験している間に光合成で作られた栄養分の重さＸ〔ｇ〕を，問５の（ア）～（シ）から１つ選び，記号で答えなさい。

4 次の［Ｉ］，［Ⅱ］の問１～問６に答えなさい。

［Ｉ］問１　次の（１）～（３）の文章の［　　］に入る語句や数値の組み合わせとして適するものを，それぞれ（ア）～（ク）から１つ選び，記号で答えなさい。

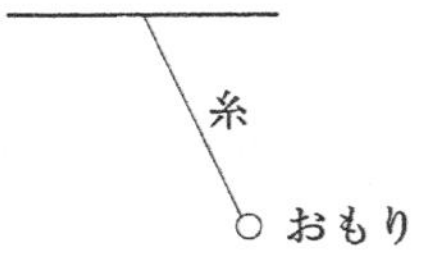

（１）振《ふ》り子が１往復する時間は，「おもりの重さ」・「おもりのかたさ」・「糸の長さ」・「振れ幅《はば》」のうち，［ 1 ］だけに関係し，その値が［ 2 ］なるほど大きくなります。

	（ア）	（イ）	（ウ）	（エ）	（オ）	（カ）	（キ）	（ク）
［ 1 ］	おもりの重さ	おもりの重さ	おもりのかたさ	おもりのかたさ	糸の長さ	糸の長さ	振れ幅	振れ幅
［ 2 ］	大きく	小さく	大きく	小さく	大きく	小さく	大きく	小さく

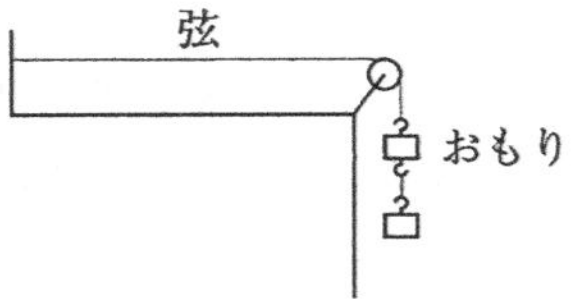

（２）弦《げん》におもりを取り付け，弦がぴんと張った状態ではじくと音が鳴ります。この音を高くするには，弦を振動しやすくし，１秒あたりに振動する回数を増やせばよいことが知られています。したがって，弦は同じ材質であれば［ 1 ］，［ 2 ］ほうが音は高くなり，おもりの数は［ 3 ］ほうが音は高くなります。

	（ア）	（イ）	（ウ）	（エ）	（オ）	（カ）	（キ）	（ク）
［ 1 ］	長く	長く	長く	長く	短く	短く	短く	短く
［ 2 ］	太い	太い	細い	細い	太い	太い	細い	細い
［ 3 ］	多い	少ない	多い	少ない	多い	少ない	多い	少ない

（３）右図のように，同じはたらきをする電球５個（Ⓐ～Ⓔ）とかん電池をつなぎ，それぞれの電球に流れる電流をはかりました。Ⓒを流れる電流はⒶを流れる電流より［ 1 ］，Ⓓを流れる電流はⒸを流れる電流より［ 2 ］，Ⓔを流れる電流はⒹを流れる電流より［ 3 ］なります。

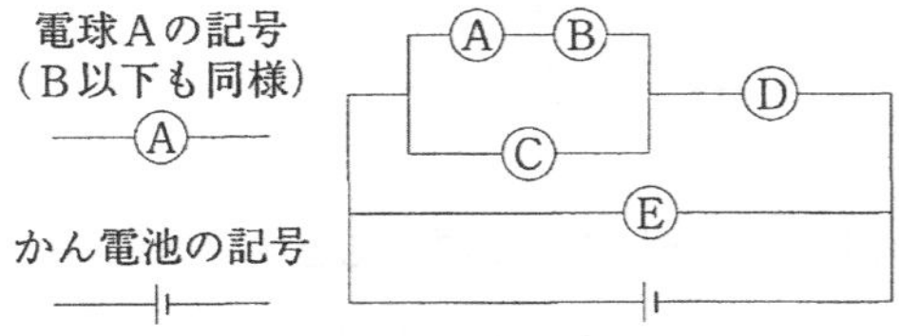

	（ア）	（イ）	（ウ）	（エ）	（オ）	（カ）	（キ）	（ク）
［ 1 ］	大きく	大きく	大きく	大きく	小さく	小さく	小さく	小さく
［ 2 ］	大きく	大きく	小さく	小さく	大きく	大きく	小さく	小さく
［ 3 ］	大きく	小さく	大きく	小さく	大きく	小さく	大きく	小さく

［Ⅱ］図１のような，縦２cm，横５cm，高さ８cmの直方体（物体１）があります。物体１には２cmの辺と５cmの辺でできる面Ａ，５cmの辺と８cmの辺でできる面Ｂ，２cmの辺と８cmの辺でできる面Ｃがあり，その重さは216ｇです。

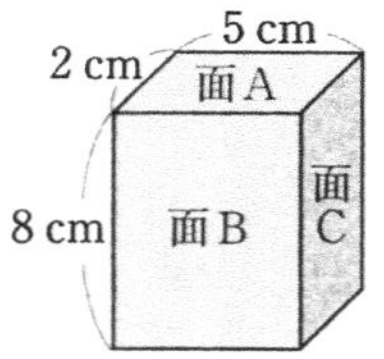

図１

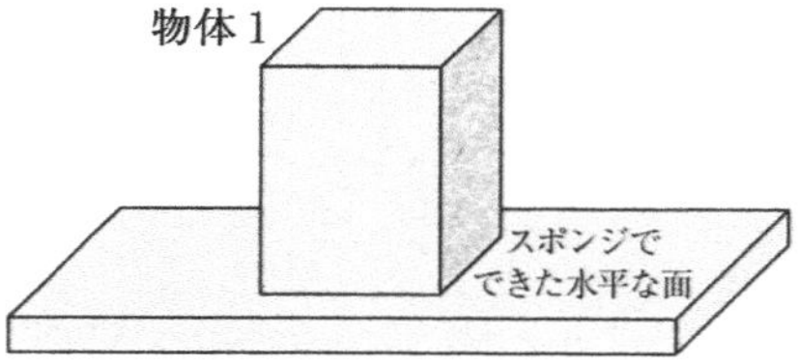

図２

問２　この物体１の体積１cm^3あたりの重さは何ｇですか。

問３　面Ａ，面Ｂ，面Ｃをそれぞれ下にしたときのうち，スポンジが最もへこむのはどの面を下にしたときですか。また，そのときの物体１と接しているスポンジの面積１cm^2あたりにかかる重さは何ｇですか。

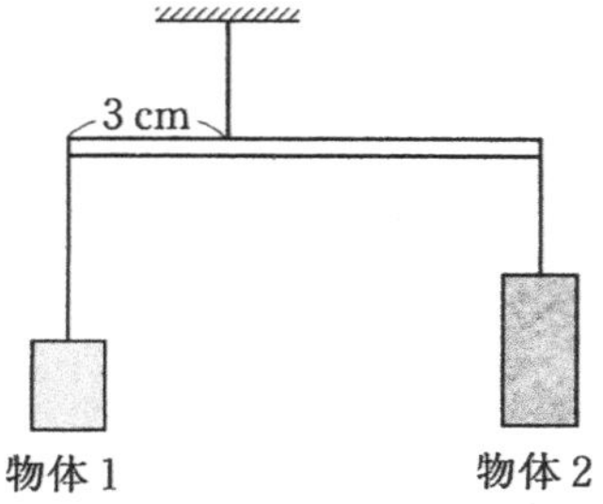

図３

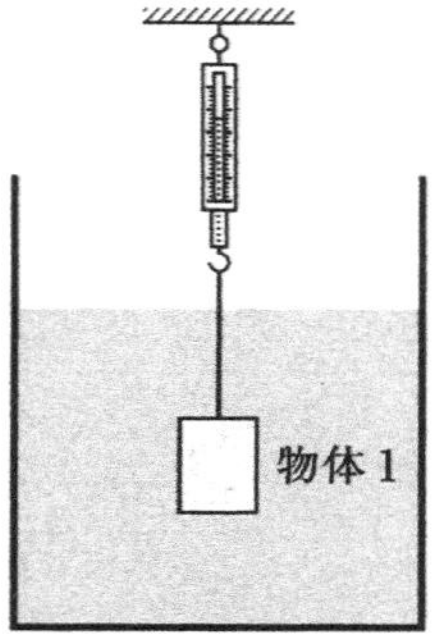

図４

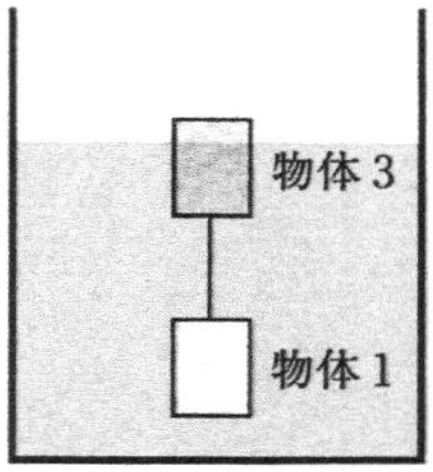

図５

問４　図３のように，体積１cm^3あたりの重さが0.1ｇの材質でできた体積360cm^3の物体２と物体１を軽い棒の両端に取り付け，棒の左端から３cmのところを軽い糸でつるしたところ，棒は水平になりました。この棒の長さは何cmですか。

問５　図４のように，物体１にばねはかりを取り付けて水中に入れて静止させました。ばねはかりのめもりの値は何ｇですか。ただし，水１cm^3は１ｇで，物体はおしのけた水の重さとおなじ大きさの浮《ふ》力を受けるものとします。

問６　図５のように，物体２と同じ材質でできた物体３に，物体１を軽い糸でつないで水中に入れたところ，物体３の体積のうち26cm^3が水面上に浮《う》いた状態で静止しました。物体３の体積は何cm^3ですか。

2020(R2) 近畿大学附属和歌山中
教英出版

［4］　グラフのようにN駅とK駅間を電車が往復で一定の速さで運行しています。たかひろ君はN駅から電車の線路に沿った道を歩いてK駅に向かいます。たかひろ君はN駅から8時ちょうどに出発の電車と同時に歩き始めました。3 km 歩いた地点で，8時45分にK駅からの折り返しの電車と初めてすれちがいました。

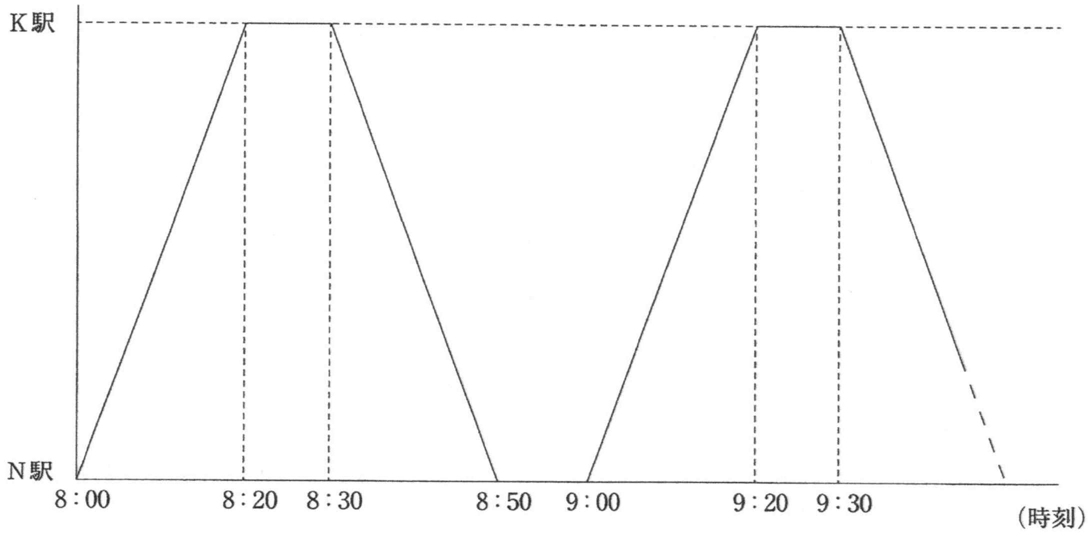

次の［ア］～［オ］に最も適切な数や時刻を入れなさい。

たかひろ君の歩く速さは時速［ア］km です。また，電車がN駅からK駅までを走った道のりは［イ］km です。

たかひろ君がK駅発の電車とすれちがうのは，8時45分の次の時刻は［ウ］です。また，たかひろ君がN駅を出発してからK駅に着くまでに，K駅発の電車と［エ］回すれちがいます。

K駅に着いたたかひろ君は用事を済ませて3時間25分後にK駅に戻ってきました。その後，最初のN駅行きの電車に乗りました。たかひろ君がN駅に戻ってきた時刻は［オ］です。

5 下の図は１辺の長さが６cm の立方体の展開図です。次の問いに答えなさい。

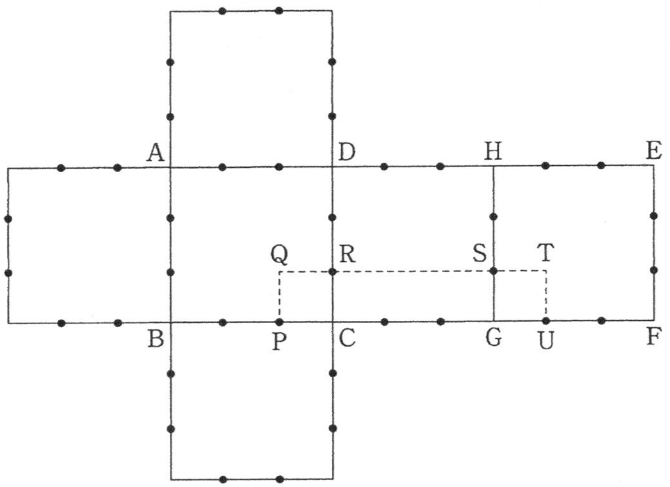

（•はそれぞれの辺を３等分する点を表します）

（１） 展開図を組み立ててできる立方体から四角形 PCRQ と四角形 UGST を底面とする四角柱を取り除いてできる立体を立体 ① とします。

立体 ① の体積を求めなさい。

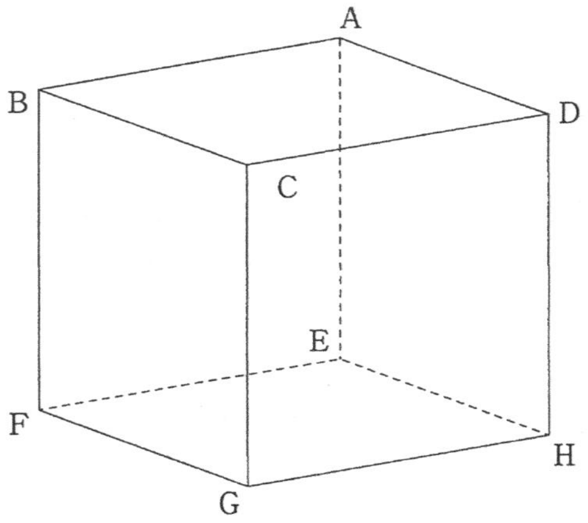

（２） (1) の立体 ① を点 A，B，H を通る平面で２つの立体に分け，点 E を含む方の立体を立体 ② とします。

立体 ② の体積を求めなさい。

おばあちゃんも拍手《はくしゅ》してくれている。

ライフガードの人たちのアーチをくぐって浜辺《はまべ》に上がると、応援《おうえん》のお母さんたちが手で作ってくれたアーチを［　ｄ　］通り、銀のゴールゲートをくぐった。

「おつかれさまーっ」

「おめでとう！」

ぼくのことなんて全然知らないお母さんたちが、自分の子どもみたいに拍手《はくしゅ》してくれた。

なんだかくすぐったい。

今まで、こんな声をかけてもらったことはなかった。

ううん、かけてもらえるまでやりきったことがなかった。

アナウンスがひびく。

「五十一番　入江颯太《いりえそうた》くん、最後の完泳者です。おめでとう！」

（最後か……でもやった……おわったんだ……泳ぎきった……）

夏生《なつき》くんと、健斗《けんと》(注4)、舞美《まいみ》、理奈《りな》が出むかえてくれた。

［　ｅ　］うれしさがこみあげてくる。

右の手首を見ると、ぬれた赤い(注5)ミサンガが、水のしずくで光って見えた。

あおい……ぼく、やったよ。

「つかれたねえ」

「でも……楽しかった」

「ウン、楽しかったね！」

「海、サイコーッ!!」

健斗《けんと》がとつぜんさけんだ。

ぼくも、心の中で思いきりさけんだ。

④夏生《なつき》くんは、すっとした目を少し細めて、ぼくたちをまぶしそうに見ていた。

「完泳証をもらっといでよ」

舞美《まいみ》にいわれて、列にならぶ。

ぼくの前にはずらっと男の子も女の子もならんでいて、みんなニコニコしている。

だれかに勝ったとか負けたとかじゃない。

ひとりひとりが、完泳した満足感であふれていた。

ふりかえると、海にはだれもいない。⑤やっぱりぼくが最後みたいだった。

でも、なぜか全然はずかしくない。

ぼくは泳ぎきったんだ……。

「入江颯太《いりえそうた》くん、おめでとう！」

「ありがとうございます」

おじさんに渡《わた》された完泳証には、「タイム五十四分十七秒」と書いてあった。

(えーっ、三時間くらい泳いだ気分だったのに、五十四分しかたってなかったのか……)

びっくりして、もう一度完泳証を見つめなおした。

五十四分十七秒。

これは、ぼくだけのタイムだ。

もう一度海をながめると、オレンジのブイ(注6)が点々と海に浮《う》かび、見えたりかすんだりしている。

横島《よこしま》は、むかっていたときとやっぱり同じ横長の形をしていた。

あんなところまで泳いでもどってきたなんて信じられない。

でも、なんていい景色なんだろう。

夏生《なつき》くんと練習しなかったら。

途中でリタイアしていたら。

この景色は見られなかったんだ……。

(高田由紀子『青いスタートライン』による)

(注1)おじさん…大会のスタッフのこと。

(注2)「颯太《そうた》も、種を、まいとるんだよな」…以前、夏生《なつき》が颯太《そうた》のおばあちゃんの畑作業を手伝っていた時、颯太《そうた》にかけた言葉。

(注3)リタイアした子…颯太《そうた》の前を泳いでいた女の子がレースを棄権《きけん》し、退場していた。

(注4)健斗《けんと》、舞美《まいみ》、理奈《りな》…佐渡《さど》で知り合った友人たち。

(注5)赤いミサンガ…あおいが大会前に颯太《そうた》へ贈《おく》った、ひも状のお守り。

(注6)ブイ…港湾《こうわん》などで、水面に浮かべておく目印。

〔問一〕　文中の ══ 線部X「あおむけ」、Y「ほてった顔」、Z「目をこらす」の本文での意味として、最も適当なものを次のア～エの中からそれぞれ選び、記号で答えなさい。

X「あおむけ」

ア　顔を下に向けて腹ばいになった状態
イ　体を横たえて上向きになった状態
ウ　体全体を横向きにした状態
エ　逆立ちになった状態

Y「ほてった顔」

ア　熱くなった顔
イ　いばった顔
ウ　こわばった顔
エ　つかれきった顔

Z「目をこらす」

ア　あやしく思う
イ　眠《ねむ》気《け》をさます
ウ　じっと見つめる
エ　正しい判断をする

〔問二〕　文中の［　a　］～［　e　］に入る最も適当な言葉を、次のア～オの中からそれぞれ選び、記号で答えなさい。ただし、同じものは二度選べません。

ア　じわじわと　　イ　ずっしりと　　ウ　ふらふらと　　エ　ぼやっと　　オ　くるっと

〔問三〕　文中の ―― 線部①「イルカが泳いでいるみたいだなあ」とありますが、「颯《そう》太《た》」は何を「イルカ」にたとえていますか。本文から五字以内で抜《ぬ》き出して答えなさい。

〔問四〕　文中の ―― 線部②「涙がじわっとあふれてきた」とありますが、それはなぜですか。その理由を説明したものとして、最も適当なものを次のア～エの中から選び、記号で答えなさい。

ア　先に泳いでいた選手たちにはとうてい追いつけない距離《きょり》になってしまい、一人で必死に泳いでいると、寂《さび》しくなってきたから。

イ　せっかく泳ぎ方を教わったのに、結果的にひどい泳ぎを夏生《なつき》に見せることになり、期待に応《こた》えられなかった自分に悔しさを感じたから。

ウ　レースの途中で棄権《きけん》してしまった選手の姿を見て、努力をしてまで完泳する意義を見失い、泳ぐのがいやになってきたから。

エ　泳ぎつかれて身体も心も限界だったが、泳ぎ方を教えてくれた夏生《なつき》の声が急に聞こえてきて、思わずうれしさがこみ上げてきたから。

〔問五〕　文中の ―― 線部③「ランナーズハイみたいな状態」とありますが、ここでは具体的に、どのような「状態」のことを言っていますか。解答欄《かいとうらん》に合うように、本文の言葉を用いて二十五字以内で説明しなさい。

〔問六〕　文中の A ～ C に共通して入る言葉として、最も適当なものを次のア～エの中から選び、記号で答えなさい。

ア　易しい　　イ　難しい　　ウ　楽しい　　エ　苦しい

〔問七〕　文中の ―― 線部④「夏生《なつき》くんは、すっとした目を少し細めて、ぼくたちをまぶしそうに見ていた」とありますが、このときの「夏生《なつき》」を説明したものとして、最も適当なものを次のア～エの中から選び、記号で答えなさい。

ア　途中《とちゅう》であきらめずに完泳した颯太《そうた》を心からたたえるとともに、友人たちと喜び合っている彼の姿を見て、自分も一緒に喜びを感じている。

イ　自分の声援で最後まで力を尽《つ》くした颯太《そうた》を立派《りっぱ》に思うと同時に、颯太《そうた》を粘《ねば》り強く指導できたことで、教えることにやりがいを感じ始めている。

ウ　東京から来た颯太《そうた》が佐渡《さど》の海を本当に好きになっている様子を見て、佐渡《さど》の海が改めてすばらしいものであると、誇《ほこ》らしく感じている。

エ　自分以外の友人達と楽しく話す颯太《そうた》を見て、少し寂《さび》しさを感じる一方、自分がいなくても大丈夫《だいじょうぶ》だという頼《たの》もしさを、颯太《そうた》に感じ始めている。

〔問八〕　文中の ―― 線部⑤「やっぱりぼくが最後みたいだった。でも、なぜか全然はずかしくない」とありますが、それはなぜですか。その理由を説明したものとして、最も適当なものを次のア～エの中から選び、記号で答えなさい。

ア　はじめて参加したレースだったので、いい結果を出せないのは当然のことだから。

イ　完泳証をもらうことに意義があり、順位に対してはそれほど関心がなかったから。

ウ　結果は最下位だったが、泳ぎきったうれしさや充実した気持ちでいっぱいだったから。

エ　周りの人が楽しそうに話をしていて、颯太《そうた》のことをあまり気に留めていなかったから。

〔問九〕　主人公である「颯太《そうた》」の説明として最も適当なものを、次のア～エの中から選び、記号で答えなさい。

ア　東京ではいつも家の中に閉じこもりがちで本物の自然を知らなかったが、佐渡《さど》に来て夏生《なつき》と一緒に泳いだことで、佐渡《さど》の自然のすばらしさや海の美しさを実感でき、うれしく思うようになった。

イ　泳ぐことがつらく何度もやめたいと思っていたが、周りから励《はげ》まされて気持ちを強く持って最後までやりきれたことで、泳ぐことが楽しく感じられるまでになり、とても満ち足りた気持ちになった。

ウ　必死になって泳いでいてもみんなについていけず、落ち着かない気分になっていたが、完泳さえできればよいのだと途中から自身に言い聞かせたことで、気持ちに余裕《よゆう》を持てるようになった。

エ　レースに参加する前は、人から言われたことを素直《すなお》に受け入れられなかったが、周囲から応援《おうえん》されることで初めて素直《すなお》に喜びを感じ、人のあたたかさにも触《ふ》れ、独りよがりで勝手な考え方を見つめ直すことができた。

〔問十〕　本文の表現の特徴として、適当でないものを次のア～オの中から二つ選び、記号で答えなさい。

ア　登場人物の中で、颯太《そうた》が語り手になっている。このことによって、颯太《そうた》の視点から、彼の心情を生き生きと描写している。

イ　颯太《そうた》のセリフに、「……」を多く用いている。このことによって、颯太《そうた》のことばに余韻《よいん》を持たせている。

ウ　文中に、「!」の記号を多用している。このことによって、登場人物たちの思いをより一層強調している。

エ　「　」、（　）、――と記号の使い分けをしている。このことによって、登場人物たちの個性を際立《きわだ》たせている。

オ　夏生《なつき》のことばは、短くなっている。このことによって、颯太《そうた》と夏生《なつき》の絆《きずな》が強調されている。

三 〔問一〕～〔問三〕に答えなさい。

〔問一〕 次の1～15の――線部のカタカナは漢字に直し、漢字は読み方をひらがなでそれぞれ答えなさい。

1 夕日が西の空をソめる。
2 よい成果をオサめることができた。
3 委員会の議長をツトめる。
4 毎日キリツ正しい生活を送る。
5 生まれ育ったキョウリに帰る。
6 キュウゴ活動をする。
7 新製品の開発にトウシする。
8 シャレイの手紙を出す。
9 コウフンして立ち上がった。
10 学芸会の劇でシュエンする。
11 フクザツな気持ちになる。
12 台所をセイケツに保つ。
13 頭《こうべ》を垂れる。
14 神社で拝む。
15 畑を耕して野菜を植える。

〔問二〕　後の問いに答えなさい。

（1）　次の①～③の慣用表現の空欄部《くうらんぶ》に入る漢字一字を、それぞれ答えなさい。

① □を組む　…　協力し合う。
② □が痛い　…　他人の言うことが自分の弱点を突いていて、聞くのがつらい。
③ □が届く　…　監督《かんとく》がすみずみまで行き渡《わた》る。

（2）　（1）の①～③の空欄部《くうらんぶ》に入る漢字と同じものを、次のア～カの中からそれぞれ二つずつ選び、記号で答えなさい。ただし、同じものは二度選べません。

ア（　）を引く　…　注意を引きつける。
イ（　）をすます　…　注意深く心を落ち着けて聞く。
ウ（　）が回る　…　大変忙《いそが》しい。
エ（　）に負えない　…　自分の力ではとても処理できない。
オ（　）を傾ける　…　熱心に聞く。
カ（　）がかかる　…　面倒《めんどう》だ。

〔問三〕　次の説明に当てはまる人物として最も適当なものを、後のア～エの中からそれぞれ選び、記号で答えなさい。

1　松山中学で教師をした後にイギリスに留学した。主な作品に「坊《ぼっ》ちゃん」や「吾輩《わがはい》は猫《ねこ》である」などがある。

2　「今昔《こんじゃく》物語集」などの古典作品を素材として描《えが》いた作品が多くある。また、「杜子春《とししゅん》」や「蜘蛛《くも》の糸」などの作品もある。

3　岩手県の人で、農業の研究をしながら「銀河鉄道の夜」などの作品を書いた。また、「雨ニモマケズ」などの詩もある。

4　日本的な美の世界を表現し、ノーベル文学賞を日本人ではじめて受けた。主な作品に「伊豆《いず》の踊子《おどりこ》」「雪国」などがある。

ア　川端康成《かわばたやすなり》　イ　夏目漱石《なつめそうせき》　ウ　芥川龍之介《あくたがわりゅうのすけ》　エ　宮沢賢治《みやざわけんじ》